高等职业教育大数据与会计专业数智化教学改革教材
智慧财经产业学院产教融合项目教材
中高职一体化应用教材

智能财税

ZHINENG CAISHUI

主编 ◎ 钱丹 胡晓锋
副主编 ◎ 曾璐生 董书 杨洪 冯学平 张安琪

图书在版编目(CIP)数据

智能财税 / 钱丹，胡晓锋主编. --上海：立信会计出版社，2024.8. --(高等职业教育大数据与会计专业数智化教学改革教材). -- ISBN 978-7-5429-7725-0

Ⅰ. F810-39

中国国家版本馆 CIP 数据核字第 20245WM364 号

策划编辑　　孙　勇　张若凡
责任编辑　　郭　光
助理编辑　　张若凡
美术编辑　　北京任燕飞工作室

智能财税
ZHINENG CAISHUI

出版发行	立信会计出版社		
地　　址	上海市中山西路 2230 号	邮政编码	200235
电　　话	(021)64411389	传　真	(021)64411325
网　　址	www.lixinph.com	电子邮箱	lixinaph2019@126.com
网上书店	http://lixin.jd.com	http://lxkjcbs.tmall.com	
经　　销	各地新华书店		
印　　刷	常熟市人民印刷有限公司		
开　　本	787 毫米×1092 毫米　1/16		
印　　张	16		
字　　数	390 千字		
版　　次	2024 年 8 月第 1 版		
印　　次	2024 年 8 月第 1 次		
书　　号	ISBN 978-7-5429-7725-0/F		
定　　价	49.00 元		

如有印订差错，请与本社联系调换

前　言

中高职一体化培养是当前我国职业教育改革与发展的重点，是国家战略的方向性要求，也是职业教育体系建设的现实选择。随着数字经济时代的到来，互联网、大数据等技术大规模地应用于财税行业，智能财税蓬勃兴起。

本书基于职业教育和财税行业的时代特征，以中联集团教育科技有限公司智能财税单项训练和社会化共享外包服务两个平台为蓝本，以企业财税工作需求为出发点，以"业务—财务—税务"流程为主线编写。全书分为上下两篇，共8个项目：上篇为基础篇，包括项目一中小微企业发票代理开具、项目二票据整理、项目三一般纳税人票据制单、项目四小规模纳税人票据制单、项目五中小微企业凭证与报表规范性审核及项目六纳税申报；下篇为提高篇，包括项目七商旅费控平台及项目八业财一体化智能财税共享平台。本书可作为中等职业院校、高等职业院校和职业教育本科院校财税专业的教学用书，还可作为财税及财税第三方、工商企业管理等行业的社会从业人士参考用书。

本书主要具有以下特点：

（1）内容与时俱进。本书根据新修订的企业会计准则编写，所有涉税业务均按最新税法要求执行，有助于学生及时了解会计准则和税法的要求。

（2）企业案例丰富。本书案例选取不同行业类型和规模的企业，按照以项目驱动、以任务引领的方式进行教学内容设计，丰富学生的知识面。

（3）融入思政元素。本书融入了财会行业发展的新趋势和诚信意识、法治意识、职业素养等，特别是党的二十大提出的创新意识和科技强国精神，启发学生思考，引导学生实践。

（4）配套资源丰富。本书配套实操录屏等学习资源，可扫描书中的二维码进行查看，随时随地获取学习内容。

本书由浙江同济科技职业学院、浙江商业职业技术学院、温州市财税会计学校、浙江东方职业技术学院老师共同编写，钱丹担任第一主编，负责全书的总纂与审核，以及项目二、项目四、项目五、项目七、项目八的编写和相关视频的录制；胡晓锋担任第二主编，负责全书框架构建和项目一的编写；曾璐生负责项目三和项目六的编写和相关视频的录制。本书的案例和任务流程由董书和杨洪编写，冯学平和张安琪负责平台部分的搭建。

  本书编写过程中得到了广大财经税务行业企业、院校及相关领导、专家的大力支持,感谢中联集团教育科技有限公司和杭州杭港地铁五号线有限公司提供的指导和帮助。在本书编写的过程中,编者参考了许多优秀的教材和著作,在此表示衷心感谢。本书的编写经过多次讨论和研究,力求内容编排合理、避免错误,如有疏漏、不足之处,恳请广大读者批评指正。希望本书的出版能够为社会培养面向智能财税共享中心、专业服务机构和企业财税会计基础工作岗位的优秀人才尽绵薄之力。

编者
2024 年 8 月

目 录

上篇 基 础 篇

项目一　中小微企业发票代理开具 ······ 3
　任务1　为具有开票资格的一般纳税人代开纸质发票 ······ 4
　任务2　为具有开票资格的一般纳税人代开电子发票 ······ 15
　任务3　为无开票资格的纳税人代开纸质发票 ······ 19

项目二　票据整理 ······ 30
　任务1　销售类发票整理 ······ 31
　任务2　银行结算单据整理 ······ 38
　任务3　费用类发票及其他票据整理 ······ 45
　任务4　成本类发票整理 ······ 59

项目三　一般纳税人票据制单 ······ 68
　任务1　销售与收款业务核算 ······ 68
　任务2　费用类业务核算 ······ 74
　任务3　期末类业务核算 ······ 95

项目四　小规模纳税人票据制单 ······ 107
　任务1　销售与收款业务核算 ······ 108
　任务2　费用类业务核算 ······ 114
　任务3　期末类业务核算 ······ 124

项目五　中小微企业凭证与报表规范性审核 ······ 135
　任务1　日常财务业务审核 ······ 135
　任务2　期末财务报表审核 ······ 140

项目六　纳税申报 ······ 145
　任务1　一般纳税人增值税纳税申报 ······ 145

任务 2　一般纳税人企业所得税纳税申报 ··· 155
任务 3　小规模纳税人增值税纳税申报 ·· 164
任务 4　小规模纳税人企业所得税纳税申报 ······································ 172

下篇　提高篇

项目七　商旅费控平台 ··· 181
任务 1　商旅费控平台初始设置与业务处理 ······································ 182
任务 2　商旅费用报销核算 ·· 195

项目八　业财一体化智能财税共享平台 ·· 203
任务 1　购销类业务票据整理与制单 ··· 204
任务 2　成本类业务票据整理与制单 ··· 230

上 篇

基 础 篇

本书上篇根据教育部职业教育发展中心公布的《智能财税职业技能等级标准》中的《社会共享初级代理实务——职业技能要求》编写而成，以相关知识点系统学习为前提，以中联集团教育科技有限公司智能财税单项训练平台为依托，着重锻炼学生分析任务能力，提升学生财务思维能力。

　　本书上篇以行业最新实践案例为原型，对标中小微企业发票代理开具、票据整理、一般纳税人票据制单、小规模纳税人票据制单、中小微企业凭证与报表规范性审核、纳税申报六大工作领域，进一步提炼出财务19个典型工作任务。上篇以真实案例贯穿始终，由北京信速达财税共享有限公司作为社会专业机构进行财税第三方代理服务，基于我国的票控税监管体系构建业财税一体化共享生态平台，系统地介绍了中小微企业发票开具、整理、制单、审核的全过程，以及纳税人纳税申报的规范流程，使学习者重点掌握六大工作领域的典型工作任务，以岗位为前提，体验涉税服务岗、票据处理岗、会计核算岗和审核管家岗的职责与分工，提升对应岗位的技能。

　　本书上篇可供中等职业院校、高等职业院校和职业教育本科院校的教学使用，体现了"中高职一体化"教育理念，还可供财税及财税第三方、工商企业管理等行业的社会从业人士使用。

 思维导图

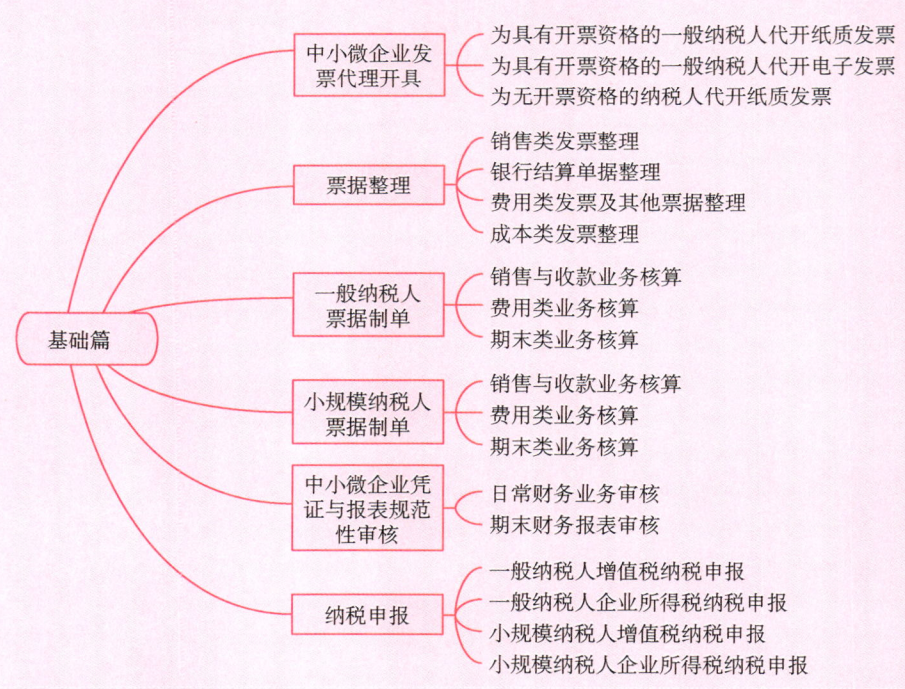

项目一
中小微企业发票代理开具

 项目导入

北京信速达财税共享有限公司(以下简称共享中心)是一家为企业提供财税咨询和代理的专业服务公司,主要为中小微企业进行财税代理。共享中心在进行财税代理之前,都与中小微企业签订财税代理合同(在每个任务中不再详细描述合同)。共享中心审核管家岗员工郑小波代表共享中心与北京田艺装饰有限公司(以下简称北京田艺)签订了代理记账合同。共享中心在进行代理时,根据规定,设立了不同的岗位,本项目涉及涉税服务岗。

北京田艺相关信息如下:

公司名称:北京田艺装饰有限公司

统一社会信用代码:91110105064859840P

类型:有限公司

法人代表:赵田艺

注册资本:50万元

所属行业:建筑装饰和其他建筑业

地址及电话:北京市朝阳区五里桥二街1号院7号楼0217 010-56072265

经营范围:室内装饰;室内装饰设计;技术咨询;建筑材料、装修材料、家居用品、五金件、工艺品的批发、佣金代理(拍卖除外);依法须经批准的项目,经相关部门批准后依批准的内容开展经营活动。

开户银行及账号:中国工商银行朝阳五里桥支行0200222109200065275

纳税人类型:一般纳税人

 项目技能目标

1. 了解发票管理办法实施细则、网络发票管理办法等相关法律法规的基本内容并能在实际业务中应用。
2. 能合理选择并正确使用准备代开发票所需要的设备、材料。
3. 熟悉各种代开发票的操作流程。
4. 能正确地在智能化财务操作平台上录入开票票面数据信息,并准确对税控信息进行匹配。
5. 能准确地对开具发票的信息进行复核,并完成发票的开具。

任务 1 | 为具有开票资格的一般纳税人代开纸质发票

 学习目标

1. 能根据客户提供的原始单据和具体的经济业务,为有开票资格的企业代理开具纸质发票。
2. 能正确地在智能化财务操作平台上录入票面数据信息,并准确地对税控信息进行匹配。
3. 能准确地对开具发票的信息进行复核,并完成纸质发票的开具。

 素养目标

帮助学生树立正确的社会公正观和法治观,不管企业规模的大小,凡涉及需要开具发票的业务都要开票。

一、任务情境

(一) 任务场景

北京田艺将2023年7~9月的代理开具发票业务委托给了共享中心。共享中心涉税服务岗员工张皓的岗位职责是为委托客户代理开具发票、填制税务报表及纳税申报。张皓接到客户北京田艺发来的销售合同及委托开具发票申请,并按发票信息为其代开发票。

1. 代开增值税普通发票

2023年7月6日,北京田艺按照合同向天津艾丝碧西餐饮管理公司(以下简称天津艾丝碧西)提供装修服务,取得装修服务费含税价合计27 000元。请根据该业务为公司开具增值税普通发票(发票开具不含税价金额)。开票信息如下:

税收分类名称:装修服务(税率9%)
客户名称:天津艾丝碧西餐饮管理公司
纳税人类型:小规模纳税人
纳税人识别号:91120102700049964M
地址及电话:天津市河北区海河东路231号 022-67829989
开户银行及账号:交通银行天津市红桥支行 1100687095735035
领取增值税普通发票、增值税专用发票、增值税电子普通发票各25张,税控盘密码:88888888
"备注"栏内填写:
项目发生地:天津市河北区海河东路231号
项目名称:门店装修

2. 代开增值税专用发票

2023年7月8日，北京田艺按照合同完成了对北京欧雅贸易有限公司办公室的装修服务，合同约定装修服务费价税合计158 950元。请涉税服务岗人员开具不含税增值税专用发票。开票信息如下：

税收分类名称：装修服务（税率9%）
客户名称：北京欧雅贸易有限公司
纳税人类型：一般纳税人
纳税人识别号：91110106838737334C
地址及电话：北京市西城区新街口外大街8号 010-62680087
开户银行及账号：工商银行北京市六铺炕支行 0200022319006834823
"备注"栏内填写：
项目发生地：北京市西城区新街口外大街8号
项目名称：室内装修

（二）任务布置

共享中心涉税服务岗员工张皓按要求为北京田艺开具有效的增值税普通纸质发票和增值税专用纸质发票，具体要求如下：
(1) 对开票信息进行认真核查。
(2) 导入发票信息。
(3) 填写购买方信息。
(4) 填写商品信息。
(5) 完善票面信息。
(6) 审核开票信息并开具发票。

二、任务准备

（一）知识准备

1. 发票

发票是指单位和个人在购销商品、提供或接受服务及从事其他经营活动，所开具和收取的业务凭证。它是财务收支的法定凭证，是会计核算的原始依据，也是审计机关、税务机关执法检查的重要依据。发票分为增值税发票和普通发票。常见的发票有增值税专用发票、增值税普通发票、增值税电子普通发票、机动车销售统一发票、二手车销售统一发票、过路过桥费发票、定额发票、客运发票等。

2. 发票委托开具

发票委托开具是指把本公司（以下简称委托公司）的发票开具权限委托给具有专业会计业务处理能力的单位或个人（以下简称代理记账公司），由其代为开具发票的行为。代理记账公司根据委托公司提供的销售项目和金额为委托公司开具相应种类和税额的发票。

3. 发票委托开具的适用条件

(1) 中小微企业的销售量和销售额与大型集团公司相比较小，聘请专业团队或专业财

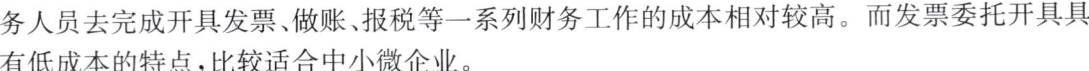

务人员去完成开具发票、做账、报税等一系列财务工作的成本相对较高。而发票委托开具具有低成本的特点,比较适合中小微企业。

(2) 进行发票委托开具的代理记账公司都需要根据国家会计相关法律法规的要求成立,其工作人员都具有一定的资格认证和多年的从业经验,以保证发票委托开具业务完成的正确性。

(3) 代理记账公司因为代理的公司众多,开票量大,会采用安全、便捷、高效、准确率高的开票软件,以提升开票的质量和效率。

4. 发票委托开具业务的注意事项

(1) 填开发票的单位和个人必须在发生经营业务确认营业收入时开具发票,未发生经营业务一律不准开具发票。

(2) 开具发票后,如发生销货退回需开具红字发票的,必须收回原发票并注明"作废"字样或取得对方有效证明。开具发票后,如发生销售折让的,必须在收回原发票并注明"作废"字样后重新开具销售发票或取得对方有效证明后开具红字发票。

(3) 单位和个人在开具发票时,必须做到按照号码顺序开具、填写项目齐全、内容真实、字迹清楚、全部联次一次打印、内容完全一致,并在发票联和抵扣联加盖发票专用章。

(4) 开具发票应当使用中文。民族自治区可以同时使用当地通用的一种民族文字。

(5) 加强对发票管理人员的培训,提高发票管理人员的素质和执法意识。

(二) 操作准备

(1) 共享中心审核管家岗(系统管理员)郑小波为北京田艺在财税共享中心云平台上建立纳税主体基础信息。

(2) 安装税控盘。

(三) 任务要领

1. 代开纸质发票时必须使用委托企业的税控盘

代开纸质发票时,必须使用委托企业的税控盘,如果委托企业同意,可以利用科技手段实现远程开票,此时需要注意三点:一是委托企业应与受托方达成一致意见,允许受托方远程读取税控盘信息;二是委托方的税控盘应一直插在一台计算机上,计算机确保不能断电和断网;三是在受托方处可以适当留存部分纸质发票,由受托方直接打印,或者受托方填写开票信息,在委托方处由委托方自行打印,纸票号码必须连续开具,不能断号。

2. 发票备注栏的填写

当企业提供货物运输服务、建筑服务,租售出租不动产、销售预付卡、铁路运输企业提供货物运输服务等项目中,务必准确把握"备注"栏的填写的相关规定。例如,货物运输服务,在开具发票时,无论增值税专用发票还是普通发票,均应将起运地、到达地、车种、车号及运输货物信息等内容填写在发票"备注"栏中,如内容较多可另附清单;租售出租不动产业务中,应在发票"货物或应税劳务、服务名称"栏填写不动产名称及房屋产权证书号码(无房屋产权证书的可不填写),"单位"栏填写面积单位,"备注"栏注明不动产的详细地址。出租不动产,应在"备注"栏注明不动产的详细地址。

项目一　中小微企业发票代理开具

三、任务流程

为具有开票资格的一般纳税人代开纸质发票业务处理流程如图1-1所示。

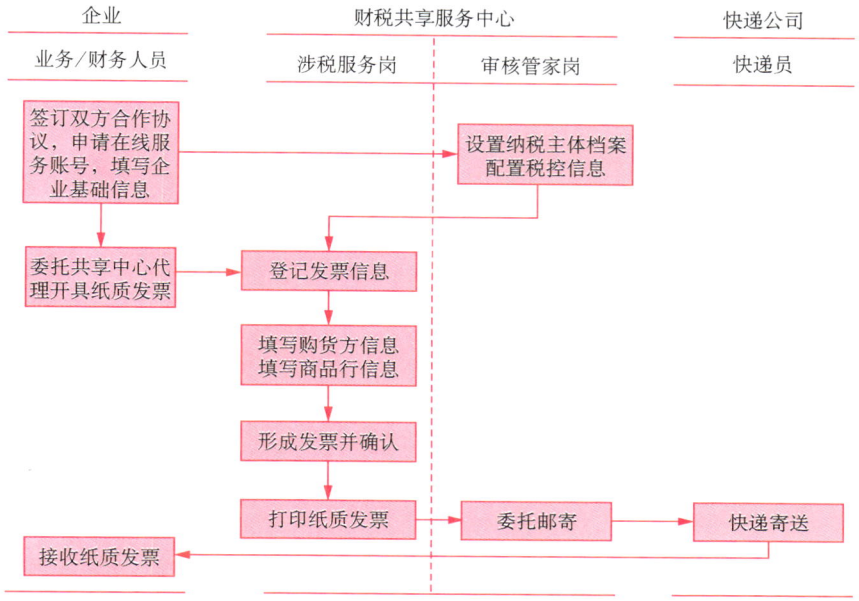

图1-1　为具有开票资格的一般纳税人代开纸质发票业务处理流程

四、任务操作

（一）代开增值税普通发票

（1）点击"六、工作任务"—"工作领域一"—"任务一"—"涉税服务岗（7月）"—"实训题1"—"开始练习"，进入"票天下"平台，如图1-2所示。

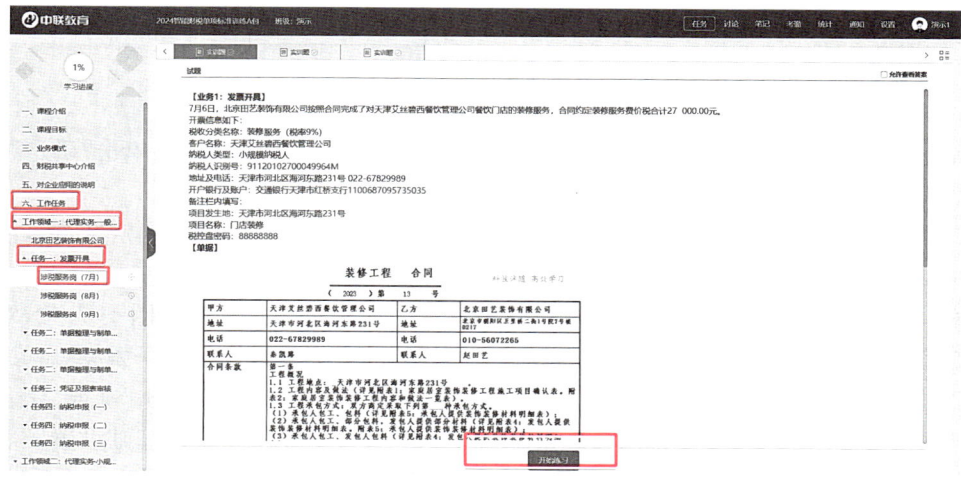

图1-2　进入"票天下"平台

7

（2）查阅纳税主体基本信息。单击系统左侧"基础设置"菜单，选择"纳税主体管理"，在纳税主体管理界面，单击开票公司名称"北京田艺装饰有限公司"，显示纳税主体相关信息如图1-3所示。

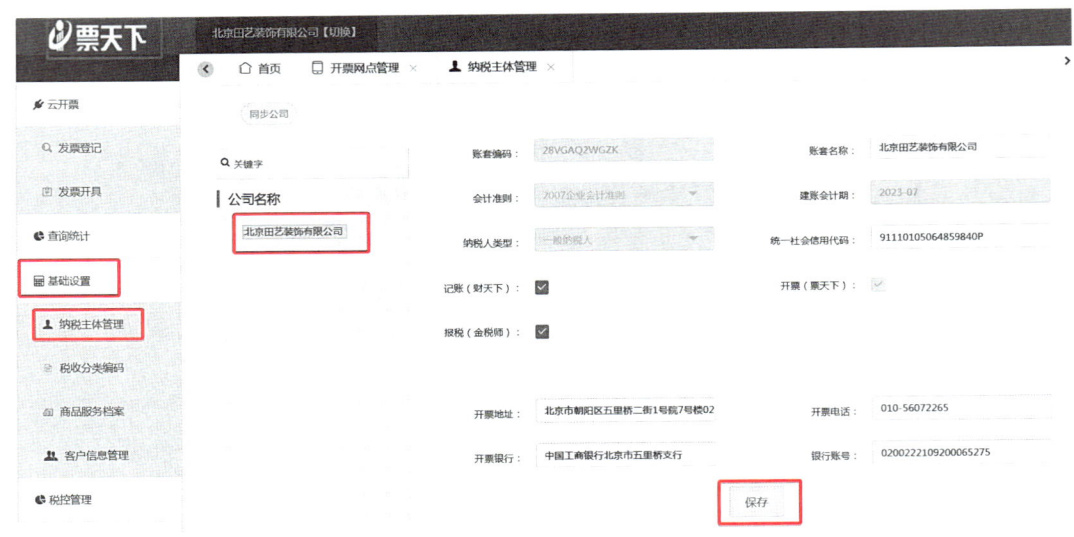

图1-3　纳税主体信息

（3）导入发票。单击系统左侧"云开票"菜单，选择"发票登记"，显示发票领购界面。在"开票终端"选项下拉框中选择该公司对应的开票终端"北京田艺装饰有限公司"；在"发票类型"选项下拉框中选择发票类型"专用发票"，如图1-4所示。

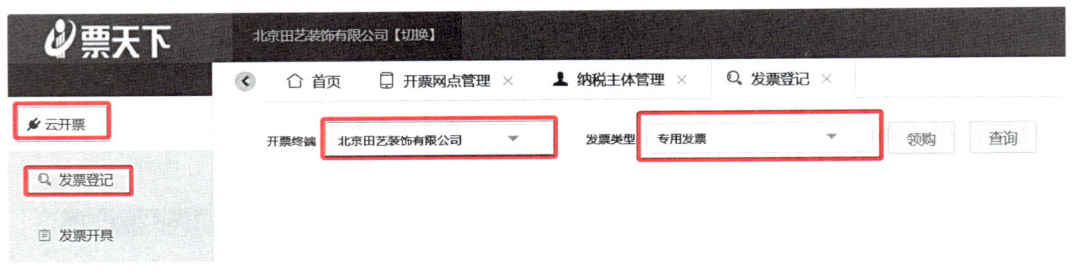

图1-4　发票领购信息

（4）单击"领购"按钮，弹出"税控盘密码"窗口，输入密码"88888888"，单击"确定"按钮，输入税控盘密码如图1-5所示。

（5）确定后，系统弹出"数量"窗口，输入本次领用的数量"25"，单击"确定"按钮，输入领用数量如图1-6所示。

（6）输入完成后，在系统界面，可以查看导入的信息，发票领用信息如图1-7所示。

（7）"发票类型"选项下拉框中再分别选择发票类型"普通发票"和"电子发票（普）"，点击"领购"按钮，发票类型选择如图1-8所示。再输入本次领用的数量"25"，单击"确定"按钮。

（8）填写购买方信息。在票据管理系统"票天下"平台主界面，点击"基础设置"—"客户信息管理"，打开"客户信息管理"界面，单击"新增"按钮，新增客户信息如图1-9所示。

项目一　中小微企业发票代理开具

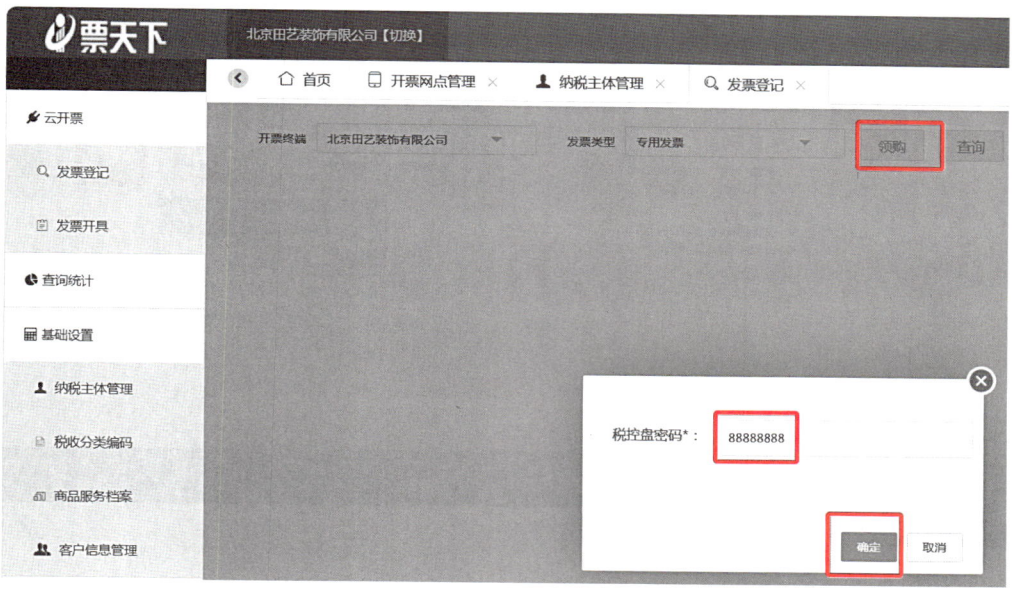

图1-5　输入税控盘密码

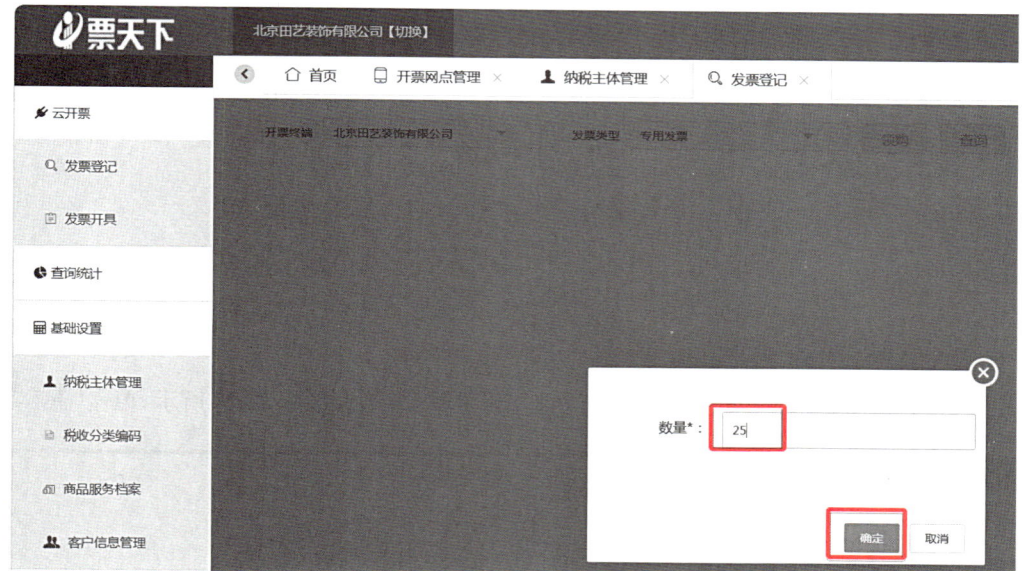

图1-6　输入领用数量

图1-7　发票领用信息

9

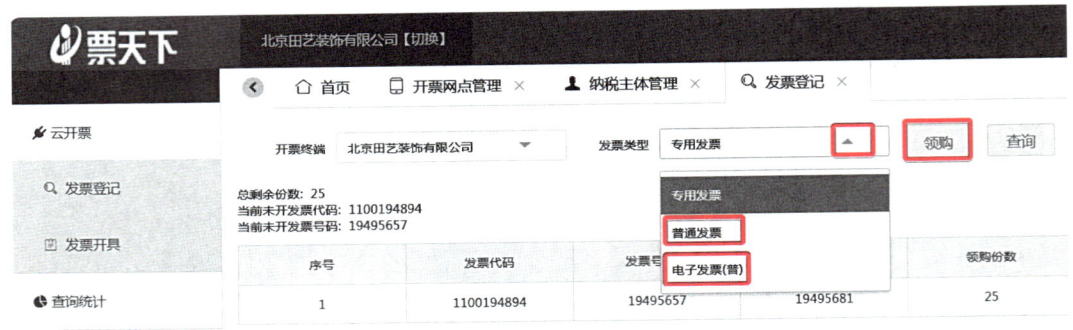

图1-8 发票类型选择

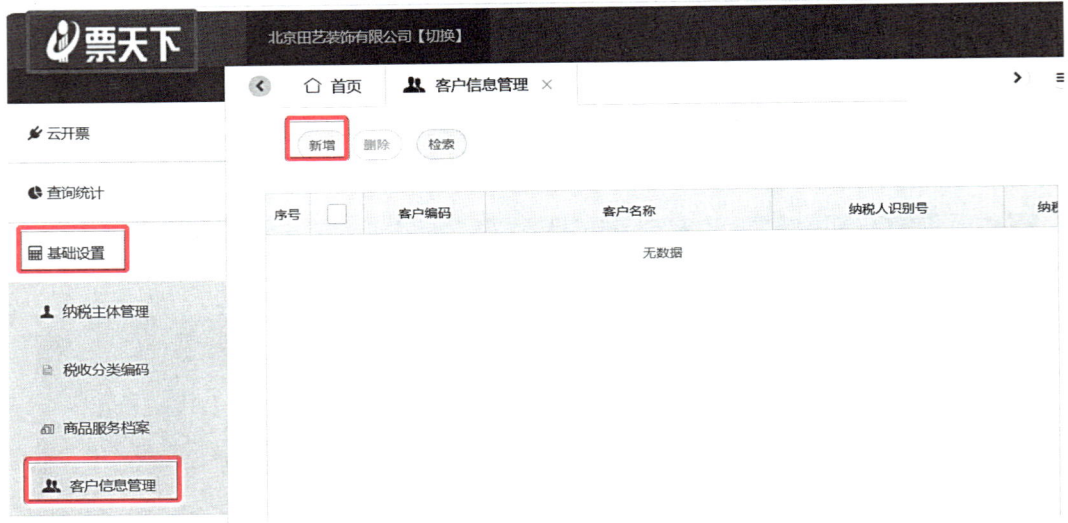

图1-9 新增客户信息

（9）单击"新增"，填写购买方的开票信息，填写购买方信息如图1-10所示，单击"保存"。

图1-10 填写购买方信息

项目一　中小微企业发票代理开具

（10）填写商品信息。在"票天下"平台主界面，点击"基础设置"—"商品服务档案"，打开"商品服务档案"界面；搜索并选择"装修服务"（注意选择末级），点击"新增"按钮，输入新增商品信息。填写完成后，单击"保存"按钮，填写商品信息如图 1-11 所示。

图 1-11　填写商品信息

（11）开具发票。点击"云开票"—"发票开具"，选好税款所属期，点击"新增"按钮，进入发票开具界面，如图 1-12 所示。

图 1-12　发票开具界面

（12）在弹出框，选择所开票据类型为"普票（纸）"，此时，系统会自动显示销方信息。单击购买方"名称"行右侧 🔍 按钮，弹出选择客户窗口，在"客户名称"选项中选择"天津艾丝碧西餐饮管理公司"，系统会自动将已预置好的客户信息填入发票的购买方，客户信息维护如图 1-13 所示。如果第一次使用"票天下"系统为购方客户开票，需要先在"客户信息管理"菜单中维护客户信息，第二次则可以直接使用，无须重复录入。

（13）单击"货物或应税劳务、服务名称"行右侧 🔍 按钮，选择预先设置好的商品名称"装修服务"，输入数量"1"，选择金额类型为不含税，备注项目发生地为"天津市河北区海河东路 231 号"，项目名称为"门店装修"，点击"发票开具"按钮，操作完成。发票开具完成界面如图 1-14 所示。

11

智能财税

图 1-13 客户信息维护

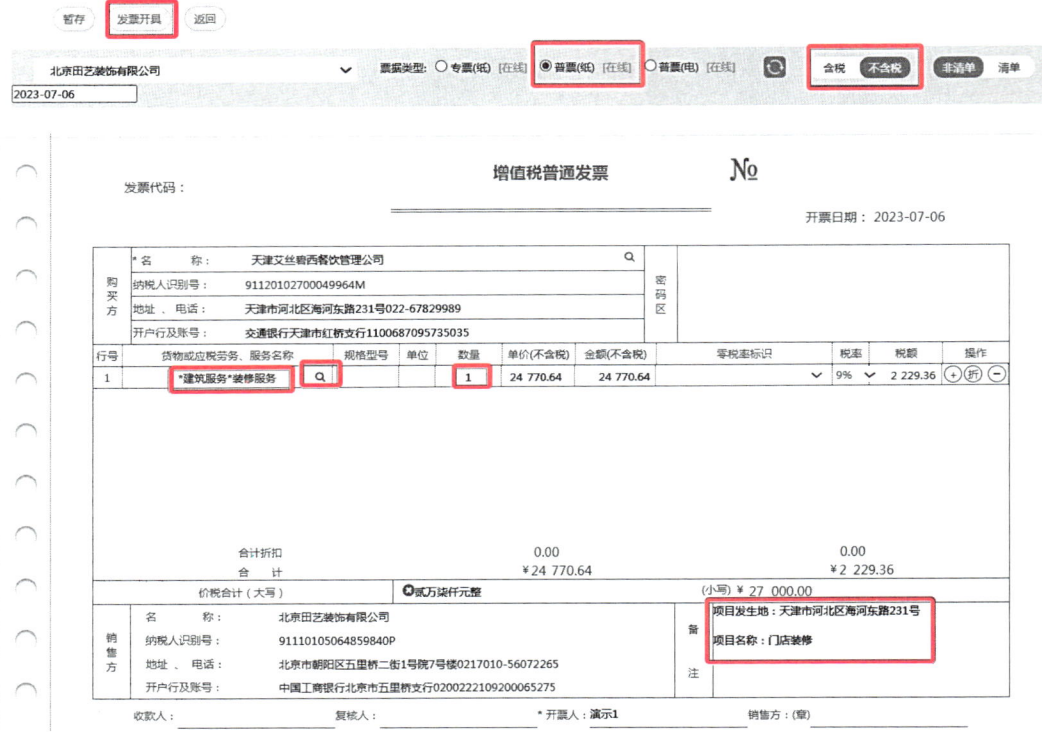

图 1-14 发票开具完成界面

1-1 代开7月增值税普通发票

（二）代开增值税专用发票

（1）点击"实训题2"—"开始练习"，进入"票天下"平台，如图1-15所示。

（2）填写购买方信息。在票据管理系统"票天下"平台，点击"基础设置"—"客户信息管理"，打开"客户信息管理"界面，单击"新增"按钮，新增客户信息如图1-16所示。

（3）单击"新增"按钮，填写购买方的开票信息，填写购买方如图1-17所示，单击"保存"按钮。

（4）开具发票。点击"云开票"—"发票开具"，选好税款所属期，点击"新增"按钮，进入发票开具界面，如图1-18所示。

项目一　中小微企业发票代理开具

图1-15　进入"票天下"平台

图1-16　新增客户信息

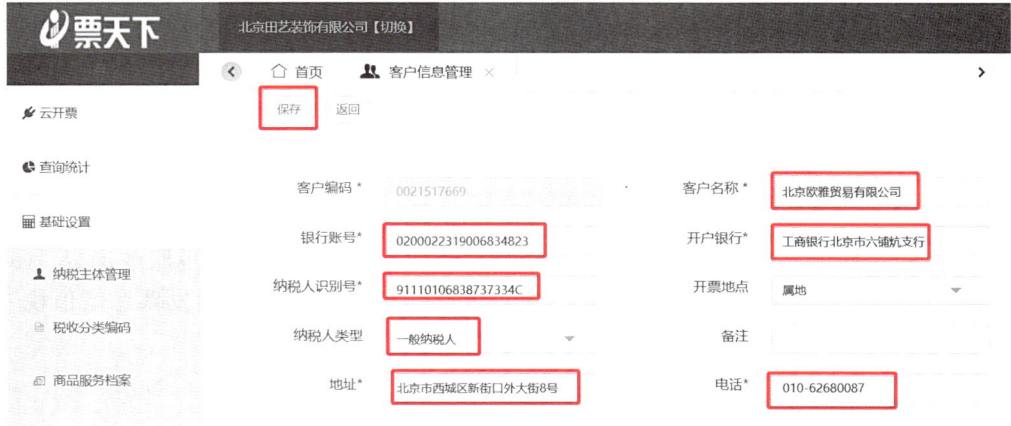

图1-17　填写购买方信息

图 1-18 发票开具界面

（5）选择票据类型为"普票（纸）"，选择购买方为"北京欧雅贸易有限公司"，选择货物或应税劳务、服务名称为预先设置好的商品名称"装修服务"，输入数量"1"，单价修改为"158950"，金额类型选择"不含税"，备注项目发生地为"北京市西城区新街口外大街8号"，项目名称为"室内装修"，点击"发票开具"按钮，操作完成，发票开具界面如图1-19所示。

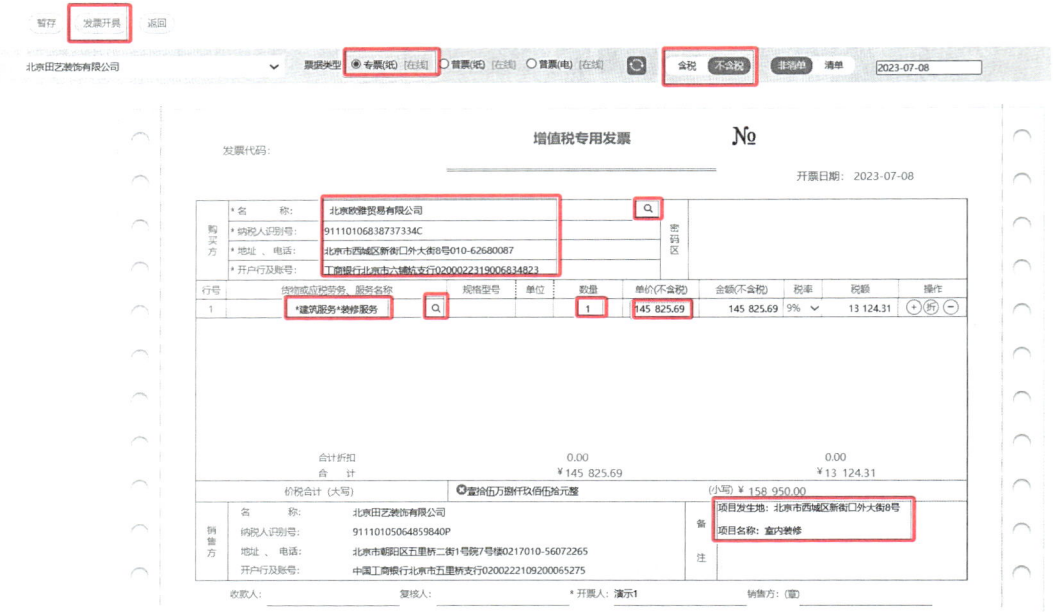

图 1-19 发票开具界面

五、任务拓展

请在智能财税单项训练平台，点击"工作领域一"—"任务一"—"涉税服务岗（8月）"和"涉税服务岗（9月）"，为北京田艺开具2023年8月和9月的增值税普通发票和增值税专用发票，巩固开具增值税纸质发票的技能。

六、任务评价

为具有开票资格的一般纳税人代开纸质发票任务评价表如表1-1所示。

表 1-1　　　　　为具有开票资格的一般纳税人代开纸质发票任务评价表

工作任务清单	完成情况
登录智能化财务操作平台,查询纳税主体基本信息	
在智能化财务操作平台导入并申购发票	
在智能化财务操作平台上填写录入相关的开票信息	
在智能化财务操作平台完成纸质版发票的开具	

任务 2　为具有开票资格的一般纳税人代开电子发票

 学习目标

1. 能根据客户提供的原始单据和具体的经济业务,为有开票资格的企业代理开具电子发票。
2. 能正确地在智能化财务操作平台上录入票面数据信息,并准确地对税控信息进行匹配。
3. 能准确地对开具发票的信息进行复核,并完成电子发票的开具。

 素养目标

帮助学生树立正确的社会公正观和法治观,不管企业规模的大小,凡涉及需要开具发票的业务都要开票。

一、任务情境

(一) 任务场景

2023 年 7 月 21 日,北京田艺按照合同完成了对北京浩清会计师事务所(普通合伙)的室内设计服务,合同约定设计服务费价税合计 7 100 元。请涉税服务岗人员收到销售合同及开具电子发票的有关信息后,开具不含税增值税电子普通发票。发票信息如下:

税收分类名称:工程设计服务(税率 6%)
客户名称:北京浩清会计师事务所(普通合伙)
纳税人类型:小规模纳税人
纳税人识别号:91110112400GB2111K
地址及电话:北京市朝阳区来广营南鹿鸣春大酒店 010-40010131
开户银行及账号:工商银行北京市玉东支行 0200248109200072801
手机号码:18826173365
电子邮箱:bjhq@163.com

(二) 任务布置

共享中心员工张皓按要求为北京田艺开具有效的增值税普通电子发票,具体要求如下:

(1) 对开票信息进行认真核查。
(2) 导入发票。
(3) 填写商品信息。
(4) 完善票面信息。
(5) 填写接收电子发票的手机号或邮箱。
(6) 审核开票信息并开具发票。

二、任务准备

（一）知识准备

1. 电子发票的诞生背景及现实意义

电子发票同普通发票一样，采用税务局统一发放的形式给商家使用。电子发票号码采用全国统一编码，采用统一防伪技术，还附有电子税务局的签名机制。

国家税务总局2013年发布并于2018年修正的《网络发票管理办法》强调，省以上税务机关在确保网络发票电子信息正确生成、可靠存储、查询验证、安全唯一等条件的情况下，可以试行电子发票。该办法提出电子发票是加强税收征管、强化发票管理、降低征纳成本、提升节能减排效益的有效途径，为税务机关发票管理方式的转变指明了方向。

电子发票是税收服务适应互联网信息发展新形势、新要求的重大创新举措，是新时代下税务机关征收管理方式优化提升的里程碑式创新。它彻底突破了原有必须通过纸质载体记录交易信息的纸质发票模式，通过不可篡改的数据文本记录、存储交易双方的交易信息，构建了全新的无纸化发票模式，有利于进一步简化发票的流转、贮存、查验、比对，大幅降低纳税人领用、运输、存储和管理的成本。

电子发票的发行和实施具有非常积极的意义，如降低收到假发票的风险、方便保存和使用发票、对打印次数没有限制、不用再担心发票丢失而影响维权或报销等，省去了传统纸质凭证入账的环节，提升了受票企业财务人员的工作效率。

总的来讲，电子发票为企业节约了大量成本、使政府资源得到有效利用、为税企双方及广大消费者带来了极大便利。

2. 申请电子发票的条件

企业应按规定申请电子发票的条件如下：

首先，企业应购买税控设备（如百望股份有限公司的黑色税控盘或上海爱信诺航天信息有限公司的白色金税盘）。

其次，企业应携带相关材料至当地税务局进行核定和申领工作。具体携带材料如下：

(1) 公章、发票专用章。
(2) 税控盘或金税盘。
(3) 电子发票购票人身份证原件及复印件。
(4) 税务登记证或三证合一证书复印件。
(5) 网络（电子）发票业务申请表。
(6) 纳税人领用发票票种核定表。
(7) 纳税人票种核定流转单（注：根据所属分局的要求）。

上述材料中第(5)~(7)项按所属分局要求去税务局填写。

最后,选择一个电子发票服务商。国家税务总局统一制定电子发票服务平台的技术标准和管理制度,并发布《国家税务总局关于发布增值税发票系统升级版与电子发票系统数据接口规范的公告》(国家税务总局公告 2015 年第 53 号),明确了电子发票系统数据接口规范。根据企业的规模和需求不同,企业可自建电子发票服务平台,也可选择第三方专业的电子发票服务平台。大型企业可以选择自建开票服务系统,满足高频发、大流转、大容量的开票需求。中小微企业可以选择以发票云的方式开具电子票,如借助"票天下"平台。

(二) 操作准备

(1) 共享中心审核管家岗(系统管理员)郑小波为北京田艺在共享中心云平台上建立纳税主体基础信息。

(2) 安装税控盘。

(3) 搭建电子发票服务平台。

(三) 任务要领

(1) 确认委托方使用的税控设备是增值税发票系统升级版。

(2) 在委托方没有自建开票平台的条件下,协助委托方选择在税务局备案的第三方搭建电子发票服务平台。

(3) 携带经办人身份证明原件及复印件、委托方发票专用章印模到委托方主管税务机关的办税服务大厅提出电子发票的票种核定申请,填制"纳税人领用发票票种核定表"(一式两份),办理流程、所需资料与办理增值税普通发票票种核定一致。

三、任务流程

电子发票开具业务处理流程如图 1-20 所示。

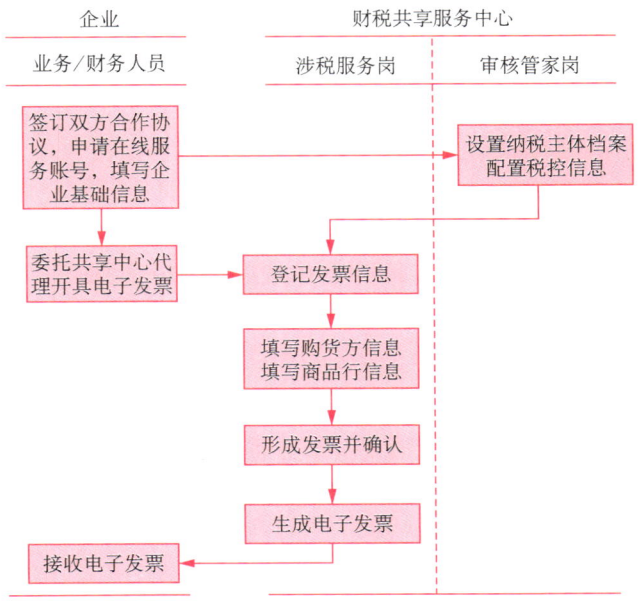

图 1-20 电子发票开具业务处理流程

四、任务操作

下面以"票天下"平台作为实例来讲解电子发票开具的操作过程。事实上,使用"票天下"平台开具电子发票与委托开具增值税专用(普通)发票的操作基本相同,本书仅将不同之处总结如下,以供大家参考。

(1)选择开票类型。新增填写发票信息前,选择所开票据类型时,选择"普票(电)",选择票据类型如图 1-21 所示。

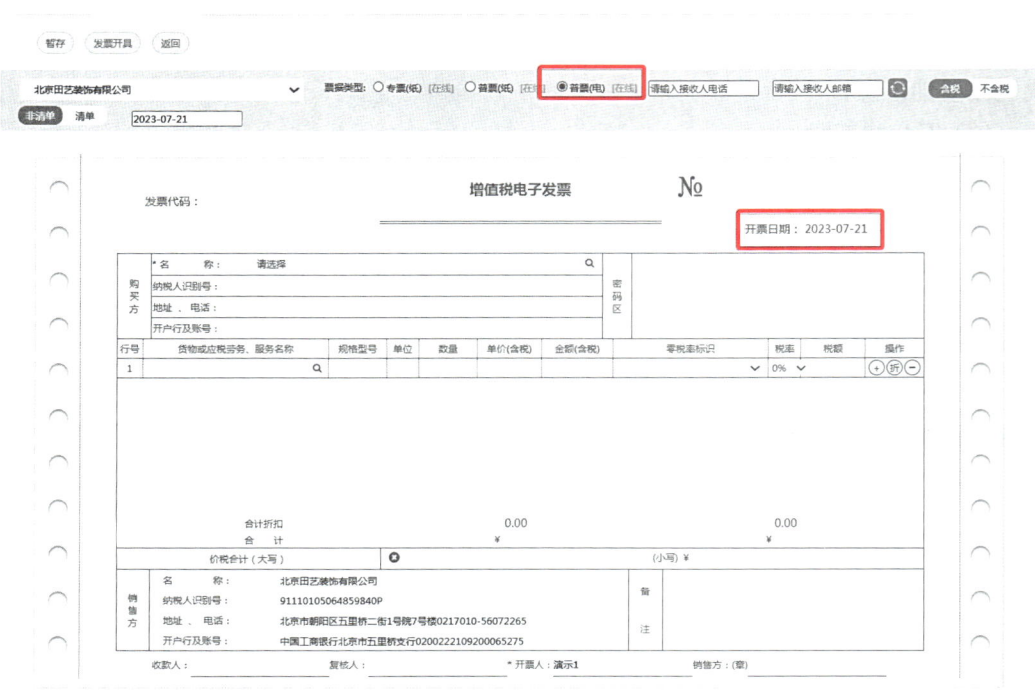

图 1-21 选择票据类型

(2)填写开票信息及接收信息。按照开票信息依次填写接收电子发票的手机号和邮箱。审核发票开具的各项信息,审核无误后单击"发票开具"按钮,完成发票开具,填写开票信息和接收信息如图 1-22 所示。开具成功后,几秒后会在填写的手机号或邮箱中收到电子发票开具成功的信息,也可以在"票天下"平台中按需下载电子发票。

1-5 代开 7 月增值税电子发票

五、任务拓展

请同学们登录智能财税单项训练平台,点击"工作领域一"—"任务一"—"涉税服务岗(8月)",为北京田艺代开 2023 年 8 月增值税电子普通发票,进一步巩固开具电子发票的技能。

1-6 代开 8 月增值税电子发票

六、任务评价

为具有开票资格的一般纳税人代开电子发票任务评价表如表 1-2 所示。

项目一　中小微企业发票代理开具

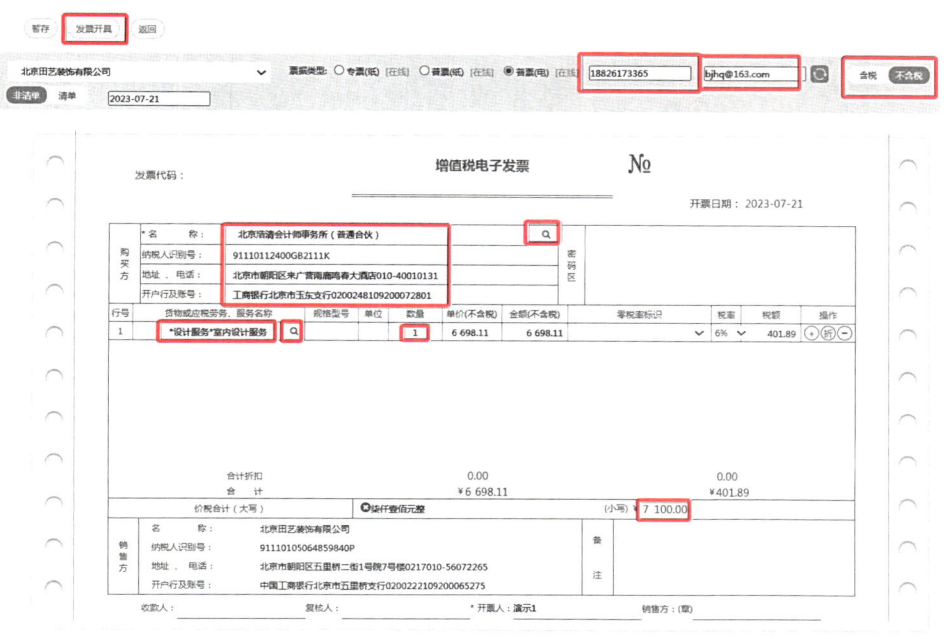

图 1-22　开票信息和接收信息

表 1-2　　　为具有开票资格的一般纳税人代开电子发票任务评价表

工作任务清单	完成情况
核实企业所在地税务机关网络发票电子信息的生成、存储、查询、验证、安全等情况	
携带相关材料到当地税务局做电子发票发行,并填写相关表格	
根据获取的开票信息在智能化财务操作平台上完成电子发票开具	

任务3　为无开票资格的纳税人代开纸质发票

 学习目标

1. 了解代开发票的概念界定、申请代开发票的条件、代开发票的注意事项等。
2. 熟悉为无开票资格的纳税人代开发票的办理流程及需准备的相关资料。
3. 学习如何通过电子税务局网页端、支付宝、微信、税务 App 等渠道办理发票代开业务,提高办税效率。

 素养目标

强调诚信在税务管理中的重要性,包括真实、准确地开具和使用发票。

19

一、任务情境

(一) 任务场景

共享中心为北京墨羽电子科技有限公司(以下简称北京墨羽)代理财税业务。2023年7月5日,客户要求开具一张增值税专用发票,提供信息如下。

1. 销售方信息

公司名称:北京墨羽电子科技有限公司
纳税人识别号:911101011141251454
地址及电话:北京市丰台区马家堡角门14号商业街3号楼4层1208号 010-60253589
开户银行及账号:中国工商银行丰台马家堡角门支行 6222874515000874584

2. 客户信息

公司名称:天津盛拓灵智信息技术有限公司
纳税人类型:一般纳税人
纳税人识别号:91120118MA06B40B34
地址及电话:天津自贸试验区(中心商务区)熙元广场1-513 022-23715347
开户银行及账号:中国工商银行天津市武清支行 0200222109200072136

3. 合同服务内容(合同略)

服务名称:系统维护服务
税收分类:信息技术服务下的信息系统服务
金额(不含税):4 000元
征收率:3%

4. 收件信息

收货人:郑伟
详细地址:北京市丰台区马家堡角门14号商业街3号楼4层1208号
手机号码:18511076592
邮政编码:100068

要求:2023年7月5日,请以企业管家的身份为北京墨羽在北京市电子税务局开具增值税专用发票。

注:
CA证书账号:911101011141251454
CA证书密码:123456
电子邮箱:tjstlz@163.com(可以使用老师和学生自己的邮箱接收发票)

(二) 任务布置

共享中心税务岗员工按要求为北京墨羽代开有效纸质的增值税专用发票,具体要求如下:

(1) 对开票信息进行认真核查。

(2) 登录国家税务总局北京市电子税务局网站,根据客户提供的合同及相关开票信息认真填写"代开增值税专用发票缴纳税款申报单"。

(3) 填写发票票面信息并复核,审核无误后,提交税务机关并于网上缴纳税款。
(4) 填写发票邮寄地址。

二、任务准备

(一) 知识准备

1. 代开发票的概念

代开发票是指暂时没有或不符合领购发票资格的企业在发生购销业务、提供劳务服务、转让无形资产、销售不动产及税法规定的其他商事活动(餐饮、娱乐业除外)过程中,需要开具发票时,找寻一个代理开票者帮其开具税务发票的行为。

2. 代开发票的条件

根据《国家税务总局关于加强和规范税务机关代开普通发票工作的通知》,企业有下列情形之一的,可以向主管税务机关申请代开发票:
(1) 依法不需要办理税务登记,临时取得收入的。
(2) 正在申请办理税务登记的。
(3) 外省、自治区、直辖市来本辖区从事临时经营活动的纳税人未被核准领购发票的。
(4) 被税务机关依法收缴发票或停供发票的。
(5) 其他不符合领购发票条件的。

3. 代开发票的注意事项

《中华人民共和国发票管理办法实施细则》第26条规定,凡需向税务机关申请开具发票的单位和个人,均应提供发生购销业务、提供接受服务或其他经营活动的书面证明,对税法规定应当缴纳税款的,税务机关应当在开具发票的同时征税。这项规定说明,只有税务机关才有"代开发票"的权利。税务机关根据发票管理的需要,可以按照国务院税务主管部门的规定委托其他单位代开发票。

需要临时使用发票的单位和个人,可以凭购销商品、提供或接受服务,以及从事其他经营活动的书面证明、经办人身份证明,直接向发生业务所在地税务机关申请代开发票。

已办理税务登记的小规模纳税人(包括个体经营者)及国家税务总局确定的其他可予代开增值税专用发票的纳税人可以向所属范围内的税务机关提交增值税专用代开发票申请。

4. 代开增值税专用发票的五个特例

自2004年《国家税务总局关于印发税务机关代开增值税专用发票管理办法(试行)的通知》(国税发〔2004〕153号,以下简称153号文)出台,国家税务总局将代开增值税专用发票纳入防伪税控系统管理至今,随着时间的推行,特别是营改增等诸多新政推行以来,实务中代开增值税专用发票出现几项特例,现总结归纳如下:

(1) "为非管辖范围内纳税人代开专用发票"的特例。153号文第二条规定,本办法所称代开专用发票是指主管税务机关为所辖范围内的增值税纳税人代开专用发票,其他单位和个人不得代开。该条款限定主管税务机关只能为所辖范围内增值税纳税人代开专用发票。但在实务中已有"为非管辖范围内纳税人代开专用发票"的特例。

2017年,国家税务总局出台《货物运输业小规模纳税人申请代开增值税专用发票管理办法》(国家税务总局公告2017年第55号,以下简称55号公告)。55号公告第三条规定,纳税人在境内提供公路或内河货物运输服务,需要开具增值税专用发票的,可在税务登记地、货物起运地、货物到达地或运输业务承揽地(含互联网物流平台所在地)中任何一地,就近向税务机关(以下简称代开单位)申请代开增值税专用发票。为进一步方便纳税人,结合运输业跨区域经营的行业特点,55号公告针对公路或内河货物运输服务业小规模纳税人出台可以在税务登记地、货物起运地、货物到达地或运输业务承揽地(含互联网物流平台所在地)中任何一地,不受主管税务机关管辖范围限制,就近申请代开增值税专用发票。

值得注意的是,55号公告明确规定纳税人在非税务登记地申请代开增值税专用发票,不改变主管税务机关对其实施税收管理;同时,增值税发票管理新系统定期将纳税人异地代开发票、税款缴纳等数据信息清分至主管税务机关。主管税务机关应加强数据比对分析,对纳税人申请代开增值税专用发票金额明显超出其实际运输能力的,主管税务机关可暂停其在非税务登记地代开增值税专用发票并及时约谈纳税人。经约谈排除疑点的,纳税人可继续在非税务登记地申请代开增值税专用发票。

(2)"自然人代开增值税专用发票"的特例。153号文第五条规定,本办法所称增值税纳税人是指已办理税务登记的小规模纳税人(包括个体经营者)及国家税务总局确定的其他可予代开增值税专用发票的纳税人。申请代开专票的纳税人包括已办证的小规模纳税人和其他国家税务总局(以下简称总局)规定可以代开的纳税人;实务中已有"自然人可以代开增值税专用发票"特例对应153号文中"其他总局规定可以代开纳税人"中表述。

具体来说,依据《国家税务总局关于营业税改征增值税委托地税局代征税款和代开增值税发票的通知》(税总函〔2016〕145号)规定,增值税小规模纳税人销售其取得的不动产及其他个人出租不动产,购买方或承租方不属于其他个人的,纳税人缴纳增值税后可以向地税局申请代开增值税专用发票。

依据此条款,其他个人(即自然人)销售其取得不动产或出租不动产,购买方或承租方不属于其他个人的,可以申请代开增值税专用发票。也就是说,自然人销售取得的不动产或出租不动产,只要受票方不是自然人,都可以申请代开增值税专用发票。

(3)"汇总代开增值税专用发票"的特例。《国家税务总局关于个人保险代理人税收征管有关问题的公告》(国家税务总局公告2016年第45号,以下简称45号公告)第三条规定,接受税务机关委托代征税款的保险企业,向个人保险代理人支付佣金费用后,可代个人保险代理人统一向主管国税机关申请汇总代开增值税普通发票或增值税专用发票。

简单来说,45号公告规定了一种特例,受票方(保险企业)可以代替开票方(个人保险代理人),向税务机关申请汇总代开增值税专用发票。这一特例,也是从提高办税效率、节约办税成本的角度,破解实务中保险代理人众多、代开发票耗时耗力这一难题。值得注意的是,45号公告规定,证券经纪人、信用卡和旅游等行业的也可以选择汇总申请代开发票方式来实现。

(4)"小规模自开增值税专用发票纳税人仍须代开增值税专用发票"的特例。现行政策规定,月销售额超过3万元(或季销售额超过9万元)的住宿业和鉴证咨询业、建筑业、工业,以及信息传输、软件和信息技术服务行业的小规模纳税人可以自行开具增值税专用发票。

但纳税人需要注意的是,上述纳税人发生"销售其取得的不动产"这一增值税应税行为时,仍须前往税务机关代开专票,其他增值税应税行为均自行开具增值税专用发票。

(5)"联次留存"的特例。153号文第十三条规定,为增值税纳税人代开的专用发票应统一使用六联专用发票,第五联代开发票岗位留存,以备发票的扫描补录,第六联交税款征收岗位,用于代开发票税额与征收税款的定期核对,其他联次交增值税纳税人。

但其中也存在特例。依据《国家税务总局关于纳税人销售其取得的不动产办理产权过户手续使用的增值税发票联次问题的通知》(税总函〔2016〕190号),纳税人办理产权过户手续需要使用发票的,可以使用增值税专用发票第六联或增值税普通发票第三联。因此,从这一角度出发,纳税人销售其取得的不动产和其他个人出租不动产申请代开增值税专用发票时,第四联由代开发票岗位留存,以备发票扫描补录;第五联交征收岗位留存,用于代开发票与征收税款的定期核对;其他联次交纳税人。

总之,代开专用发票时,一般情形下,纳税人留存第一联至第四联;涉及不动产销售、出租业务代开专票时,纳税人留存第一联、第二联、第三联、第六联,其中第六联用于办理产权过户手续。

(二)操作准备

(1)准备客户的"北京一证通"。
(2)准备客户提供的合同及相关开票信息。

(三)任务要领

(1)开具发票前,委托方必须完成税务登记,没有税务登记的纳税人,不能申请代开发票。

(2)代开发票应先在"税务局的网上营业厅"或"电子税务局"提出申请,系统在办理税务登记时根据纳税人识别号内置了密码(取得该密码后可以修改,不修改的话,切记不能忘记,找回密码必须到纳税服务厅办理)。

(3)当申请状态为"发票开具成功"时,可以前往大厅取票或通过EMS邮寄。前往大厅取票可以选择在自助终端或代开窗口进行取票。选择自助终端取票的用户,请纳税人记住申请单号,并携带身份证,前往取票。选择EMS邮寄发票的用户,需确认EMS邮寄地址等联系方式。

(4)收到代开的发票,务必记住在"备注"栏加盖委托方的"发票专用章",即纳税人盖章,而不是代办公司盖章。

三、任务流程

为无开票资格的纳税人代开纸质发票业务处理流程如图1-23所示。

四、任务操作

下面以北京电子税务局代理开具增值税专用发票为例,介绍增值税专用发票的代开操作流程。具体操作步骤如下:

(1)进入登录界面。点击"工作领域四"—"任务五",选择"开始练习",模拟进入国家税务总局北京市税务局界面,点击"电子税务局(网页版)"进入登录界面,登录电子税务局官网如图1-24所示。

智能财税

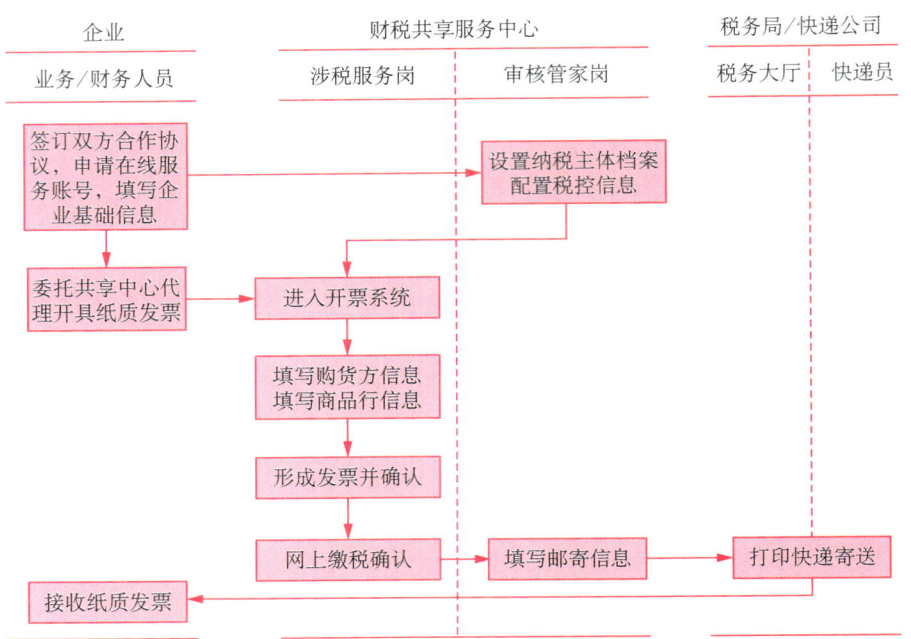

图1-23 为无开票资格的纳税人代开纸质发票业务处理流程

图1-24 登录电子税务局官网

项目一　中小微企业发票代理开具

（2）根据企业需求在登录界面选择一种登录方式，按要求输入对应登录信息，单击"登录"按钮，完成登录。系统提供了几种不同的登录方式以满足不同企业的登录需求，登录方式选择界面如图1-25所示，分别为账号登录、CA登录、电子证照登录和授权人登录。这里选择CA登录方式进行实例讲解。输入企业账号和密码，点击"登录"按钮。

图1-25　登录方式选择界面

（3）进入首页，在办理的业务框中选择"专用发票代开（邮寄配送）"，选择办理业务如图1-26所示。

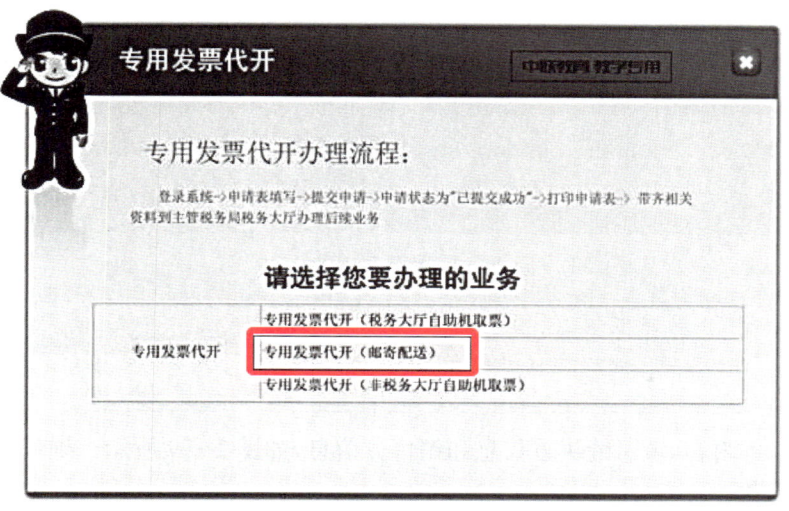

图1-26　选择办理业务

（4）点击一级菜单"代开发票"，点击二级菜单"代开增值税专用发票"。选择代开发票如图1-27所示，选择代开增值税专用发票如图1-28所示。

25

图1-27 选择代开发票

图1-28 选择代开增值税专用发票

(5) 按照业务内容,填写购买方信息和销售方信息,如图1-29所示。确认信息无误后,点击"下一步"按钮。

(6) 填写商品行信息。首行,分类选择"信息技术服务";细类选择"信息系统服务";货物或应税劳务、服务名称填写"系统维护费";数量填写"1";单价填写"4 000";征收率选择"0.03"。系统会自动计算不含税销售额、税额等信息,如图1-30所示。确认征收项目对应的应纳税额、减免税额及税额合计是否正确,确保无误后点击"提交"按钮(申请单提交后无法修改,务必确认信息无误后再提交)。

项目一　中小微企业发票代理开具

图 1-29　填写购买方和销售方信息

图 1-30　按提示填写商品信息

（7）点击"网上缴税"，注意申请时间选择"2023-07-05"，网上缴税如图1-31所示。弹出框单击"确定"按钮，完成网上缴税如图1-32所示。

图1-31 网上缴税

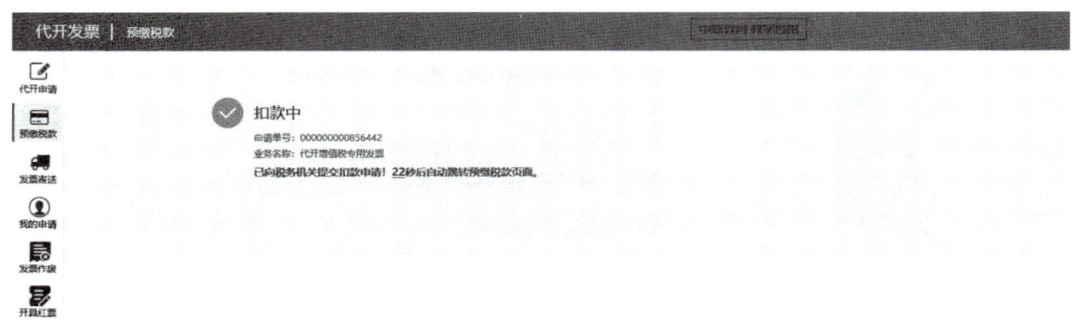

图1-32 完成网上缴税

（8）点击左侧"发票寄送"按钮，发票寄送地址界面如图1-33所示。

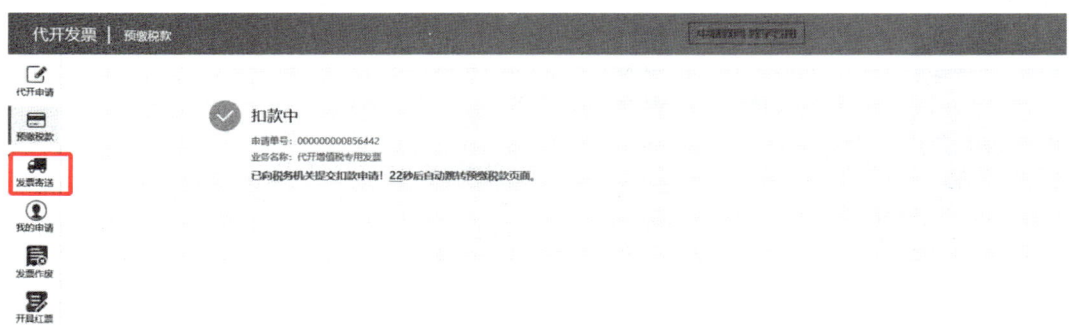

图1-33 发票寄送地址界面

（9）填写收货地址，点击"保存收货地址"，填写完成后点击"确定"按钮，完成提交发票快递寄送订单，如图1-34所示。

1-7 为小规模纳税人代开增值税专用发票

图 1-34　提交发票快递寄送

五、任务拓展

（1）基于政策规定，月销售额超过 3 万元（或季销售额超过 9 万元）的住宿业和鉴证咨询业、建筑业、工业，以及信息传输、软件和信息技术服务行业的小规模纳税人可以自行开具增值税专用发票。

（2）鉴于小规模纳税人自行开具增值税专用发票的流程内容和一般纳税人一样，本书不再赘述。请同学们以涉税服务岗人员身份登录"票天下"平台，点击"工作领域二"—"任务一"，为北京近邻信息有限公司 2023 年 1～3 月的业务代开增值税发票，进一步提高开具发票的能力。

六、任务评价

为无开票资格的纳税人代开纸质发票任务评价表如表 1-3 所示。

表 1-3　　　　　为无开票资格的纳税人代开纸质发票任务评价表

工作任务清单	完成情况
代开发票的办理流程及需准备的相关资料	
在税务局平台填写并提交"代开增值税发票缴纳税款申报表"，并预缴税款	
选择快件服务公司将代开的发票邮寄到客户手中，并与客户确认	

1-8 为小规模纳税人代开 1～3 月增值税发票

项目二
票据整理

项目导入

共享中心员工周明是一名票据处理岗员工，其岗位职责是对客户提供的各类票据进行整理、扫描、查验、分类和归档。周明收到客户北京田艺寄来的2023年7月的所有业务相关的票据，并对其进行处理。

第一步，对票据进行整理，包括对增值税发票、费用类发票、银行回单等票据进行分类和整理。对银行回单和对账单每笔逐一进行核对（不符的情况及时告知审核管家岗）。对进项发票和认证清单逐一进行核对。对销项发票和抄税清单进行核对。分类、归集、粘贴定额发票，并录入交接单。

第二步，对票据进行扫描，包括对纸质发票进行扫描或拍照，形成票据电子影像。

第三步，票据光学字符识别（optical character recognition，OCR）并自动分类。使用智能票据识别系统对票据电子影像进行OCR和自动分类。人工对进项、销项发票及费用票据进行分类调整。统计票据整理进度，衔接会计核算岗。

第四步，票据查验。对发票的合法性、合规性、合理性及发票要素的正确性进行核对、查验。对票据进行审核，包括发票开头、发票开具日期和发票开具的品目名称。

第五步，票据归档。对票据、凭证、财务报表进行打印、整理、装订、归档。

项目技能目标

1. 了解《中华人民共和国发票管理办法实施细则》《支付结算办法》和《企业银行结算账户管理办法》等法律法规的相关内容，并能在实际业务中应用。

2. 能正确地对销售类、成本类、费用类和其他类别票据的完整性和正确性进行核查，并与实际业务核对一致，能准确地对票据进行归类、分档、整理。

3. 能根据法律法规及企业财务制度要求对常用票据进行审核。

4. 能对票据与业务内容、资金收付、商品或服务进行匹配分析。

5. 能在"财天下"平台采集票据影像、进行票据识别与校验，并保存数字档案。

任务 1 销售类发票整理

🎯 学习目标

1. 了解销售类发票的概念、种类与使用范围、内容、联次等，以便后续的采集和审核。
2. 能准确地对销售类发票进行分类归档整理，如平台对票据类型识别错误，应及时调整发票类型。
3. 能正确地对销售类发票资料的完整性和准确性进行核查，并与实际业务核对一致，包括票据与业务内容、资金收付、商品或服务的匹配分析。

🎯 素养目标

通过审核销售类发票，培养学生细致规范、精益求精的工匠精神。

一、任务情景

（一）任务场景

2023年7月6日，北京田艺按照合同完成了对天津艾丝碧西餐饮门店的装修服务，合同约定装修服务费价税合计27 000元，已开具增值税普通发票，款项暂未收到。票据处理岗人员取得装修工程合同，装修工程合同如图2-1所示。

（二）任务布置

请票据处理岗人员对票据进行整理和采集，具体要求如下：
(1) 对签收的销售类发票进行检查，核对其是否完整。
(2) 对销售类发票进行归类整理。
(3) 对每张纸质票据进行扫描或拍照，将纸质票据转成电子影像文件。
(4) 采集票据影像文件，自动识别票据并人工校验。

二、任务准备

（一）知识准备

1. 销售类发票的概念

销售类发票是销售业务发生时，销售方根据购销合同的要求，开具给购买方以记录销售商品的规格、数量、单价、销售金额、运费和保险费、开票日期、付款条件等内容的凭证。

2. 发票的种类与使用范围

(1) 增值税专用发票：仅限一般纳税人领取、使用，部分小规模纳税人也可领取、使用。
(2) 普通发票：主要由小规模纳税人使用，增值税一般纳税人在不能开具增值税专用发票的情况下也可以使用普通发票。

图 2-1　装修工程合同

（3）行业专业发票：仅适用于特殊行业的特殊经营业务，如金融、保险企业的存贷、汇兑、转账凭证、保险凭证，国有邮政、电信企业的邮票、邮单、话务电报收据等。

3. 发票的内容

发票的内容一般包括票头、发票号码、发票代码、联次及用途、客户名称、银行开户账号、商（产）品名称或经营项目、计量单位、数量、单价、大小写金额、经手人、单位印章、开票日期等。实行增值税的单位所使用的增值税专用发票还应有税种、税率、税额等内容。

4. 发票的联次

发票的基本联次包括存根联、发票联、记账联。存根联由收款方或开票方留存备查；发票联由付款方或受票方作为付款原始凭证；记账联由收款方或开票方作为记账原始凭证。增值税发票的联次规定如表 2-1 所示。

表 2-1　　　　　　　　　　　增值税发票的联次规定

发票名称	群次分类	联次用途
增值税专用发票	三联	第一联为记账联；第二联为抵扣联；第三联为发票联
	六联	第一联为记账联；第二联为抵扣联；第三联为发票联；第四联、第五联、第六联为副联
增值税普通发票	二联	第一联为记账联；第二联为发票联
	五联	第一联为记账联；第二联为发票联；第三联、第四联、第五联为副联

(二) 操作准备

(1) 销售类发票签收单。

(2) 扫描仪(或手机)一台(部)。

(三) 任务要领

1. 销售类发票整理的内容

(1) 检查"增值税专用发票汇总表"或"增值税普通发票汇总表"。其中，需特别关注开票份数、开票统计、开票明细等信息是否完整。

(2) 核对销售发票与发票信息统计汇总表(增值税专用发票、增值税普通发票)是否匹配，主要核对正数和负数发票张数、作废发票张数、实际销项金额及税额。

(3) 如果核对当月发票份数不全，则需对开票明细表中的发票号码和发票进行逐一核对，查找出缺失发票，及时沟通处理。

(4) 按照发票采购方单位名称分类整理。

2. 销售类发票整理的注意事项

销售类发票整理工作相对简单，销售类发票构成增值税纳税申报表中收入的主要项目，在对其进行整理时应把握以下三点：

(1) 将税控盘导出的全部开票记录的电子版文件，与纸质发票和电子发票信息进行核对，检查其是否完整。

(2) 根据发票上注明的增值税税率分别进行整理，即相同税率的发票作为一个工作单元。

(3) 检查增值税专用发票的联次是否准确，企业应保留记账联等联次。

3. 票据扫描识别

1) 对票据进行分类

先按照收入、成本及费用三个类别对票据进行分类，为数据采集做准备。票据采集的顺序为先进行收入类票据整理采集，再进行成本类和费用类票据整理采集。

2) 票据电子影像转换

通过扫描或拍照等方式，将已经分类的纸质票据转换为电子影像文件，对于扫描效果差、票面不清晰的纸质票据，可利用高拍仪单独进行电子影像处理。

三、任务流程

销售类发票整理业务处理流程如图 2-2 所示。

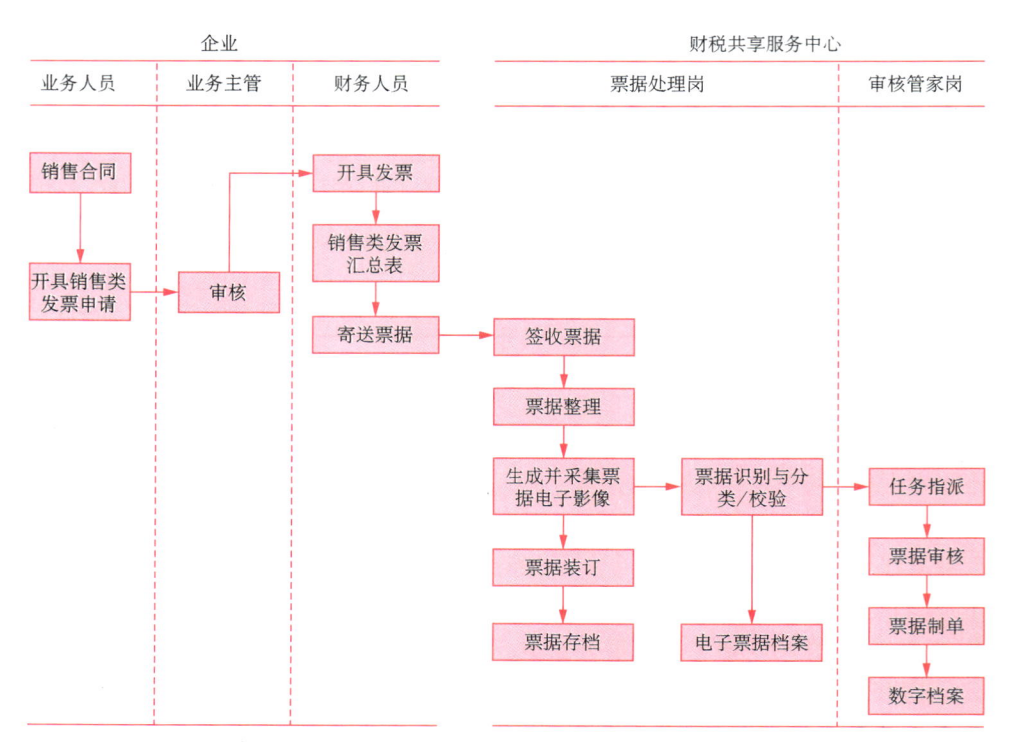

图 2-2　销售类发票整理业务处理流程

四、任务操作

销售类发票整理(业务 3—此编号取自平台)具体操作步骤如下。

(1) 点击"工作领域一"—"任务二"—"票据处理岗(7月)"—"实训题 3"—"开始练习",操作界面如图 2-3 所示。

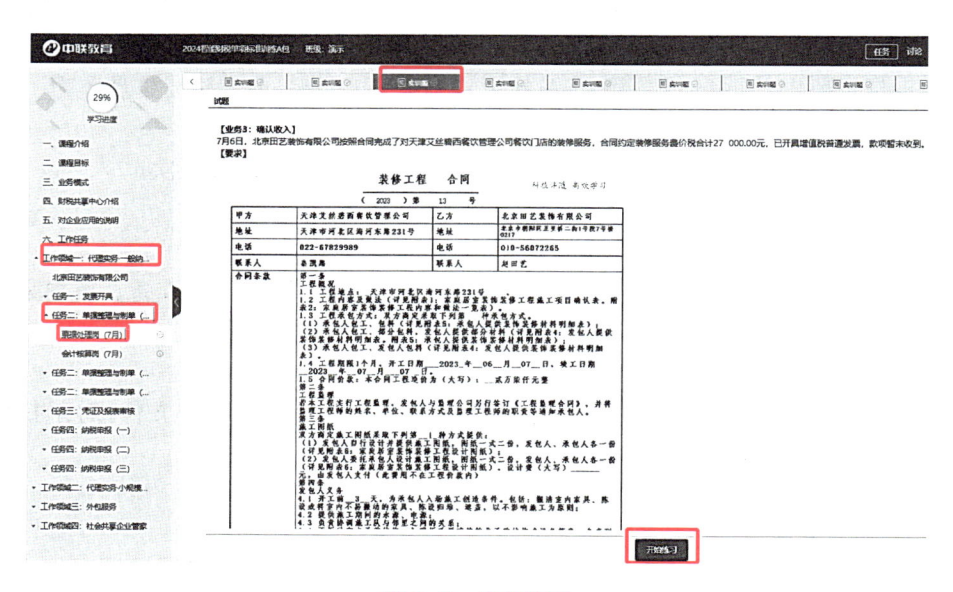

图 2-3　操作界面

（2）登录"财天下"平台，在界面左上角选择公司名称，如图 2-4 所示。

图 2-4　登录"财天下"平台

（3）在左侧菜单栏中选择"票据"项，单击"票据采集"，并进入票据采集界面，如图 2-5 所示。

图 2-5　票据采集界面

（4）发票采集并上传。单击"采集"，选择"教学平台图片/PDF"，如图 2-6 所示。

图 2-6　选择教学平台图片/PDF 上传界面

（5）选中出现的"装修工程合同"，并点击"确定"按钮，选择装修工程合同如图 2-7 所示。

（6）单击"确认"按钮后，系统显示上传到"其他票据"，票据上传如图 2-8 所示。

（7）核对信息及审核。票据上传结束需要进行信息核对，点击"其他票据"—"审核"，核对信息如图 2-9 所示。

（8）销售发票采集并上传。涉税服务岗人员已经在"票天下"平台中开具销售发票，销售发票将被自动推送至"财天下"平台，并进行制单，自动制单如图 2-10 所示，无须进行相关票据的采集及审核工作。

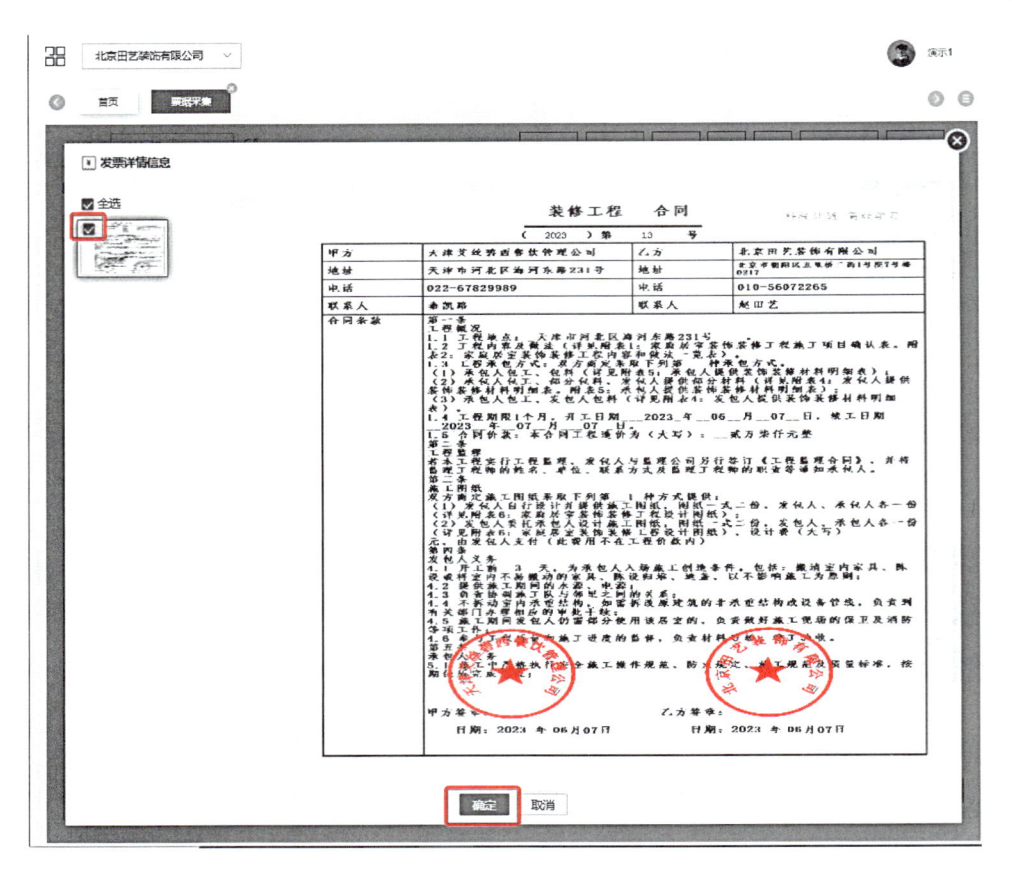

图 2-7　选择装修工程合同

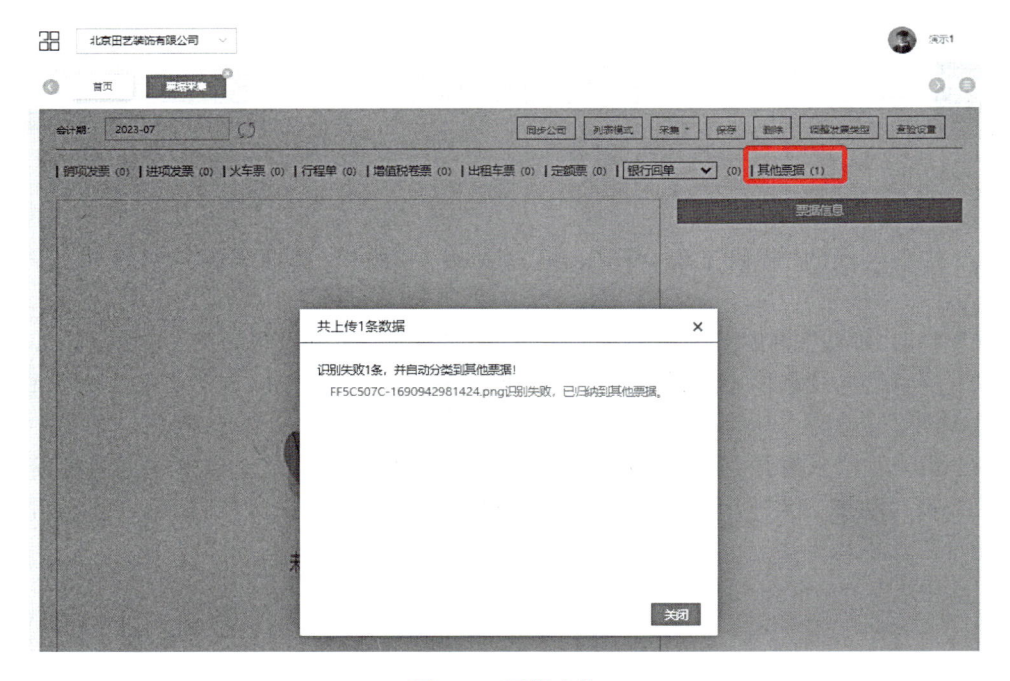

图 2-8　票据上传

项目二 票据整理

图 2-9 核对信息

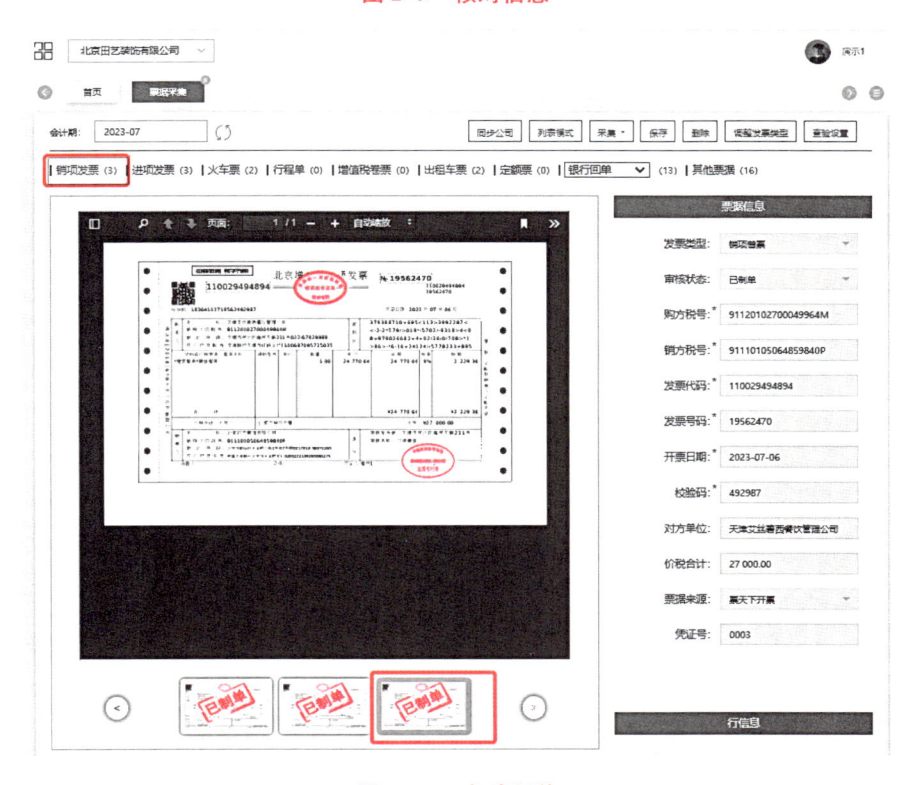

图 2-10 自动制单

37

五、任务拓展

业务4、业务11和业务3的操作步骤相同,请同学们自行练习,提高对销售票据审核的能力。

六、任务评价

销售类发票整理任务评价表如表2-2所示。

表2-2　　　　　　　　　　销售类发票整理任务评价表

工作任务清单	完成情况
对企业当月开具的销售类发票进行核查	
在智能化财务操作平台上查找缺失发票,并跟客户沟通,进行补寄	
对企业当月开具的销售类发票进行分类归档整理并制单	

任务2　银行结算单据整理

> **学习目标**
>
> 1. 了解银行结算单据的相关内容,以便后续的采集和审核。
> 2. 能准确地对银行结算单据进行分类、归档整理,如平台对票据类型识别错误,应及时调整发票类型。
> 3. 能正确地对银行结算单据的完整性和准确性进行核查,并与实际业务核对一致,包括票据与业务内容、资金收付、商品或服务的匹配分析。
>
> **素养目标**
>
> 通过审核银行结算单据,培养学生细致规范、精益求精的工匠精神。

一、任务情景

(一)任务场景

1. 收到欠款

2023年7月3日,北京田艺收到中唐空间(北京)建筑装饰公司支付的欠款56 000元,票据处理岗人员已取得该笔业务的回单。请票据处理岗人员采集票据信息,装修费银行收款单如图2-11所示。

2. 支付工资

2023年7月10日,银行代发6月职工工资。请票据处理岗人员采集票据信息,代发工资银行付款单如图2-12所示。

中国工商银行
业务回单（收款）凭证

日期：2023 年 07 月 03 日　　回单编号：04186066554

付款人户名：中唐空间(北京)建筑装饰公司　　付款人开户行：工商银行北京市玉泉路支行

付款人账号(卡号)：0200222373646436487

收款人户名：北京田艺装饰有限公司　　收款人开户行：工商银行北京市五里桥支行

收款人账号(卡号)：0200222109200065275

金额：伍万陆仟元整　　小写：¥56 000.00 元

业务(产品)种类：　　凭证种类：4641624724　　凭证号码：304512630652357 67

摘要：装修费　　用途：　　币种：人民币

交易机构：9836337989　　记账柜员：46165　　交易代码：04067　　渠道：

0200222109200065275

本回单为第 1 次打印，注意重复　　打印日期：2023 年 07 月 03 日　　打印柜员：4　　验证码：942997779874

图 2-11　装修费银行收款单

中国工商银行
业务回单（付款）凭证

日期：2023 年 07 月 10 日　　回单编号：04958789581

付款人户名：北京田艺装饰有限公司　　付款人开户行：工商银行北京市五里桥支行

付款人账号(卡号)：0200222109200065275

收款人户名：　　收款人开户行：

收款人账号(卡号)：

金额：肆万零贰佰陆拾捌元叁角壹分　　小写：¥40 268.31 元

业务(产品)种类：　　凭证种类：5286089531　　凭证号码：10662801154626843

摘要：代发工资　　用途：　　币种：人民币

交易机构：7756490798　　记账柜员：09894　　交易代码：67796　　渠道：

本回单为第 1 次打印，注意重复　　打印日期：2023 年 07 月 10 日　　打印柜员：2　　验证码：734013050768

图 2-12　代发工资银行付款单

3. 缴纳相关税费

2023年7月15日，银行代缴6月增值税及其附加税、个人所得税、企业所得税。票据处理岗人员收到增值税及其附加税付款凭证等原始凭证，增值税及其附加税付款凭证如图2-13所示，个人所得税付款凭证如图2-14所示，企业所得税付款凭证如图2-15所示。

图 2-13　增值税及其附加税付款凭证

图 2-14　个人所得税付款凭证

```
                中国工商银行
                 电子缴税付款凭证

  缴税日期： 2023 年 07 月 15 日        凭证字号：20208745
  纳税人全称及纳税人识别号：北京田艺装饰有限公司   91110105064859840P
  付款人全称：北京田艺装饰有限公司
  付款人账号：0200222109200065275
                                征收机关名称：国家税务总局北京市朝阳区税务局
  付款人开户行：工商银行北京市五里桥支行
                                收款国库（银行）名称：国家金库北京市朝阳区支库
  小写（合计）金额：¥1 500.33        元
                                缴款书交易流水号：27171153
  大写（合计）金额：人民币壹仟伍佰元叁角叁分
                                税票号码：694913340154251062
  税（费）种名称              所属日期              实缴金额（单位：元）
  企业所得税             2023.06.01 — 2023.06.30            ¥1 500.33


  第 1 次打印                        打印时间：2023 年 07 月 15 日

  客户回单联      验证码：239075        复核：           记账：
```

图 2-15 企业所得税付款凭证

（二）任务布置

票据处理岗人员需要为北京田艺整理票据，具体要求如下：
（1）对签收的银行单据进行检查，核对其是否完整。
（2）将银行单据与相对应的发票单据进行对接，并按照业务类型归类整理。
（4）对每张纸质票据进行扫描或拍照，将纸质票据转成电子影像文件。

二、任务准备

（一）知识准备

1. 银行结算

银行结算是指通过银行账户的资金转移所实现收付的行为，即银行接受客户委托代收代付，从付款单位存款账户划出款项，转入收款单位存款账户，以此完成经济单位之间债权债务的清算或资金的调拨。目前，国内银行结算方式主要有银行汇票、商业汇票、银行本票、支票、汇兑、委托收款、托收承付、信用卡、信用证等。

2. 银行结算单据

银行结算单据是收付款双方及银行办理银行转账结算的书面凭证。它是银行结算的重要组成部分，也是银行办理款项划拨、收付款单位和银行进行会计核算的依据。

（二）操作准备

（1）银行结算单据签收单。
（2）银行结算单据及银行对账单。
（3）扫描仪（或手机）一台（部）。

(三)任务要领

随着互联网支付的发展,在中小企业中,小企业业主个人通过微信、支付宝等账户执行收付款业务的现象非常普遍。这些业务实际上是企业行为,资金结算却未能通过企业账户完成,在结算单据整理时一定要注意询问企业业主个人账户中可能混同的企业收付款事项。在实际业务中,最好获取企业的电子银行流水单据和微信支付宝账户的相关收付款记录等信息。

银行结算单据整理操作时要关注以下几点:

(1) 当收到银行结算单据时,检查当月银行结算单据、银行对账单等资料是否完整。

(2) 在整理银行资料时,要核对银行对账单每笔业务是否有回单,如果没有,则需及时与银行沟通,补打银行回单。

(3) 如果企业办理了网银,则可以进入网银直接打印银行对账单,同时导出电子版银行对账单。

(4) 企业通过银行结算的业务,需要有正规的发票单据相对接,按照业务类型进行分类整理。

三、任务流程

银行结算单据整理业务处理流程如图 2-16 所示。

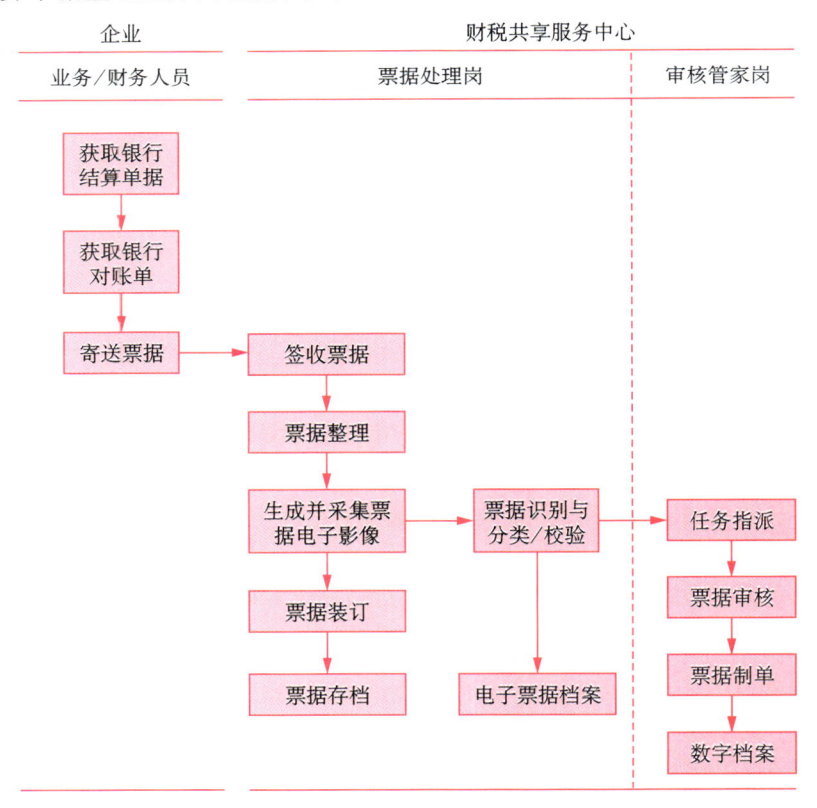

图 2-16 银行结算单据整理业务处理流程

四、任务操作

（一）收到欠款(业务 2—此编号取自平台)

（1）采集银行收款结算单据操作步骤与销售类原始凭证操作步骤类似,此处不再赘述。

（2）点击"银行回单",仔细审核票据上的关键信息是否正确,如"业务日期""回单编号""收付款标识""金额""摘要"等。如果正确无误,点击"审核"按钮,如图 2-17 所示。

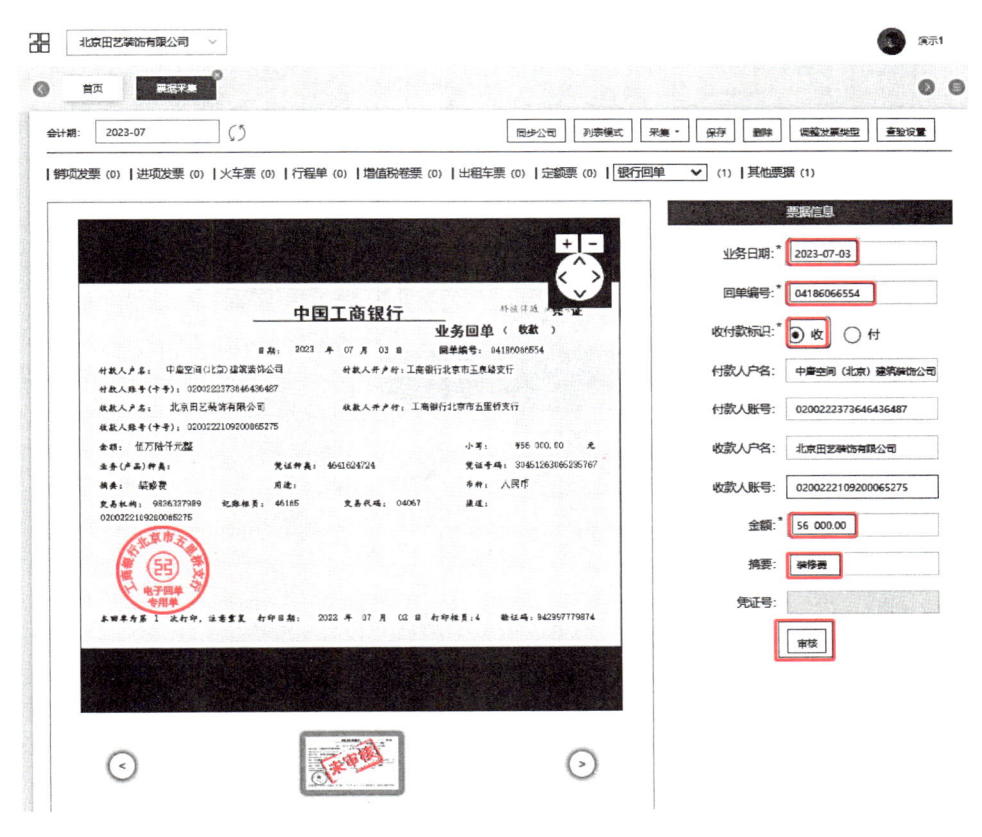

图 2-17　银行收款单审核

（二）支付工资(业务 6—此编号取自平台)

（1）采集银行付款结算单据操作步骤与销售类原始凭证操作步骤类似,此处不再赘述。

（2）点击"银行回单",仔细审核票据上的关键信息是否正确,如"业务日期""回单编号""收付款标识""金额""摘要"等。如果正确无误,点击"审核"按钮,如图 2-18 所示。

（三）缴纳相关税费(业务 9—此编号取自平台)

（1）采集银行付款结算单据操作步骤与销售类原始凭证操作步骤类似,此处不再赘述。

（2）点击"银行回单",仔细审核票据上的关键信息是否正确,如"业务日期""回单编号""收付款标识""金额""摘要"等。如果正确无误,点击"审核"按钮。

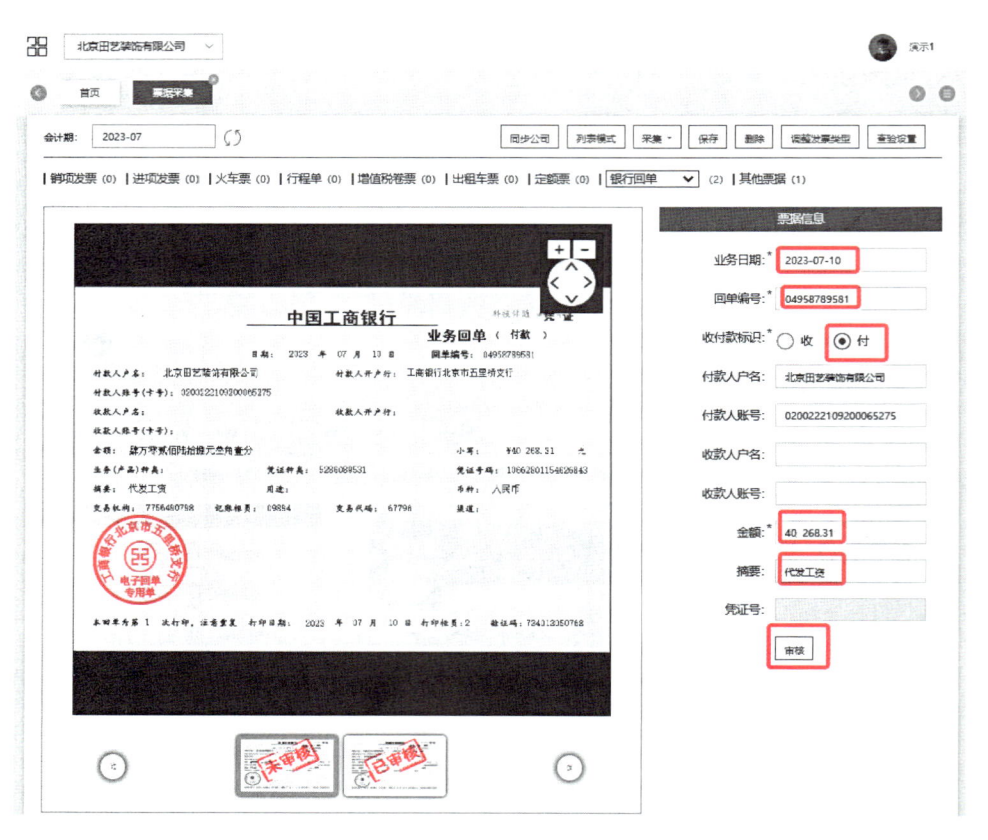

图 2-18　银行付款单审核

五、任务拓展

业务 5、业务 10、业务 12、业务 16 和以上业务操作步骤相同，请同学们自行在平台上完成任务，加强对银行结算单据审核的能力。

六、任务评价

银行结算单据整理任务评价表如表 2-3 所示。

表 2-3　　　　　　　　　　银行结算单据整理任务评价表

工作任务清单	完成情况
对当月收到的银行结算单据进行核查	
将每笔银行收支业务与银行对账单进行核对，查找缺失的银行回单，并跟银行沟通进行补寄	
在网银系统上对电子版银行对账单进行导出和打印	
将审核无误的各类银行单据与票据进行对接，按照业务类型进行分类归档整理	

任务 3 费用类发票及其他票据整理

> 🎯 **学习目标**
>
> 1. 了解费用类发票及其他票据的概念、注意事项，以便后续的采集和审核。
> 2. 能准确地对费用类发票进行分类归档整理，如平台对票据类型识别错误，应及时调整发票类型。
> 3. 能正确地对费用类发票的完整性和准确性进行核查，并与实际业务核对一致，包括将票据与业务内容、资金收付、商品或服务的匹配分析。
>
> 🎯 **素养目标**
>
> 通过审核费用类发票，培养学生细致规范、精益求精的工匠精神。

一、任务情景

（一）任务场景

1. 支付仓储费

2023 年 7 月 1 日，行政部申请支付 2023 年度第三季度仓储费 5 000 元，出纳以银行转账支付，票据处理岗收到增值税普通发票等原始凭证。仓储费增值税普通发票如图 2-19 所示，仓储费付款申请书如图 2-20 所示，仓储费银行付款单如图 2-21 所示。

图 2-19　仓储费增值税普通发票

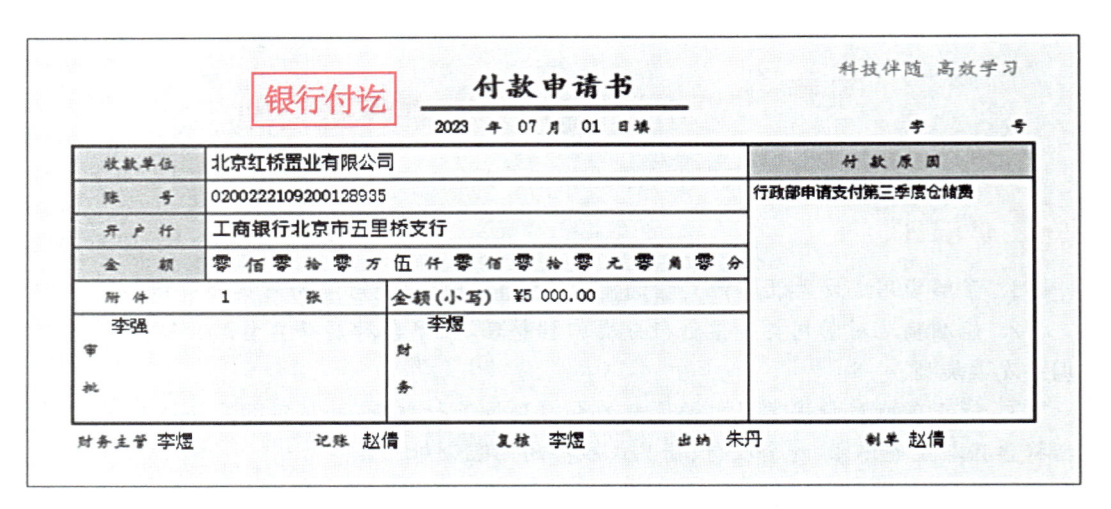

图 2-20 仓储费付款申请书

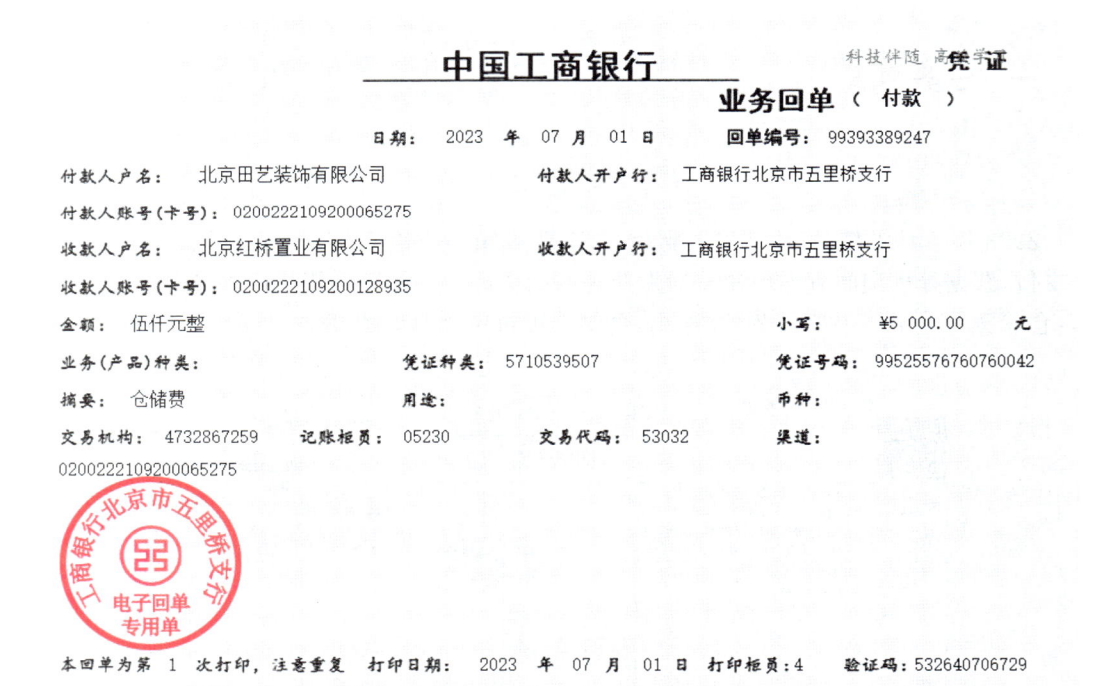

图 2-21 仓储费银行付款单

2. 报销交通费

2023 年 7 月 11 日,行政部员工李强报销交通费,出纳以现金支付。票据处理岗人员收到费用报销单等原始凭证,费用报销单如图 2-22 所示,出租车发票如图 2-23 所示。

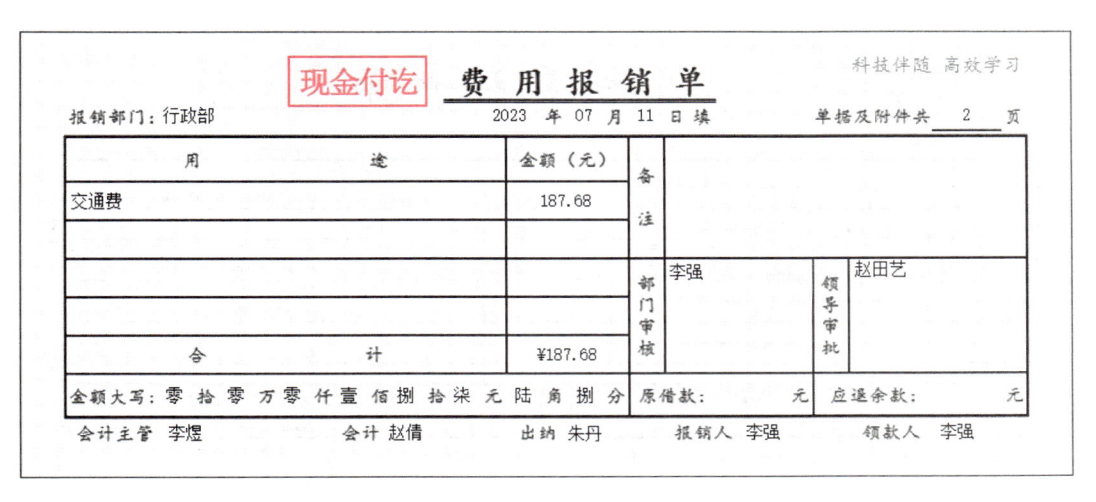

图 2-22　费用报销单

图 2-23　出租车发票

3. 报销差旅费（业务 8——此编号取自平台）

2023 年 7 月 11 日，销售部员工付世红报销差旅费，出纳以银行转账支付。票据处理岗收到差旅费报销单等原始凭证，差旅费报销单如图 2-24 所示，火车票如图 2-25 所示，住宿费增值税普通发票如图 2-26 所示，差旅费银行付款单如图 2-27 所示。请票据处理岗人员采集票据信息（住宿费发票调至其他票据）。

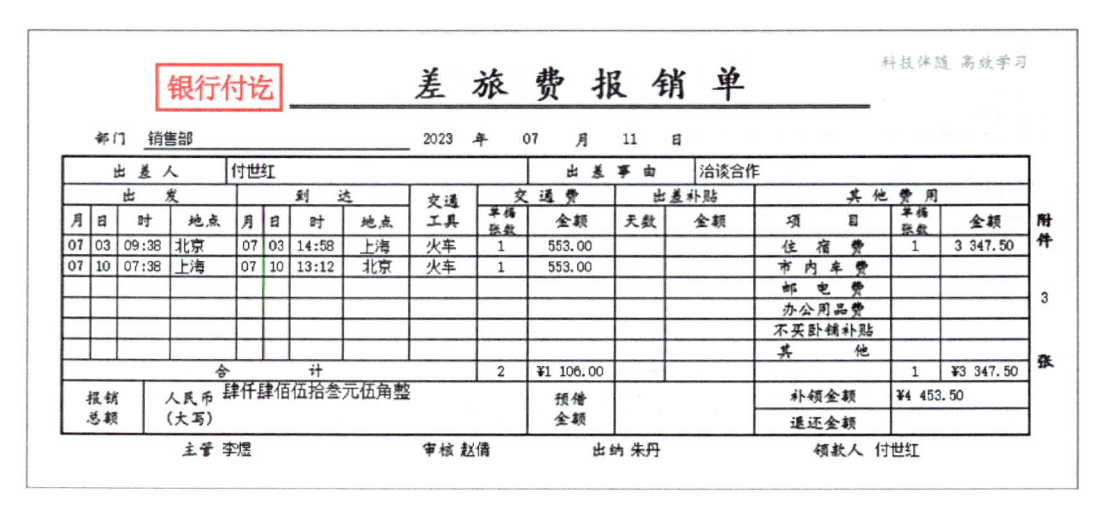

图 2-24　差旅费报销单

图 2-25　火车票

图 2-26　住宿费增值税普通发票

中国工商银行
业务回单（付款）

日期：2023 年 07 月 11 日　　回单编号：79840590387

付款人户名：北京田艺装饰有限公司　　付款人开户行：工商银行北京市五里桥支行

付款人账号（卡号）：0200222109200065275

收款人户名：付世红　　收款人开户行：工商银行北京市五里桥支行

收款人账号（卡号）：0200222109200073942

金额：肆仟肆佰伍拾叁元伍角整　　小写：¥4 453.50 元

业务（产品）种类：　　凭证种类：1016077107　　凭证号码：25781430107284365

摘要：差旅费　　用途：　　币种：人民币

交易机构：2687588364　　记账柜员：74677　　交易代码：79711　　渠道：

0200222109200065275

（工商银行北京市五里桥支行 电子回单专用章）

本回单为第 1 次打印，注意重复　打印日期：2023 年 07 月 11 日　打印柜员：7　验证码：227012717227

图 2-27　差旅费银行付款单

4. 外购面包车

2023 年 7 月 23 日，北京田艺购进一辆面包车价税合计 67 800 元，同时支付车辆购置税 6 000 元，该面包车 7 月已使用。票据处理岗人员收到固定资产验收单等原始凭证，固定资产验收单如图 2-28 所示，机动车销售统一发票如图 2-29 所示，车辆购置税完税证明如图 2-30 所示，机动车银行付款单如图 2-31 所示。

固定资产验收单

2023 年 07 月 23 日　　编号：000001

名称	规格型号	来源	数量	购（造）价	使用年限	预计残值
面包车	S-L2B	外购	1	66 000.00	4	0.00
安装费	月折旧率	建造单位		交工日期	附件	
	0.020 833	北京福田汽车生产股份有限公司		2023年07月23日	3	
验收部门	工程部	验收人员	李彩炫	管理部门	工程部	管理人员	李彩炫
备注							

审核：李煜　　制单：朱丹

图 2-28　固定资产验收单

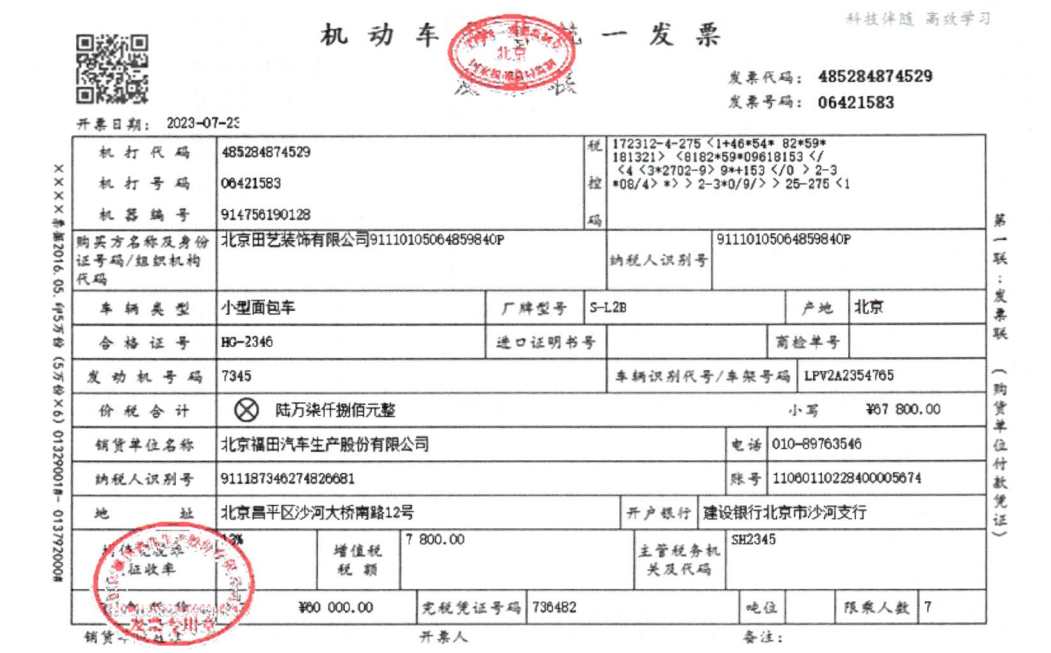

图 2-29　机动车销售统一发票

图 2-30　车辆购置税完税证明

中国工商银行
业务回单（付款）

日期：2023 年 07 月 23 日　　回单编号：31547012362

付款人户名：北京田艺装饰有限公司　　付款人开户行：工商银行北京市五里桥支行
付款人账号(卡号)：0200222109200065275
收款人户名：北京福田汽车生产股份有限公司　　收款人开户行：建设银行北京市沙河支行
收款人账号(卡号)：11060110228400005674
金额：柒万叁仟捌佰元整　　　　　　　　小写：¥73 800.00 元
业务(产品)种类：　　　凭证种类：8834901819　　凭证号码：46251123935831434
摘要：面包车　　　用途：　　　　　　　　　　币种：人民币
交易机构：3129524975　记账柜员：36473　交易代码：94285　渠道：
0200222109200065275

本回单为第 1 次打印，注意重复　打印日期：2023 年 07 月 23 日 打印柜员：4　验证码：371226488445

图 2-31　机动车银行付款单

5. 报销办公费

2023 年 7 月 23 日，行政部员工李强报销办公费，出纳以现金支付。票据处理岗人员收到费用报销单如图 2-32 所示，办公费增值税普通发票如图 2-33 所示。

费用报销单（现金付讫）

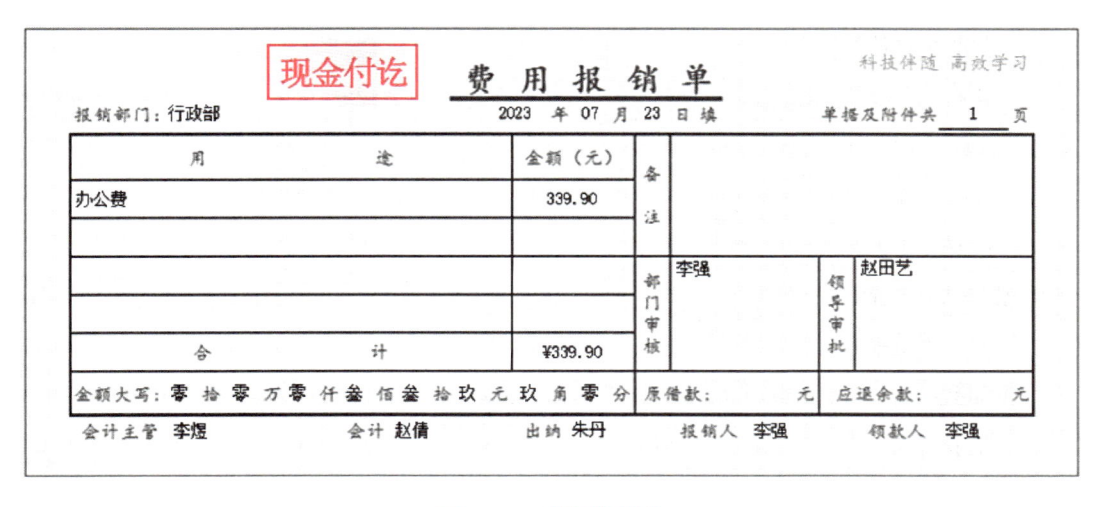

报销部门：行政部　　2023 年 07 月 23 日填　　单据及附件共 1 页

用途	金额（元）	备注	部门审核	领导审批
办公费	339.90		李强	赵田艺
合计	¥339.90			

金额大写：零拾零万零仟叁佰叁拾玖元玖角零分　原借款：　元　应退余款：　元

会计主管 李煜　　会计 赵倩　　出纳 朱丹　　报销人 李强　　领款人 李强

图 2-32　费用报销单

图 2-33　办公费增值税普通发票

6. 计提工资、社保及公积金,代扣员工需缴纳的三险一金及个人所得税

2023年7月31日,计提7月员工工资、7月社保及住房公积金,并代扣7月员工需缴纳的三险一金及个人所得税。票据处理岗人员收到7月工资计算表如表2-4所示,7月公司缴纳社会保险费及住房公积金汇总表如表2-5所示。

表 2-4　　　　　　　　　　　7月工资计算表　　　　　　　　　　　　　　　　　单位:元

序号	姓名	部门	工资收入	专项扣除				个人所得税	实发工资
				基本养老保险	基本医疗保险	失业保险	住房公积金		
1	张波	设计部	9 000.00	720.00	183.00	45.00	1 080.00	59.16	6 912.84
2	李强	行政部	9 000.00	720.00	183.00	45.00	1 080.00	59.16	6 912.84
3	朱丹	财务部	5 000.00	506.08	129.52	31.63	600.00	0.00	3 732.77
4	刑杰	库管部	6 500.00	520.00	133.00	32.50	780.00	1.04	5 033.46
5	李彩炫	工程部	6 500.00	520.00	133.00	32.50	780.00	1.04	5 033.46
6	张基浩	工程部	5 000.00	506.08	129.52	31.63	600.00	0.00	3 732.77
7	李晖	工程部	5 000.00	506.08	129.52	31.63	600.00	0.00	3 732.77
8	付世红	销售部	6 500.00	520.00	133.00	32.50	780.00	1.04	5 033.46
	合计		52 500.00	4 518.24	1 153.56	282.39	6 300.00	121.44	40 124.37

表 2-5　　　　　　　7月公司缴纳社会保险费及住房公积金汇总表　　　　　　　　　单位:元

序号	姓名	部门	基本养老保险	基本医疗保险	失业保险	工伤保险	住房公积金
1	张波	设计部	1 440.00	882.00	45.00	18.00	1 080.00

(续表)

序号	姓名	部门	基本养老保险	基本医疗保险	失业保险	工伤保险	住房公积金
2	李强	行政部	1 440.00	882.00	45.00	18.00	1 080.00
3	朱丹	财务部	1 012.16	619.95	31.63	12.65	600.00
4	刑杰	库管部	1 040.00	637.00	32.50	13.00	780.00
5	李彩炫	工程部	1 040.00	637.00	32.50	13.00	780.00
6	张基浩	工程部	1 012.16	619.95	31.63	12.65	600.00
7	李晖	工程部	1 012.16	619.95	31.63	12.65	600.00
8	付世红	销售部	1 040.00	637.00	32.50	13.00	780.00
合计			9 036.48	5 534.85	282.39	112.95	6 300.00

7. 计提本月折旧

2023年7月31日，计提7月累计折旧。票据处理岗人员收到固定资产折旧表，7月固定资产折旧表如表2-6所示。

表2-6　　　　　　　　　　　7月固定资产折旧表　　　　　　　　　　金额单位：元

资产类别	所属部门	开始使用时间	折旧年限	原值	现值	方法	月折旧额
固定资产——运输工具	工程部	2023年6月	4年	90 000.00	0	年限平均法	1 875.00
固定资产——办公家具	行政部	2023年6月	5年	60 000.00	0	年限平均法	1 000.00
固定资产——电子设备	行政部	2023年6月	3年	18 000.00	0	年限平均法	500.00

（二）任务布置

请票据处理岗人员对票据进行整理和采集，具体要求如下：
（1）对签收的费用类发票及其他单据进行检查，核对其是否完整。
（2）对费用类发票及其他单据进行归类整理、粘贴。
（3）对每张纸质票据进行扫描或拍照，将纸质票据转成电子影像文件。
（4）采集票据影像文件，自动识别票据并人工校验。
（5）查询本任务生成的票据。

二、任务准备

（一）知识准备

1. 费用类发票及其他票据的概念

费用类发票是指计入企业期间费用的票据，主要是记入"管理费用""销售费用""财务费用"科目的发票，如工作人员的电话费、职工通勤费、广告费、防暑降温费和企业一些零星支出等的票据。

其他类票据是指不能被归入销售类、成本类和费用类发票的票据,通常包括一些企业内部自制的票据,如出库单、借款审批单、工资和社保公积金计算表、折旧摊销表等。

2. 费用类发票及其他票据整理的注意事项

在对票据进行整理时,先划分其业务类型,然后将划分好业务类型的发票进行计数、粘贴,并做好标注,最后根据业务内容判断需要记入的会计科目。具体注意事项如下:

(1)划分业务类型。费用类发票包括支出的各种费用,如餐费、办公用品费、日用品费、福利费、服务费、打车费、停车费、过路费、充值费、公交费、电话费、维修费、租赁费等各种支出所开具的发票,按照列支费用的用途进行分类。其他类票据包括出库单、借款审批单、工资和社保公积金计算表、折旧摊销表等,可根据票据类型进行分类。

(2)计数、粘贴并做好标注。①将需要粘贴和不需要粘贴的票据分别分类,同类票据(如餐费类、出租车票类等)应集中在一起。②粘贴票据的纸张应选择与支出凭单同样大小的白纸(使用过的纸亦可,外露部分应保持洁白),不要用报纸或比较薄的信纸粘贴,粘贴在其上的票据不能超出该纸张的范围。③粘贴在一张纸上的所有票据统一按上、下、左、右起止的顺序均匀粘贴,确保粘贴后依然平整。④粘贴在一张纸上的所有票据作为一张附件计算,并将合计金额写在右下角。

(二)操作准备

(1)费用类发票签收单。

(2)各种费用类发票、白纸及胶水。

(3)扫描仪(或手机)一台(部)。

(三)任务要领

费用类发票及其他票据整理业务主要包括票据签收与分类、票据扫描与识别、票据审查、票据装订与归档环节。

会计服务机构接收票据时,要按照法律法规和委托单位的制度规定,对票据容真实性、合法性、完整性、规范性、时效性等进行检查,对不真实、不合法、不完整、不规范的票据,拒绝接收;交接票据时,应办理交接手续;应加强对涉税票据管理,规避涉税风险。费用类发票审核要点如表2-7所示。

表2-7　　　　　　　　　　费用类发票审核要点

审核要点	审核细节
票据形成环节审核	(1)以票据的号码为依据,对票据的领用、发放、报销三个环节进行核查; (2)对票据的经办、核实及入账等环节进行核实,找出票据形成过程的关键信息; (3)通过对票据的各个环节的检查和比对,检验票据是否符合"三流合一"原则,即查验票据的业务流、资金流、货物流是否符合逻辑
票据真实性、合法性审核	(1)检查票据的要素齐全情况; (2)核实票据的特点是否符合单位业务情况; (3)关注大额整数发票,尤其是节假日或年末等特殊时间的大额发票
票据有效性审核	(1)票据的开具单位和开具时间是否有效或已经废止; (2)票据的结算类型是否符合入账要求; (3)是否属于白条收支

三、任务流程

费用类发票及其他票据整理业务处理流程如图 2-34 所示。

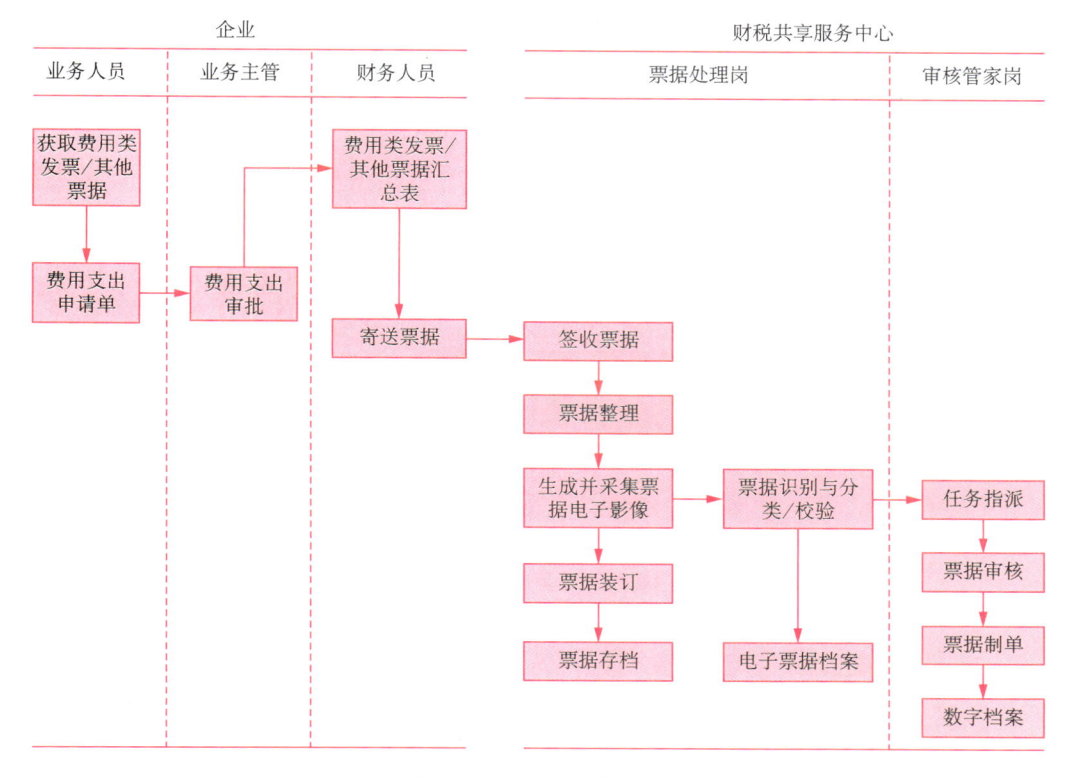

图 2-34　费用类发票及其他票据整理业务处理流程

四、任务操作

（一）支付仓储费（业务 1—此编号取自平台）

（1）采集票据操作步骤与销售类原始凭证操作步骤类似，此处不再赘述。

（2）点击"进项发票"，仔细审核票据上的关键信息是否正确，如"购方税号""销方税号""发票代码""发票号码""开票日期""金额"等。如果正确无误，点击"审核"按钮，如图 2-35 所示。

（3）"其他票据"列审核操作同上，此处不再赘述。

（二）报销交通费（业务 7—此编号取自平台）

（1）采集票据操作步骤与销售类原始凭证操作步骤类似，此处不再赘述。

（2）两张出租车票被采集分类到"其他票据"列，需要人工进行重新分类。点击"其他票据"列—"调整发票类型"，调整到"出租车票"，调整发票类型如图 2-36 所示。

（3）调整好发票类型后，点击"出租车票"，关注"发票代码""发票号码""金额"等关键信息是否正确。审核无误后，点击"审核"按钮，如图 2-37 所示。

2-3　仓储费票据整理

2-4　交通费票据整理

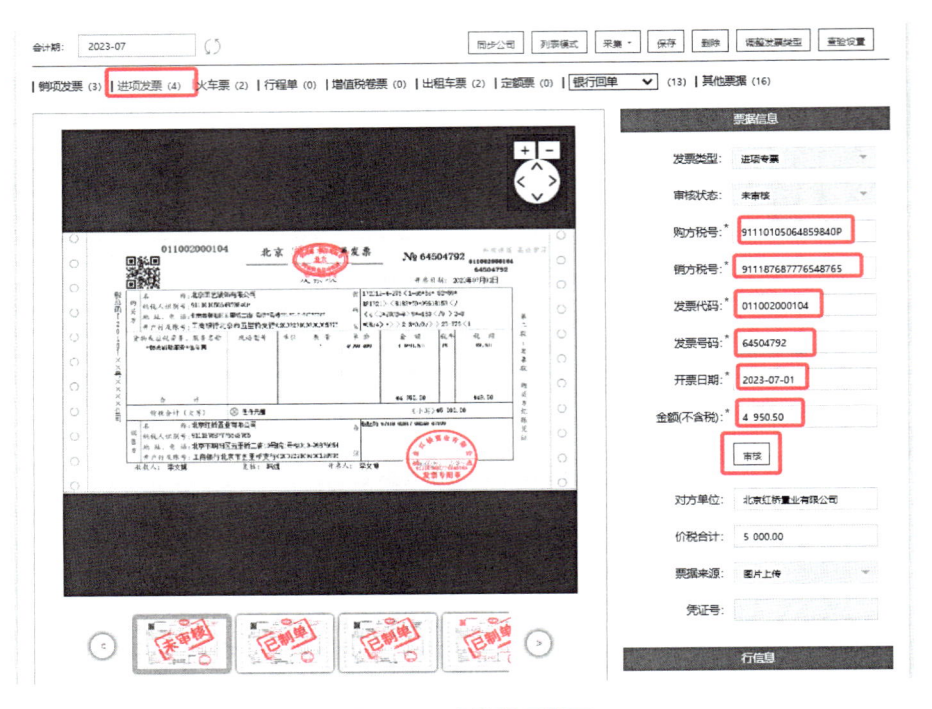

图 2-35　审核进项发票

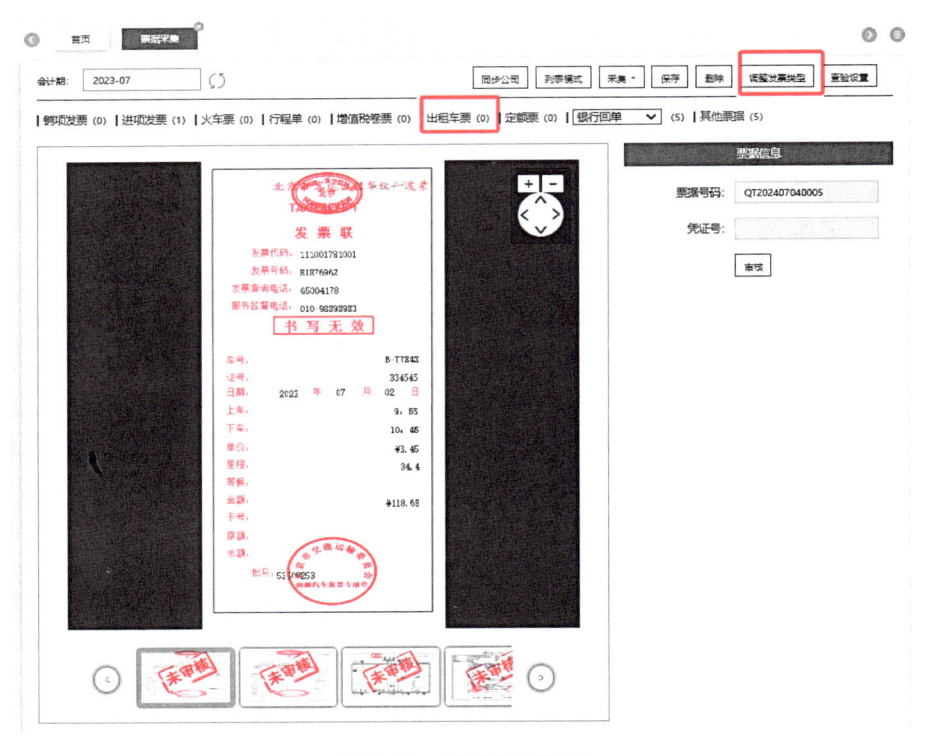

图 2-36　调整发票类型

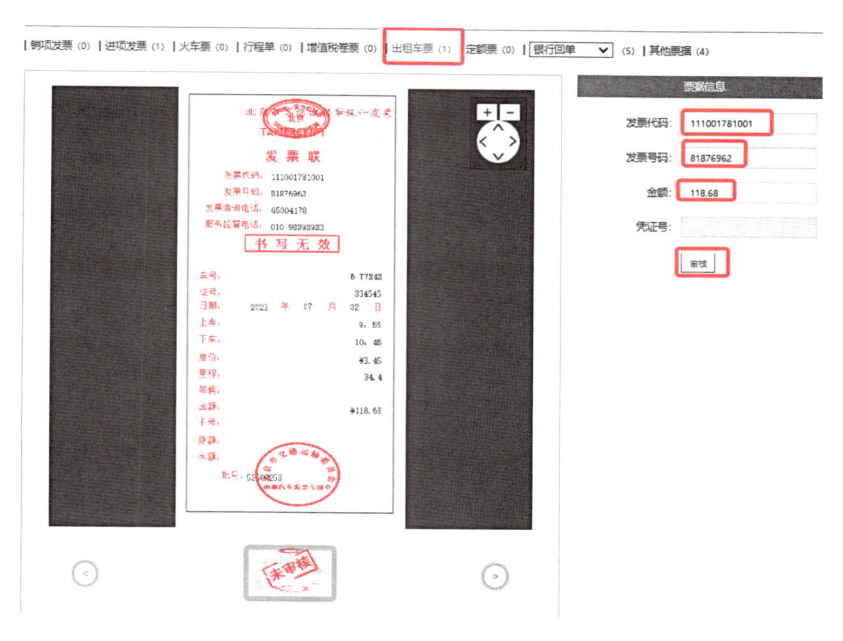

图 2-37　审核出租车发票

(4)"其他票据"列审核操作同上,此处不再赘述。

(三)报销差旅费(业务 8—此编号取自平台)

(1)采集票据操作步骤与销售类原始凭证操作步骤类似,此处不再赘述。

(2)点击"火车票"列,对火车票关键信息进行审核,如"车次""日期""金额""起止地点""终止地点"等。核对无误后,点击"审核"按钮,如图 2-38 所示。

2-5　差旅费票据整理

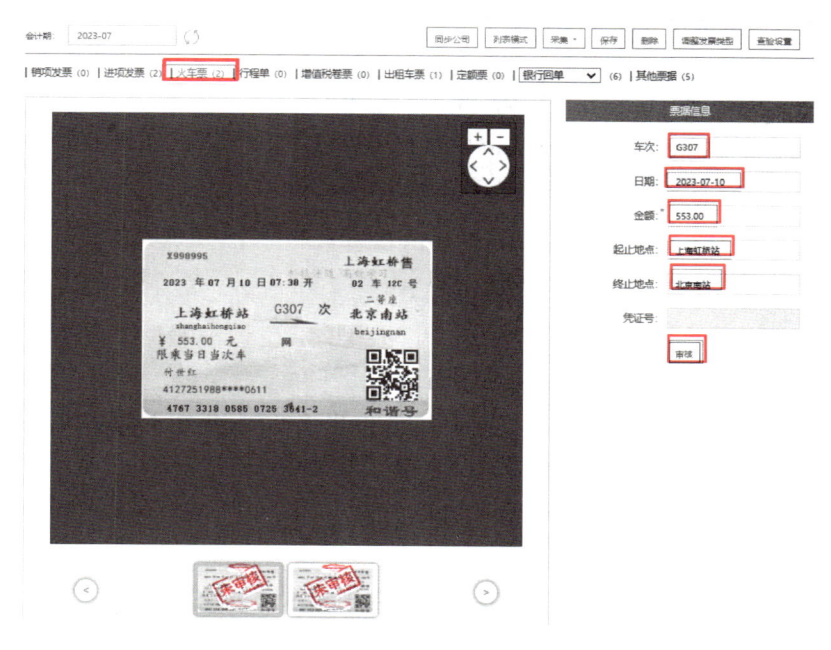

图 2-38　审核火车票

57

(3) 其他审核操作不再赘述。

(四) 外购面包车(业务 13—此编号取自平台)

(1) 采集票据操作步骤与销售类原始凭证操作步骤类似,此处不再赘述。

(2) 四张原始凭证采集到"其他票据"列,审核步骤不再赘述。

(五) 报销办公费(业务 14—此编号取自平台)

(1) 采集票据操作步骤与销售类原始凭证操作步骤类似,此处不再赘述。

(2) 点击"进项发票"列,仔细审核票据上的关键信息是否正确,如"购方税号""销方税号""发票代码""发票号码""开票日期""金额"等。如果正确无误,点击"审核"按钮,如图 2-39 所示。

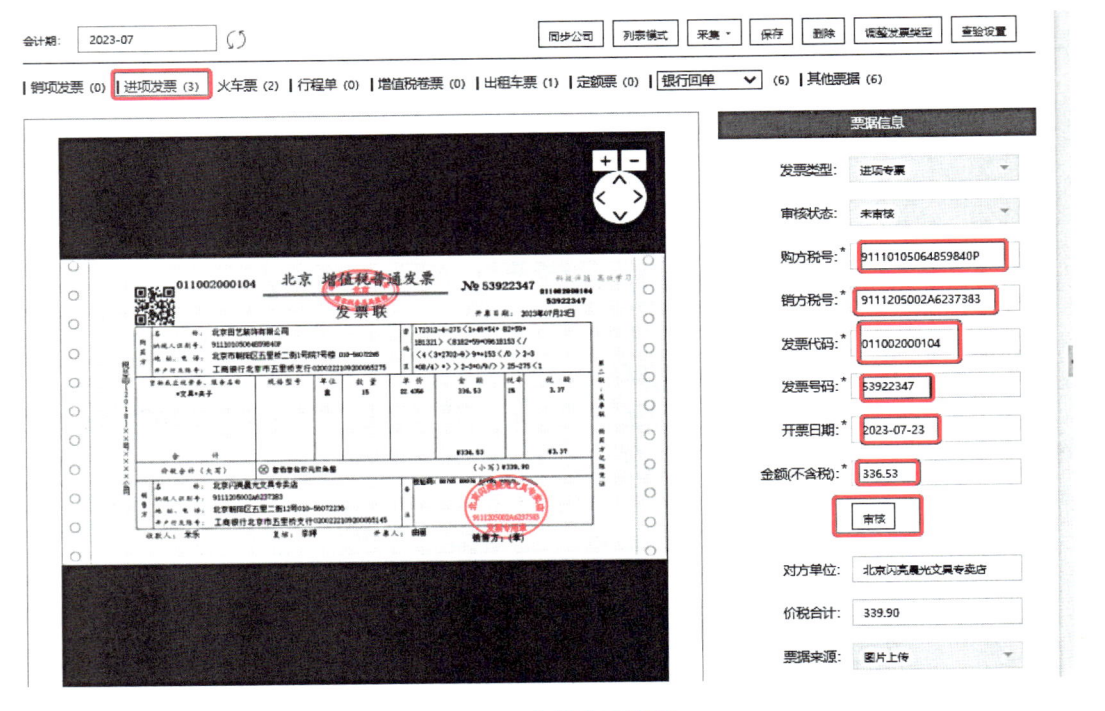

图 2-39 审核进项发票

(3) 其他审核操作不再赘述。

(六) 计提工资、社保及公积金,代扣员工需缴纳的三险一金及个人所得税(业务 16、业务 17—此编号取自平台)

(1) 采集票据操作步骤与销售类原始凭证操作步骤类似,此处不再赘述。

(2) 两张原始凭证采集到"其他票据"列,审核步骤不再赘述。

(七) 计提本月折旧(业务 19—此编号取自平台)

(1) 采集票据操作步骤与销售类原始凭证操作步骤类似,此处不再赘述。

(2) 一张原始凭证采集到"其他票据"列,审核步骤不再赘述。

五、任务拓展

业务 15 和业务 20 操作流程不再赘述,请同学们自行在"财天下"平台完成任务,提高票据整理的能力。

六、任务评价

费用类发票及其他票据整理任务评价表如表 2-8 所示。

表 2-8　　　　　　　　费用类发票及其他票据整理任务评价表

工作任务清单	完成情况
按照业务类型划分票据的种类,并进行计数、粘贴及标注	
将不同类别的票据记入对应的会计科目	
根据票据对应的费用类别在智能化财务操作平台上生成记账凭证	

2-8 其他票据整理

任务 4　成本类发票整理

🎯 学习目标

1. 了解成本类发票的概念、获取及发票整理的注意事项,以便后续的采集和审核。
2. 能准确地对成本类发票进行分类归档整理,如平台对票据类型识别错误,应及时调整发票类型。
3. 能正确地对成本类发票的完整性和准确性进行核查,并与实际业务核对一致,包括票据与业务内容、资金收付、商品或服务的匹配分析。

🎯 素养目标

通过审核成本类发票,培养学生细致规范、精益求精的工匠精神。

一、任务情境

(一)任务场景

2023 年 8 月 5 日,北京田艺采购装修用材料水泥 20 袋,沙子 20 袋,采购乳胶漆 10 桶,价税合计共 8 362 元。材料已验收入库,款项暂未支付。票据处理岗人员取得购销合同如图 2-40 所示,入库单如图 2-41 所示,增值税专用发票如图 2-42 所示。

购销合同

合同编号 10926908

购货单位（甲方）：北京田艺装饰有限公司
供货单位（乙方）：北京中讯新型材料有限公司

根据《中华人民共和国合同法》及国家相关法律、法规之规定，甲乙双方本着平等互利的原则，就甲方购买乙方货物一事达成以下协议。

一、货物的名称、数量及价格：

货物名称	规格型号	单位	数量	单价	金额	税率	价税合计
水泥		袋	20	40.00	800.00	13%	904.00
沙子		袋	20	150.00	3 000.00	13%	3 390.00
乳胶漆		桶	10	360.00	3 600.00	13%	4 068.00
合计（大写）	捌仟叁佰陆拾贰元整						￥8 362.00

二、交货方式和费用承担：交货方式：供货方送货   交货时间：2023年08月05日 前。
交货地点：北京市朝阳区五里桥二街1号院7号楼0217，运费由 供货方 承担。
三、付款时间与付款方式：3个月内支付货款

四、质量异议期：订货方对供货方的货物质量有异议时，应在收到货物后 7日 内提出，逾期视为货物质量合格。

五、未尽事宜经双方协商解决，与本合同具有同等效力。

六、本合同自双方签章、盖章之日起生效；本合同壹式贰份，甲乙双方各执壹份。

甲方（签章）：   乙方（签章）：
授权代表：赵田艺   授权代表：李忠
地　　址：北京市朝阳区五里桥二街1号院7号楼0217   地　　址：北京海淀区学院路中讯大厦四层
电　　话：010-56672265   电　　话：010-61323497
日　　期：2023年08月05日   日　　期：2023年08月05日

图 2-40　购销合同

入库单

No. 35582040

供货单位：北京中讯新型材料有限公司   2023 年 08 月 05 日

编号	品名	规格	单位	数量	单价	金额	备注
00001	水泥		袋	20	40.00	800.00	
00002	沙子		袋	20	150.00	3 000.00	
00003	乳胶漆		桶	10	360.00	3 600.00	
	合　　计					￥7 400.00	

仓库主管：邢杰　　记账：朱丹　　保管：邢杰　　经手人：邢杰　　制单：邢杰

图 2-41　入库单

图 2-42 增值税专用发票

（二）任务布置

请票据处理岗人员对票据进行整理和采集，具体要求如下：

（1）对签收的票据进行检查，核对其是否完整。

（2）对票据进行归类整理。

（3）对每张纸质票据进行扫描或拍照，自动识别票据并人工校验。

二、任务准备

（一）知识准备

1. 成本及成本类发票的概念

成本是企业为生产一定数量和种类的产品或为提供一定数量和种类的劳务而发生的各种耗费。成本类发票是企业从事生产经营过程中，购进用于加工商品或销售商品所需要的原材料、动力或货物等从销售方获得的发票，这些票据是企业计算生产成本或经营成本的主要原始凭证。

2. 成本类发票的获取

成本类发票记录公司销售商品或加工商品过程中所消耗的费用，主要是指直接或间接记入"生产成本""制造费用"等科目的发票。

3. 成本类发票整理的注意事项

（1）未填写购买方的纳税人识别号或统一社会信用代码的普通发票不予报销。

（2）填开内容与实际交易不符的发票不予报销。

（3）取得提供货物运输服务未在"备注"栏注明规定信息的发票不予报销。

（4）取得提供建筑服务未在"备注"栏注明规定信息的发票不予报销。

（5）取得销售不动产未按规定要求填开的发票不予报销。对于销售不动产，纳税人自行开具或税务机关代开增值税发票时，应在发票"货物或应税劳务、服务名称"栏填写不动产名称及房屋产权证书号码（无房屋产权证书的可不填写），"单位"栏填写面积单位，"备注"栏注明不动产的详细地址。

（6）取得出租不动产未在"备注"栏注明规定信息的发票不予报销。

（7）未在增值税发票管理新系统中开具的二手车销售统一发票不予报销。

（8）未按规定要求开具的成品油发票不予报销。

（9）未填开付款方全称的发票不予报销。

（10）未加盖发票专用章的发票不予报销。

（11）商业企业一般纳税人零售消费品开具增值税专用发票不予报销。商业企业一般纳税人零售的烟、酒、食品、服装、鞋帽（不包括劳保专用部分）、化妆品等消费品不得开具专用发票。

（12）单用途卡销售、充值与使用等环节发票开具不规范不予报销。单用途卡发卡企业或者售卡企业向购卡人、充值人开具增值税普通发票，不得开具增值税专用发票。

（13）多用途卡销售、充值与使用等环节发票开具不规范的不予报销。支付机构向购卡人、充值人开具增值税普通发票，不得开具增值税专用发票。

（二）操作准备

（1）客户成本类发票签收单。

（2）扫描仪（或手机）一台（部）。

（三）任务要领

（1）票面信息的核对：主要是核对商品和服务税收分类编码是否正确。自2016年5月1日起，国家税务总局在全国范围内推行了商品和服务税收分类编码。自2018年1月1日起，纳税人通过增值税发票管理新系统开具增值税发票（包括增值税专用发票、增值税普通发票、增值税电子普通发票）时，商品和服务税收分类编码对应的简称会自动显示并打印在发票票面"货物或应税劳务、服务名称"或"项目"栏中。

（2）发票、交付物与业务的核对：发票是业务的具体体现，在整理票据时务必查阅发票对应的业务，即合同信息是否一致；发票与业务对应的交付物是否一致，如发票内容显示购进黄金饰品，实物管理是否有黄金饰品的验收和入库等材料。

（3）成本类发票整理应注意增值税和企业所得税的不同要求，如企业购进的用于职工福利的商品发票，这些发票不能进行增值税进项税额抵扣，但是可以作为企业所得税税前扣除凭证。因此，在整理票据时应按照增值税的要求和企业所得税税前扣除的要求分别做好标记。

三、任务流程

成本类发票整理业务处理流程如图2-43所示。

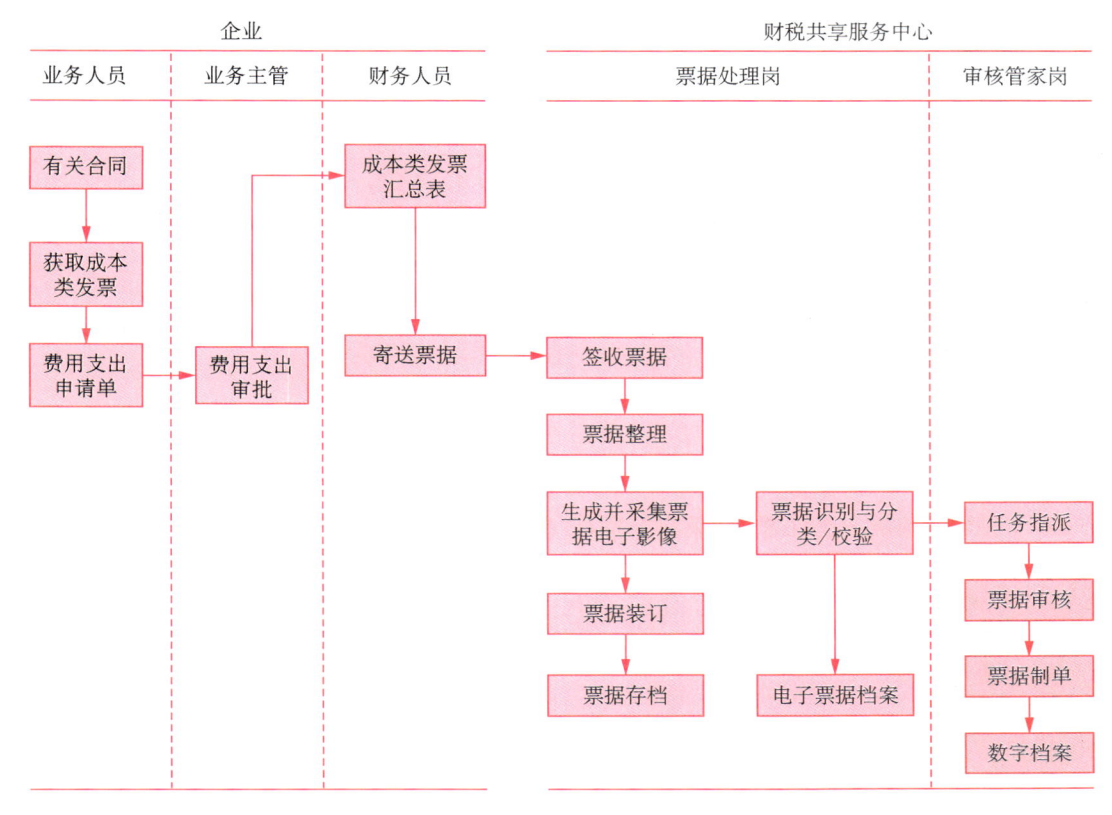

图 2-43　成本类发票整理业务处理流程

四、任务操作

（一）成本类发票整理的内容

（1）票据处理岗人员收到票据时，应按照成本类发票汇总表检查当月票据是否完整，如果票据有缺失，应及时沟通处理。

（2）按照发票供应方单位名称进行分类整理。

（二）票据扫描识别

1. 对票据进行分类

先按照收入、成本及费用三个类别对票据进行分类，为数据采集做准备。票据采集的顺序为先进行收入类票据整理采集，再进行成本类和费用类票据整理采集。

2. 票据电子影像转换

通过扫描或拍照等方式，将已经分类的纸质票据转换为电子影像文件，其中对于扫描效果差、票面不清晰的纸质票据，可利用高拍仪单独进行电子影像处理。

3. 发票识别与查验

（1）登录"财天下"平台，在界面左上角先选择公司名称，登录"财天下"平台如图 2-44 所示。

智能财税

图 2-44　登录"财天下"平台

（2）在左侧菜单栏中选择"票据"项，单击"票据采集"，并进入票据采集界面，如图 2-45 所示。

图 2-45　票据采集界面

（3）发票采集并上传。单击"采集"，选择"教学平台图片/PDF"，具体如图 2-46 所示。

图 2-46　选择教学平台图片/PDF 上传界面

（4）选中出现的"购销合同""入库单"和"增值税专用发票"，选择发票详情信息如图 2-47 所示。

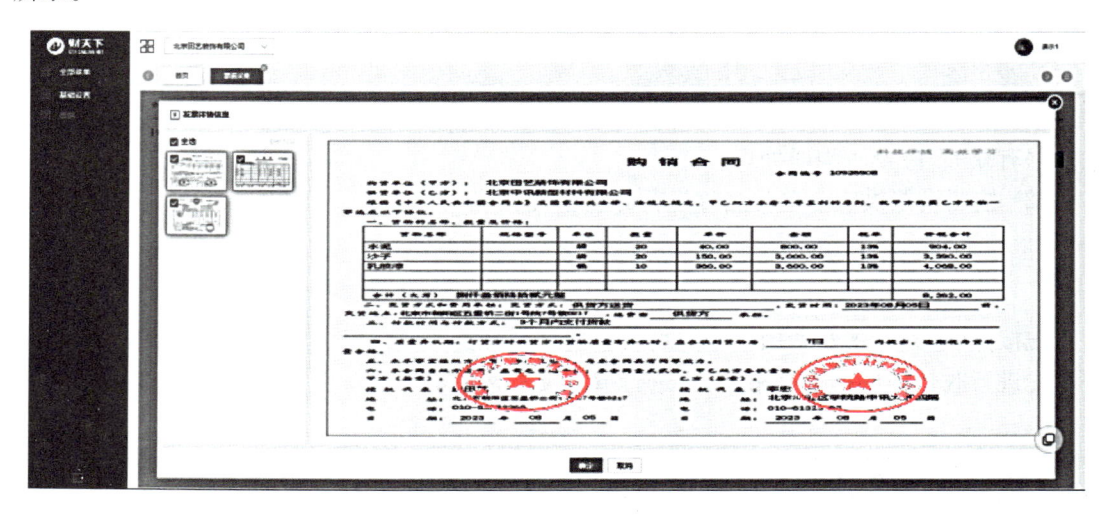

图 2-47　选择发票详情信息

（5）单击"确认"按钮后，系统显示上传成功，如图 2-48 所示。

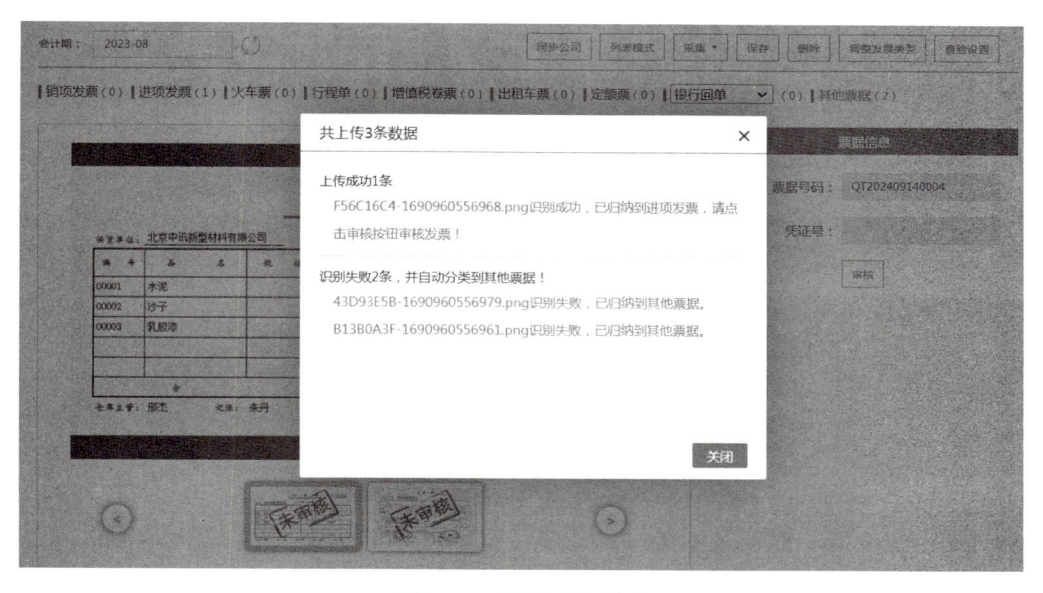

图 2-48 票据上传成功

（6）核对信息及审核。票据上传结束需要进行信息核对，单击"审核"按钮，核对票据信息如图 2-49 所示。审核完毕后会出现发票审核成功的提示，票据审核成功如图 2-50 所示，此时票据状态变为已审核。若出现票面不清晰等情况，需核对右侧自动识别的票据信息。其中，可以利用放大功能，对电子版票据进行局部放大和缩小，重点关注票面信息中票面金额等信息是否采集正确，与银行信息是否一致。若查验中数据与票面信息不一致，可手动修改行信息及票据信息。若采集的票面信息经核对无误，信息核对无误后，单击"审核"按钮后，进行"保存"。票据变成已审核状态。

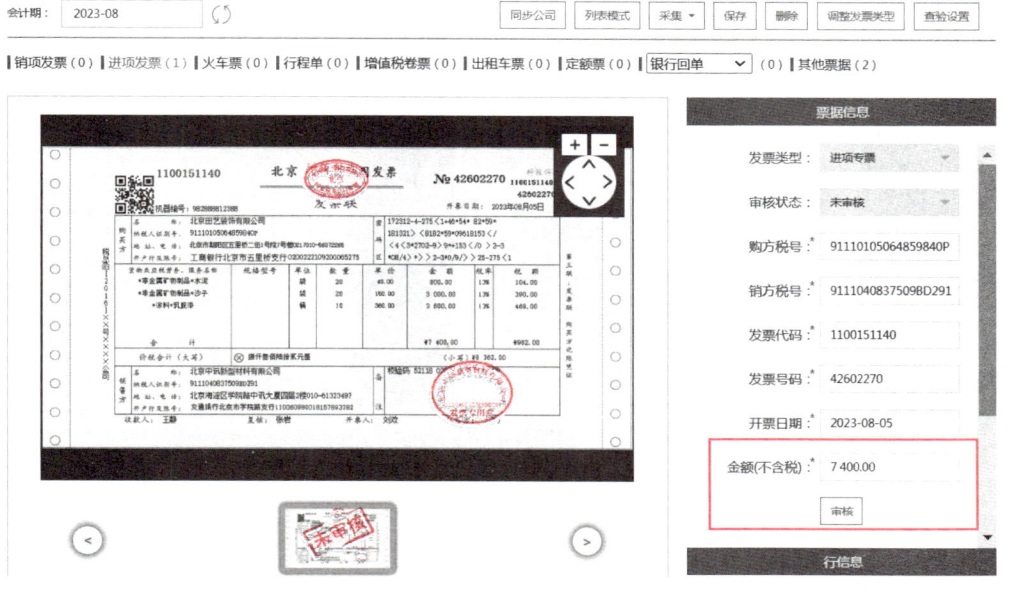

图 2-49 核对票据信息

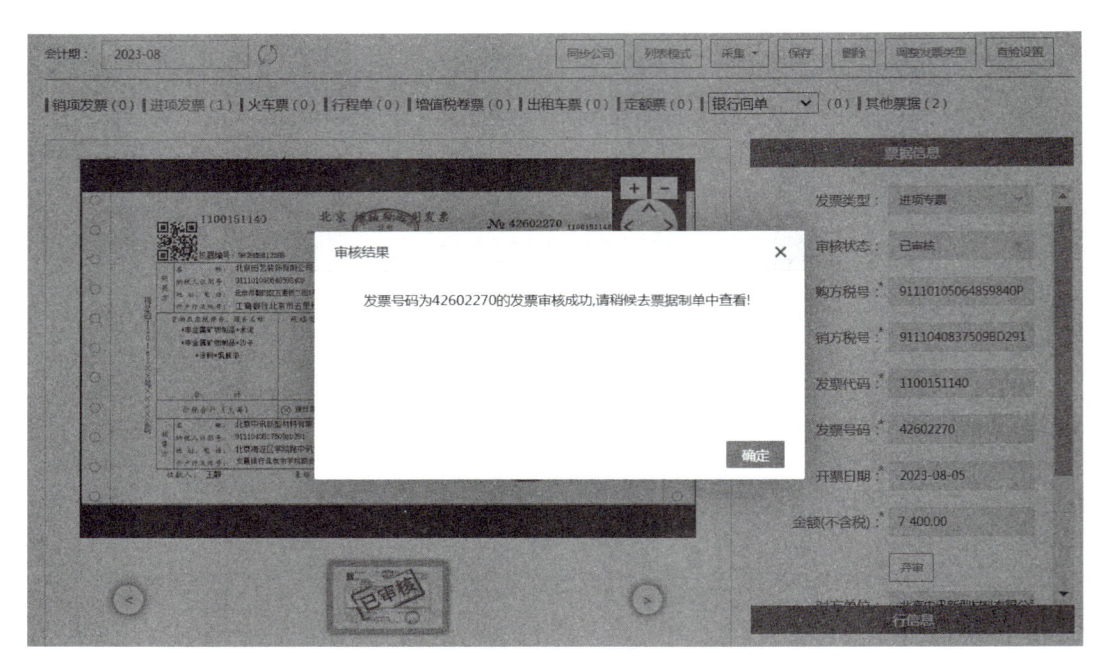

图 2-50 票据审核成功

（7）其他票据的审核。在上述第（3）步的票据采集中，采集到的购销合同和入库单被分类到"其他票据"。因此对于购销合同和入库单，需要单击"其他票据"，选择相应的票据后进行审核，购销合同审核如图 2-51 所示，入库单审核如图 2-52 所示。

2-9 成本类发票整理

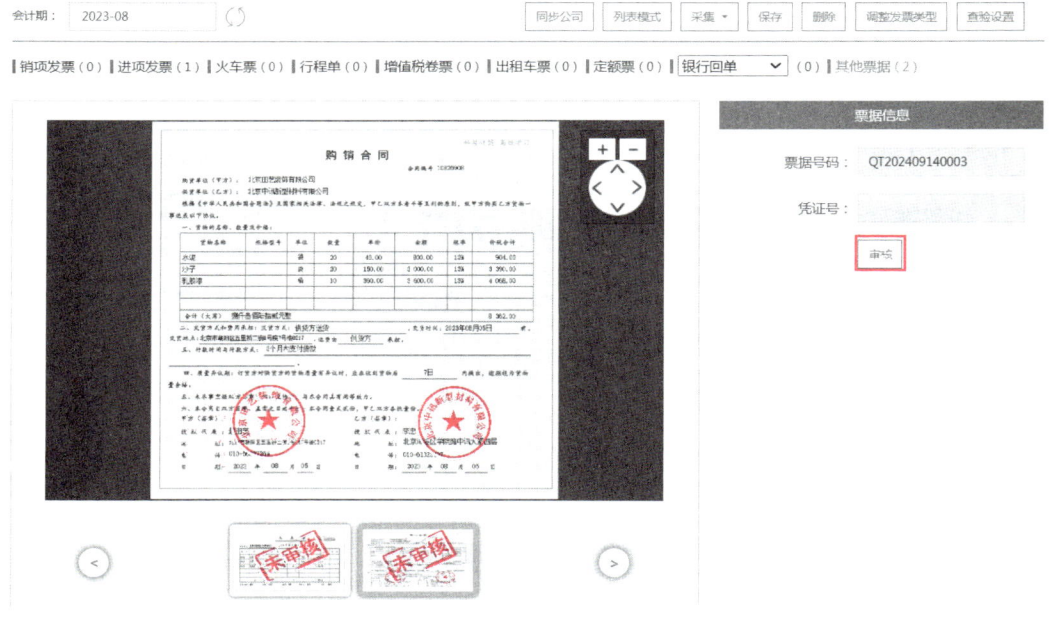

图 2-51 购销合同审核

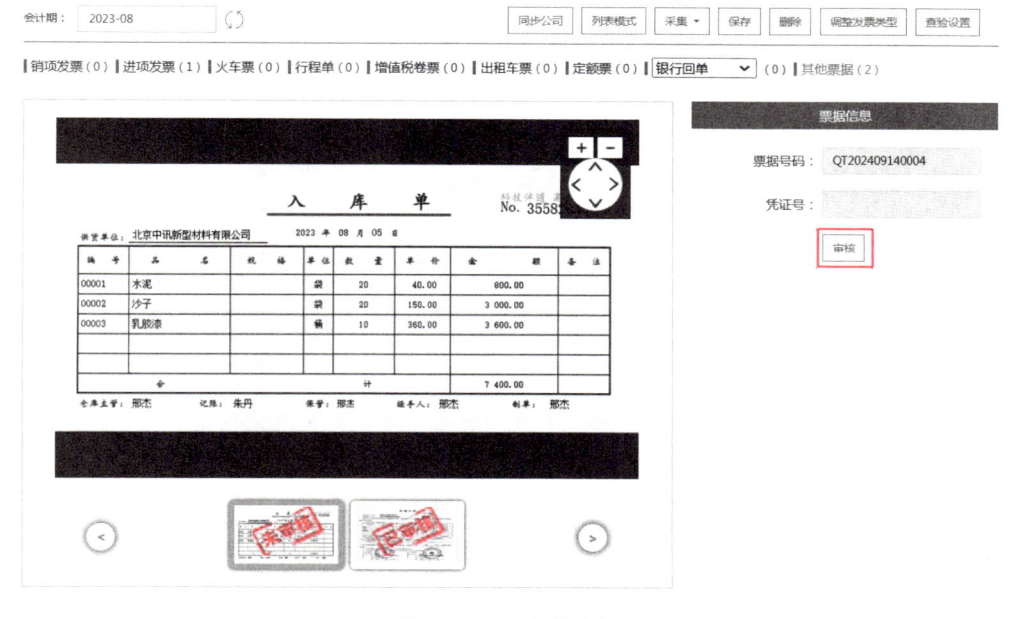

图 2-52　入库单审核

五、任务拓展

（1）请同学们登录"工作领域一"—"任务二"—"票据处理岗（8月）"，自行完成北京田艺8月票据采集业务。

（2）请同学们登录"工作领域一"—"任务二"—"票据处理岗（9月）"，自行完成北京田艺9月票据采集业务。

（3）请同学们登录"工作领域二"—"任务二"—"票据处理岗（1月）"，自行完成小规模纳税人北京近邻信息有限公司1月票据采集业务。

（4）请同学们登录"工作领域二"—"任务二"—"票据处理岗（2月）"，自行完成小规模纳税人北京近邻信息有限公司2月票据采集业务。

（5）请同学们登录"工作领域二"—"任务二"—"票据处理岗（3月）"，自行完成小规模纳税人北京近邻信息有限公司3月票据采集业务。

2-10　北京田艺8～9月票据整理

2-11　北京近邻1～3月票据整理

六、任务评价

成本类发票整理任务评价表如表2-9所示。

表2-9　　　　　　　　　成本类发票整理任务评价表

工作任务清单	完成情况
对企业当月收到的成本类发票要素进行查验	
对企业当月收到的成本类发票类别和实际发生业务的一致性进行核查	
根据实际发生业务查找出缺失发票，并跟供应商沟通进行补寄	
对核查正确的成本类发票进行分类归档整理并制单	

项目三
一般纳税人票据制单

项目导入

共享中心工作人员唐宋是会计核算岗员工,负责北京田艺的票据制单业务。北京田艺将2023年7~9月经济业务相关的原始票据寄给共享中心。票据处理岗员工完成工作后,会计核算岗的唐宋将在"财天下"平台,通过手动制单、票据制单及费用报销单生成记账凭证,涉及的业务类型包括销售、采购、日常费用及生产成本等业务。

项目技能目标

1. 了解《中华人民共和国会计法》等相关法律法规的基本内容,并能在实际业务中应用。

2. 能在智能化财务操作平台上根据采集的增值税发票,在票据制单入口自动生成记账凭证并进行相应的修改。

3. 能在智能化财务操作平台上根据采集的费用类发票,在费用报销单入口自动生成记账凭证并进行相应的修改。

4. 能在智能化财务操作平台上根据采集的其他类型发票,手动添加记账凭证。

5. 了解《企业会计准则第14号——收入》等相关法律法规的基本内容,并能在实际业务中应用。

任务 1 销售与收款业务核算

学习目标

1. 掌握应收账款、销售收入及增值税销项税额的会计处理,并能在实际业务中应用。
2. 能在智能化财务操作平台上对增值税发票进行扫描,并能将其自动生成记账凭证。
3. 能将银行回单与销售业务进行核对,并进行客户回款情况分析。

项目三　一般纳税人票据制单

> 🎯 **素养目标**
>
> 1. 帮助学生牢记财税规范性的要求，了解专业和行业的法律法规和相关政策，培育德法兼修的职业素养。
> 2. 通过填制记账凭证，培养学生知行合一、细致规范、精益求精的工匠精神。

一、任务情境

（一）任务场景

北京田艺与共享中心签订的外包服务合同中包括销售业务核算外包。每月月初，北京田艺将上月有关销售的票据移交到共享中心，委托记账并要求提供客户辅助核算及相关科目的数量核算服务。

1. 确认收入

2023 年 7 月 6 日，北京田艺按照合同完成了对天津艾丝碧西餐饮门店的装修服务，合同约定装修服务费价税合计 27 000 元，已开具增值税普通发票，款项暂未收到。请会计核算岗人员根据原始凭证生成记账凭证。装修工程合同如图 3-1 所示。

图 3-1　装修工程合同

2. 收到欠款

2023年7月3日,北京田艺收到中唐空间(北京)建筑装饰公司支付欠款56 000元。请会计核算岗人员根据原始凭证生成记账凭证,装修费银行收款单如图3-2所示。

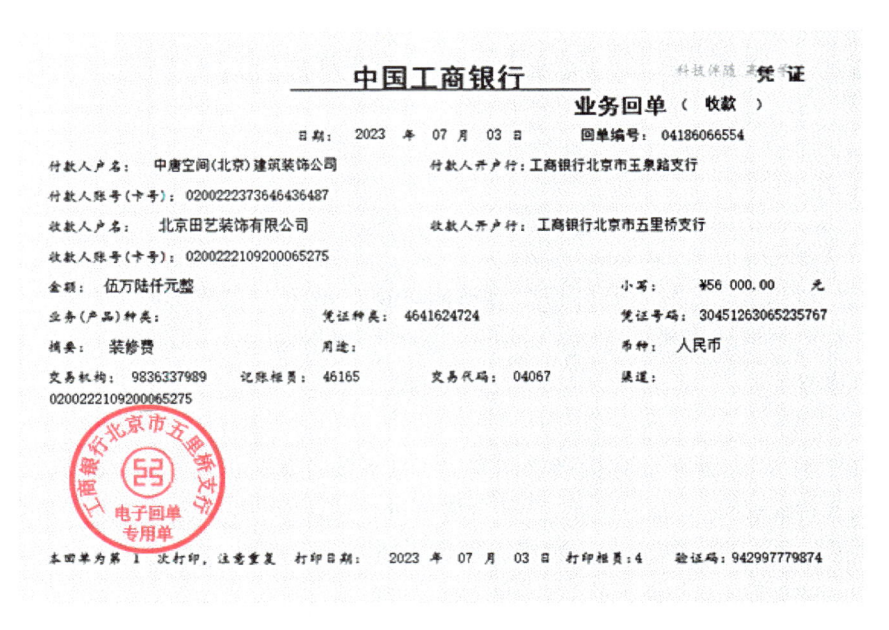

图3-2 装修费银行收款单

(二)任务布置

共享中心会计核算岗唐宋负责北京田艺的销售与收款核算业务,请学生登录智能财税单项训练"财天下"平台,以会计核算岗人员的身份完成以下要求:

(1)根据该笔销售业务的原始票据,生成记账凭证,同时进行客户辅助核算。

(2)根据银行收款单,编制收款业务记账凭证。

二、任务准备

(一)知识准备

1. 销售业务

销售业务是企业生产经营成果的实现过程,是企业经营活动的中心。销售部门在企业中处于市场与企业接口的位置,其主要职能是为客户提供产品及其服务,从而实现企业的资金周转并获取利润,为企业提供生存与发展的动力。

2. 应收账款的核算内容

(1)应收账款是指因销售活动或提供劳务、服务而形成的债权,不包括应收职工欠款、应收债务人的利息等其他应收款。

(2)应收账款是指流动资产性质债权,不包括长期的债权,如购买长期债券等。

(3)应收账款是指本公司应收客户的款项,不包括本公司付出的各类存出保证金,如投标保证金和租入包装物等保证金等。

3. 应收账款管理

应收账款管理是指在赊销业务中，从授信方（销售商）将货物或劳务、服务提供给受信方（购买商），从债权成立开始，到款项实际收回或作为坏账处理结束，授信企业采用系统的方法和科学的手段，对应收账款回收全过程所进行的管理，其目的是保证足额、及时地收回应收账款，降低和避免信用风险。

在"应收账款"科目中可按照"客户"设置辅助核算，辅助核算就是科目的辅助性的详细说明，无须设置二级明细科目，从而简化科目的层级数量。

（二）任务要领

接收销售业务票据时需对产品或劳务、服务的说明，客户名称地址，货物的名称、单价、数量、总价等信息仔细核对，对不符合的票据有权拒绝接收。对合法票据进行采集、整理、查验、生成凭证，并对凭证进行电子归档，处理完之后应知道库存商品剩余数量、客户的应收账款金额等数据。

三、任务流程

在共享中心启用会计核算云平台的总账系统的环境下，销售业务核算外包服务处理过程主要包括票据接收、票据识别、票据制单等处理环节。在有销售合同并开具发票的条件下，一般纳税人销售与收款业务核算流程如图 3-3 所示。

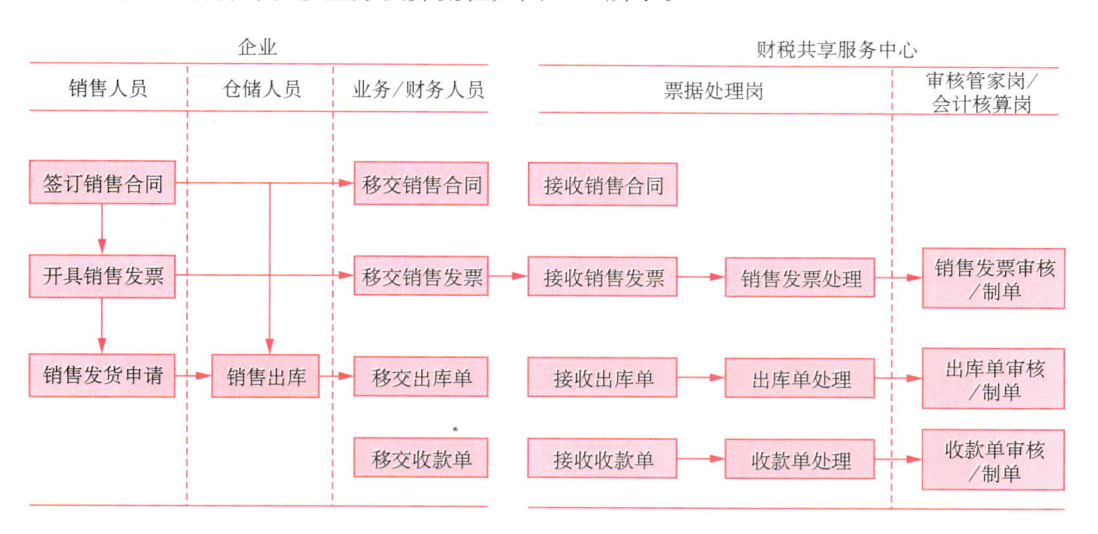

图 3-3　一般纳税人销售与收款业务核算流程

四、任务操作

（一）确认收入（业务 3—此编号取自平台）

2023 年 7 月 6 日，北京田艺按照合同完成了对天津艾丝碧西餐饮门店的装修服务，合同约定装修服务费价税合计 27 000 元，已开具增值税普通发票，款项暂未收到。请会计核算岗人员根据原始凭证生成记账凭证。

（1）点击"工作领域一"—"任务二"—"会计核算岗（7月）"—"业务 3"，选择"开始练习"，进入"财天下"平台，选择"北京田艺装饰有限公司"，如图3-4所示。

图3-4 "财天下"平台

（2）涉税服务岗人员在"票天下"平台开具了增值税普通发票，系统将发票推送到"财天下"平台，自动生成记账凭证。在一级菜单选择"凭证"，二级菜单选择"票据制单"，在"销项发票"这一列点击"记-0003"可以查看生成的凭证，查询自动生成记账凭证如图3-5所示。

图3-5 查询自动生成记账凭证

（3）会计核算岗人员需要对系统自动生成的记账凭证进行完善。点击"添加图片"，时间选择"2023-07"，点击"查询"，找到该业务相关的销售合同图片，双击选中，添加原始凭证如图3-6所示。对系统自动生成的凭证进行信息确认，点击"保存"按钮，服务收入记账凭证如图3-7所示。

3-1 确认收入记账凭证

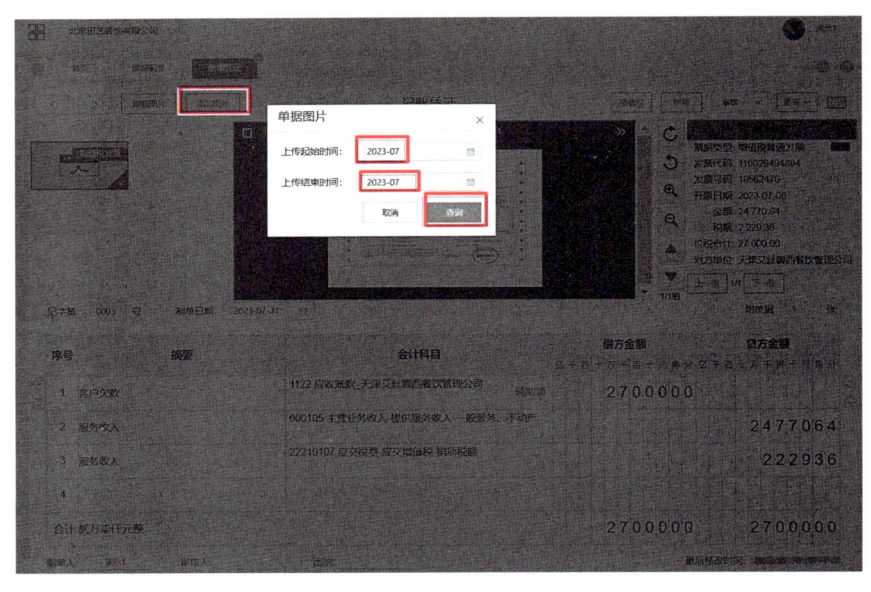

图3-6 添加原始凭证

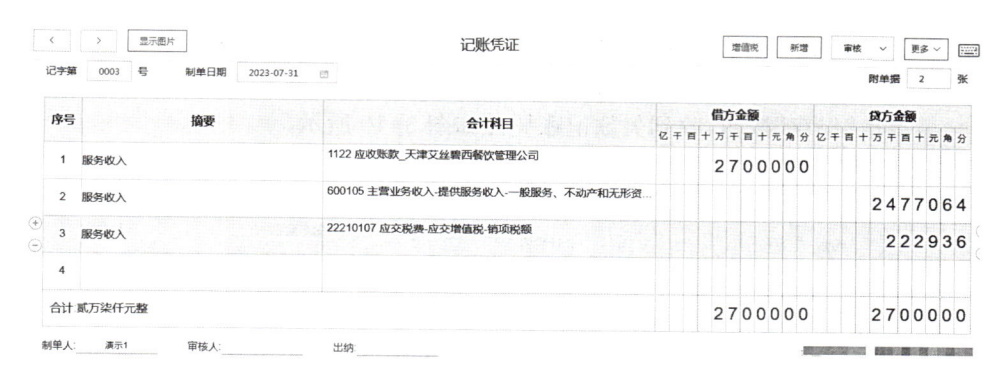

图 3-7 服务收入记账凭证

（二）收到欠款（业务 2—此编号取自平台）

2023 年 7 月 3 日，北京田艺收到中唐空间（北京）建筑装饰公司支付欠款 56 000 元，请会计核算岗人员根据原始凭证生成记账凭证。

（1）本收款业务没有涉及增值税发票，凭证需要会计核算岗人员手动新增。在一级菜单选择"凭证"，二级菜单选择"新增凭证"，如图 3-8 所示。

图 3-8 添加记账凭证

（2）进入记账凭证界面之后，需要附原始单据。单击"单据图片"，选择发票类型为"银行回单"，点击"确定"按钮，查找银行回单原始凭证如图 3-9 所示。找到该业务相关的银行回单图片，双击选中。

图 3-9 查找银行回单原始凭证

（3）根据业务内容，摘要可以写"收到欠款"，简明扼要。借方科目输入"银行存款"，贷方科目输入"应收账款"，并选择客户为"中唐空间(北京)建筑装饰公司"，借贷金额为 56 000 元，检查完毕之后点击"保存"按钮，收到欠款记账凭证如图 3-10 所示。

图 3-10 收到欠款记账凭证

五、任务拓展

（1）业务 4 和业务 11 的操作和业务 3 相同，此处不再赘述，请学生们课后自行操练，提升收入确认的会计核算能力。

（2）业务 5 和业务 12 的操作与业务 2 相同，此处不再赘述，请学生们课后自行操练，巩固学习。

六、任务评价

一般纳税人销售与收款业务核算任务评价表如表 3-1 所示。

表 3-1　　　　　　　　一般纳税人销售与收款业务核算任务评价表

工作任务清单	完成情况
利用会计核算云平台的总账系统，完成销售业务核算外包服务的一般处理流程	
在会计核算云平台的总账系统中，根据销售业务原始票据自动生成记账凭证	
对自动生成的记账凭证，根据业务添加附件	

任务 2　费用类业务核算

学习目标

1. 能根据"票天下"平台上传的增值税发票，自动在"财天下"平台票据制单中生成记账凭证并查看修改。

项目三　一般纳税人票据制单

2. 能根据"票天下"平台上传的费用类发票,自动在"财天下"平台费用报销单中生成记账凭证并查看修改。

3. 能根据业务类型,设置凭证模版,供票据生成凭证调用。

素养目标

1. 帮助学生牢记财税规范性的要求,了解专业和行业的法律法规和相关政策,培育德法兼修的职业素养。

2. 通过填制记账凭证,培养学生知行合一、细致规范、精益求精的工匠精神。

一、任务情境

(一) 任务场景

1. 支付仓储费

2023年7月1日,行政部申请支付2023年度第三季度(7月、8月、9月)3个月仓储费5 000元,出纳以银行转账支付,每月月末按月分摊仓储费。请会计核算岗人员根据原始凭证生成记账凭证。仓储费增值税普通发票如图3-11所示。

图3-11　仓储费增值税普通发票

2. 支付上月工资

2023年7月10日,银行代发上月职工工资。请会计核算岗人员根据原始凭证生成记账凭证。代发工资银行付款单如图3-12所示。

3. 缴纳税费

2023年7月15日,银行代缴6月增值税及其附加税、个人所得税、企业所得税。请会计核算岗人员根据原始凭证生成记账凭证。缴纳增值税及附加税付款凭证如图3-13所示,缴纳个人所得税付款凭证如图3-14所示,缴纳企业所得税付款凭证如图3-15所示。

75

中国工商银行
业务回单（付款）

日期：2023 年 07 月 10 日　　回单编号：04958789581

付款人户名：北京田艺装饰有限公司　　付款人开户行：工商银行北京市五里桥支行
付款人账号(卡号)：0200222109200065275
收款人户名：　　收款人开户行：
收款人账号(卡号)：
金额：肆万零贰佰陆拾捌元叁角壹分　　小写：¥40 268.31 元
业务(产品)种类：　　凭证种类：5286089531　　凭证号码：10662801154626843
摘要：代发工资　　用途：　　币种：人民币
交易机构：7756490798　　记账柜员：09894　　交易代码：67796　　渠道：

本回单为第 1 次打印，注意重复　打印日期：2023 年 07 月 10 日　打印柜员：2　验证码：734013050768

图 3-12　代发工资银行付款单

中国工商银行
电子缴税付款凭证

缴税日期：2023 年 07 月 15 日　　凭证字号：20100010

纳税人全称及纳税人识别号：北京田艺装饰有限公司　　91110105064859840P
付款人全称：北京田艺装饰有限公司
付款人账号：0200222109200065275　　征收机关名称：国家税务总局北京市朝阳区税务局
付款人开户行：工商银行北京市五里桥支行　　收款国库（银行）名称：国家金库北京市朝阳区支库
小写(合计)金额：¥9 450.86 元　　缴款书交易流水号：28419599
大写(合计)金额：人民币玖仟肆佰伍拾元捌角壹分　　税票号码：862116052845280837

税（费）种名称	所属日期	实缴金额（单位：元）
增值税	2023.06.01 - 2023.06.30	¥8 915.90
城市维护建设税	2023.06.01 - 2023.06.30	¥312.06
教育费附加	2023.06.01 - 2023.06.30	¥133.74
地方教育附加	2023.06.01 - 2023.06.30	¥89.16

第 1 次打印　　　　打印时间：2023 年 07 月 15 日

客户回单联　　验证码：381687　　复核：　　记账：

图 3-13　缴纳增值税及附加税付款凭证

项目三 一般纳税人票据制单

中国工商银行
电子缴税付款凭证

缴税日期：2023 年 07 月 15 日	凭证字号：20100011

纳税人全称及纳税人识别号：北京田艺装饰有限公司　91110105064859840P
付款人全称：北京田艺装饰有限公司
付款人账号：0200222109200065275
付款人开户行：工商银行北京市五里桥支行
征收机关名称：国家税务总局北京市朝阳区税务局
收款国库（银行）名称：国家金库北京市朝阳区支库
小写（合计）金额：¥121.44　元
缴款书交易流水号：06507890
大写（合计）金额：人民币壹佰贰拾壹元肆角肆分
税票号码：4892706113901 52866

税（费）种名称	所属日期	实缴金额（单位：元）
个人所得税	2023.06.01 - 2023.06.30	¥121.44

第 1 次打印　　打印时间：2023 年 07 月 15 日
客户回单联　　验证码：546311　　复核：　　记账：

图 3-14　缴纳个人所得税付款凭证

中国工商银行
电子缴税付款凭证

缴税日期：2023 年 07 月 15 日	凭证字号：20208745

纳税人全称及纳税人识别号：北京田艺装饰有限公司　91110105064859840P
付款人全称：北京田艺装饰有限公司
付款人账号：0200222109200065275
付款人开户行：工商银行北京市五里桥支行
征收机关名称：国家税务总局北京市朝阳区税务局
收款国库（银行）名称：国家金库北京市朝阳区支库
小写（合计）金额：¥1 500.33　元
缴款书交易流水号：27171153
大写（合计）金额：人民币壹仟伍佰元叁角叁分
税票号码：6949133401 54251062

税（费）种名称	所属日期	实缴金额（单位：元）
企业所得税	2023.06.01 - 2023.06.30	¥1 500.33

第 1 次打印　　打印时间：2023 年 07 月 15 日
客户回单联　　验证码：239075　　复核：　　记账：

图 3-15　缴纳企业所得税付款凭证

4. 缴纳社会保险费

2023年7月18日,银行代缴6月社会保险费。请会计核算岗人员根据原始凭证生成记账凭证。缴纳社会保险费付款凭证如图3-16所示。

中国工商银行
电子缴税付款凭证

缴税日期:	2023 年 07 月 18 日	凭证字号:	20200012
纳税人全称及纳税人识别号:	北京田艺装饰有限公司		91110105064859840P
付款人全称:	北京田艺装饰有限公司		
付款人账号:	0200222109200065275	征收机关名称:	国家税务总局北京市朝阳区税务局
付款人开户行:	工商银行北京市五里桥支行	收款国库(银行)名称:	国家金库北京市朝阳区支库
小写(合计)金额:	¥20 413.62 元	缴款书交易流水号:	87199449
大写(合计)金额:	人民币贰万零肆佰壹拾叁元陆角贰分	税票号码:	711445758178073153

税(费)种名称	所属日期	实缴金额(单位:元)
基本养老保险	2023.06.01 - 2023.06.30	¥13 225.68
基本医疗保险	2023.06.01 - 2023.06.30	¥6 526.62
失业保险	2023.06.01 - 2023.06.30	¥551.10
工伤保险	2023.06.01 - 2023.06.30	¥110.22

第 1 次打印   打印时间: 2023 年 07 月 18 日
客户回单联   验证码:085087   复核: 记账:

图3-16　缴纳社会保险费付款凭证

5. 缴纳住房公积金

2023年7月25日,银行代缴6月住房公积金。请会计核算岗人员根据原始凭证生成记账凭证。缴纳住房公积金付款凭证如图3-17所示。

中国工商银行
业务回单(付款)

日期:	2023 年 07 月 25 日	回单编号:	12671019685
付款人户名:	北京田艺装饰有限公司	付款人开户行:	工商银行北京市五里桥支行
付款人账号(卡号):	0200222109200065275		
收款人户名:	北京住房公积金管理中心	收款人开户行:	
收款人账号(卡号):			
金额:	壹万贰仟陆佰元整	小写:	¥12 600.00 元
业务(产品)种类:		凭证种类: 1775827037	凭证号码: 12893396108236938
摘要:	住房公积金	用途:	币种:
交易机构: 6060540293	记账柜员: 28507	交易代码: 75309	渠道:

本回单为第 1 次打印,注意重复　打印日期: 2023 年 07 月 25 日　打印柜员:1　验证码:755318901204

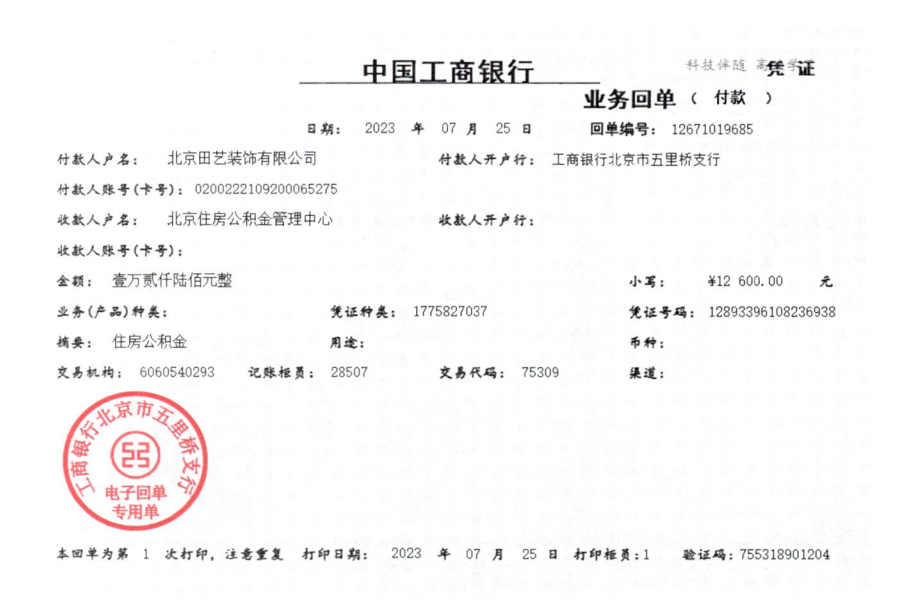

图3-17　缴纳住房公积金付款凭证

6. 报销交通费

2023年7月11日，行政部员工李强报销交通费，出纳以现金支付。请会计核算岗人员根据原始凭证生成记账凭证。费用报销单如图3-18所示，出租车发票如图3-19所示。

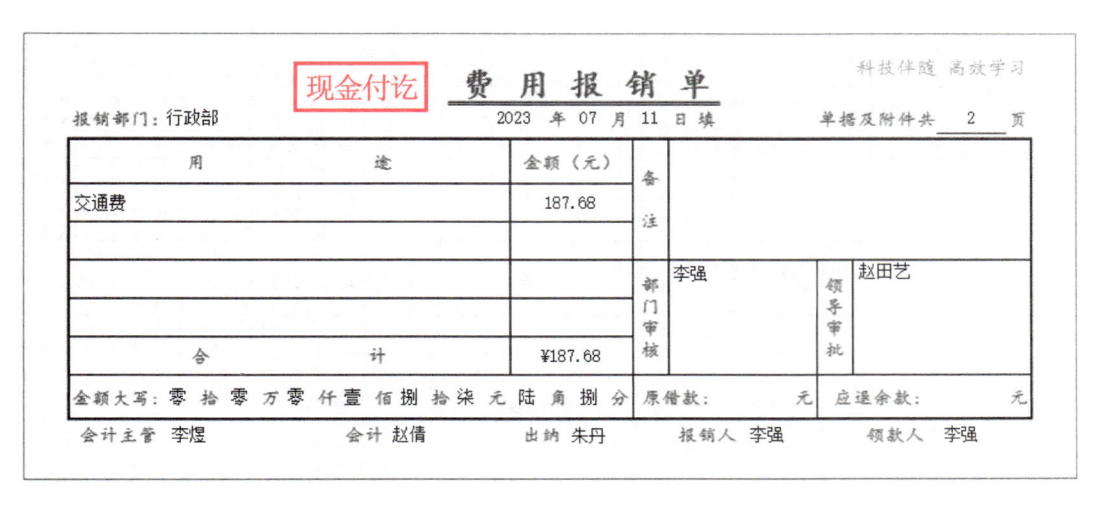

图 3-18　费用报销单

图 3-19　出租车发票

7. 报销差旅费

2023年7月11日，销售部员工付世红报销差旅费，出纳以银行转账支付。请会计核算岗人员根据原始凭证生成记账凭证。差旅费报销单如图3-20所示，动车票如图3-21所示，住宿费增值税普通发票如图3-22所示，差旅费银行付款单如图3-23所示。

智能财税

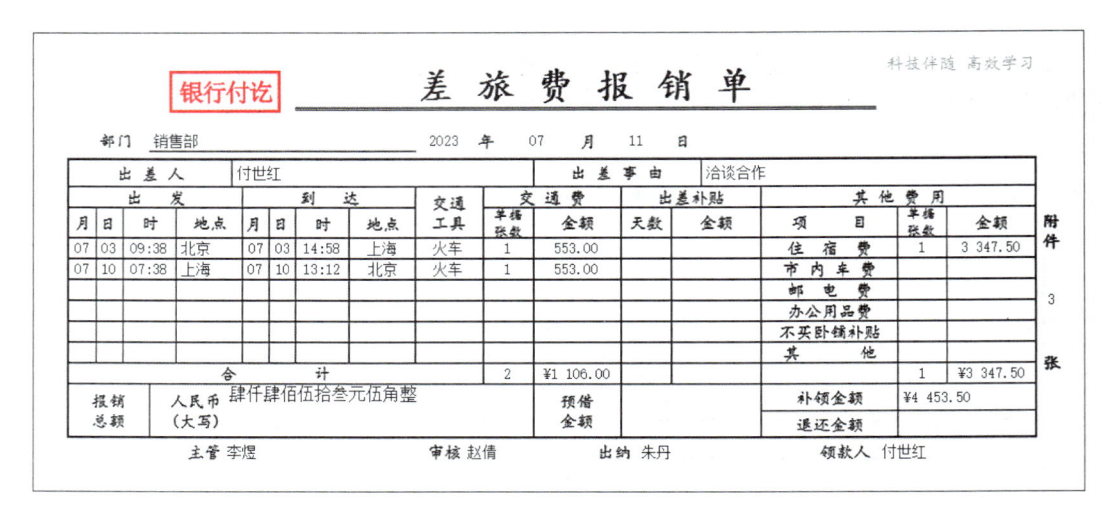

图 3-20　差旅费报销单

图 3-21　动车票

图 3-22　住宿费增值税普通发票

中国工商银行

业务回单（付款）

日期： 2023 年 07 月 11 日　　回单编号： 79840590387

付款人户名： 北京田艺装饰有限公司　　付款人开户行： 工商银行北京市五里桥支行
付款人账号（卡号）： 0200222109200065275
收款人户名： 付世红　　收款人开户行： 工商银行北京市五里桥支行
收款人账号（卡号）： 0200222109200073942
金额： 肆仟肆佰伍拾叁元伍角整　　小写： ￥4 453.50 元
业务（产品）种类：　　凭证种类： 1016077107　　凭证号码： 25781430107284365
摘要： 差旅费　　用途：　　币种： 人民币
交易机构： 2687588364　　记账柜员： 74677　　交易代码： 79711　　渠道：
0200222109200065275

本回单为第 1 次打印，注意重复　　打印日期： 2023 年 07 月 11 日　　打印柜员：7　　验证码：227012717227

图 3-23　差旅费银行付款单

8. 报销办公费

2023 年 7 月 23 日，行政部员工李强报销办公费，出纳以现金支付。请会计核算岗人员根据原始凭证生成记账凭证。费用报销单如图 3-24 所示，办公费增值税普通发票如图 3-25 所示。

费用报销单

现金付讫

报销部门：行政部　　2023 年 07 月 23 日 填　　单据及附件共 1 页

用　途	金额（元）	备注	部门审核	领导审批
办公费	339.90		李强	赵田艺
合　计	￥339.90			

金额大写：零 拾 零 万 零 仟 叁 佰 叁 拾 玖 元 玖 角 零 分　　原借款：　　元　　应退余款：　　元

会计主管 李煜　　会计 赵倩　　出纳 朱丹　　报销人 李强　　领款人 李强

图 3-24　费用报销单

图 3-25　办公费增值税普通发票

9. 报销业务招待费

2023年7月24日,销售部员工付世红报销业务招待费,出纳以现金支付。请会计核算岗人员根据原始凭证生成记账凭证。餐饮费增值税普通发票如图3-26所示,费用报销单如图3-27所示。

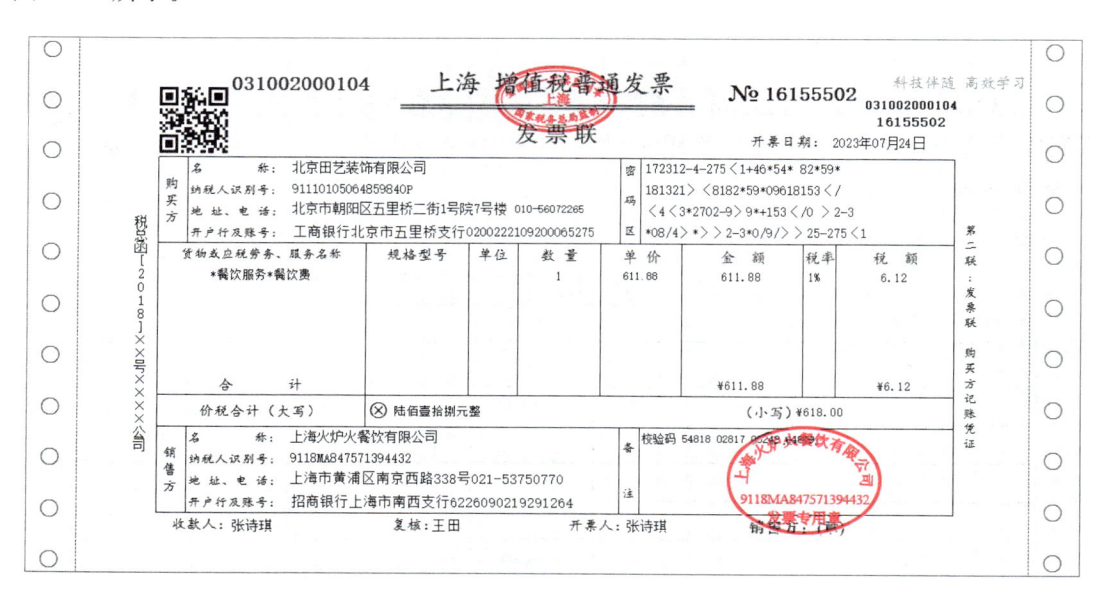

图 3-26　餐饮费增值税普通发票

10. 购进固定资产

2023年7月23日,北京田艺购进一辆面包车价税合计67 800元,同时支付车辆购置税6 000元,该面包车7月已使用。请会计核算岗人员根据原始凭证生成记账凭证。机动车销售统一发票如图3-28所示,车辆购置税完税证明如图3-29所示,机动车银行付款单如

图 3-30 所示,固定资产验收单如图 3-31 所示。

图 3-27 费用报销单

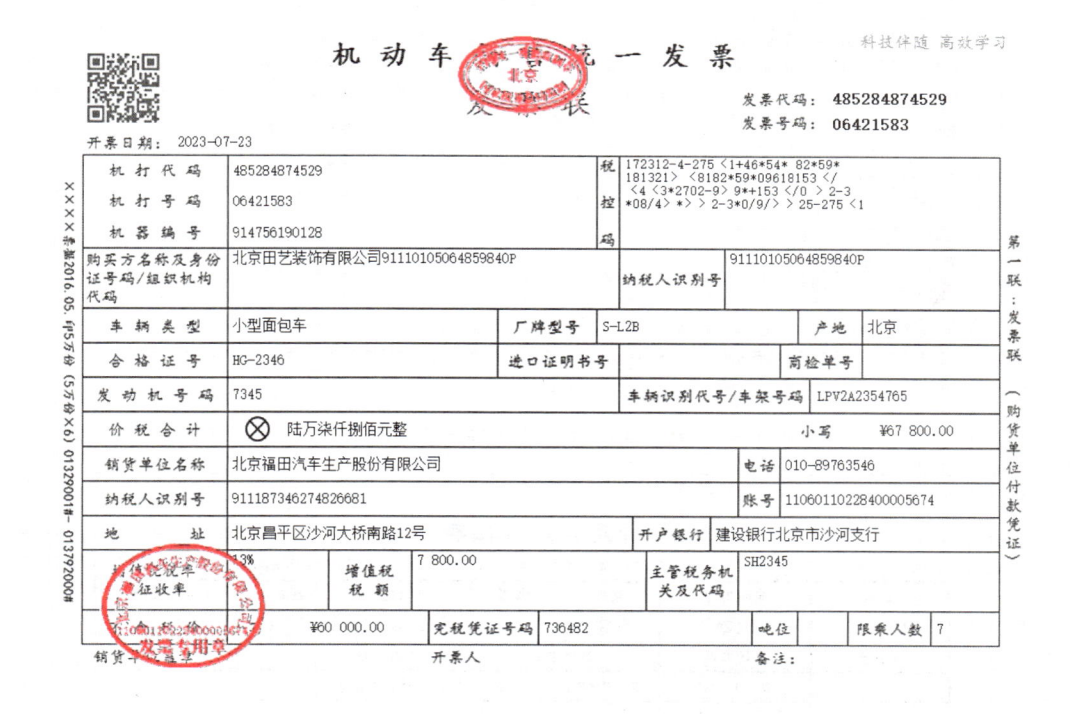

图 3-28 机动车销售统一发票

车辆购置税完税证明（电子版）

编号：91510189051906937847285

厂牌型号：福田风景/S-L2B

车辆识别代号：LPV2A2354765

纳税类型：征税车辆

征收机关名称：国家税务总局北京沙河分局

图 3-29　车辆购置税完税证明

中国工商银行
业务回单（付款）

日期：2023 年 07 月 23 日　　回单编号：31547012362

项目	内容	项目	内容
付款人户名	北京田艺装饰有限公司	付款人开户行	工商银行北京市五里桥支行
付款人账号(卡号)	0200222109200065275		
收款人户名	北京福田汽车生产股份有限公司	收款人开户行	建设银行北京市沙河支行
收款人账号(卡号)	11060110228400005674		
金额	柒万叁仟捌佰元整	小写	¥73 800.00 元
业务(产品)种类		凭证种类	8834901819	凭证号码	46251123935831434
摘要	面包车	用途		币种	人民币
交易机构	3129524975	记账柜员	36473	交易代码	94285	渠道	
0200222109200065275							

本回单为第 1 次打印，注意重复　打印日期：2023 年 07 月 23 日　打印柜员：4　验证码：371226488445

图 3-30　机动车银行付款单

固定资产验收单

2023 年 07 月 23 日　　编号：000001

名称	规格型号	来源	数量	购(造)价	使用年限	预计残值
面包车	S-L2B	外购	1	66 000.00	4	0.00
安装费	月折旧率	建造单位		交工日期		附件
	0.020 633	北京福田汽车生产股份有限公司		2023年07月23日		3
验收部门	工程部	验收人员	李彩炫	管理部门	工程部	管理人员	李彩炫
备注							

审核：李煜　　制单：朱丹

图 3-31　固定资产验收单

（二）任务布置

共享中心会计核算岗唐宋负责北京田艺费用类业务核算，请学生登录智能财税单项训练"财天下"平台，以会计核算岗人员的身份完成以下要求：

（1）基于以上10笔费用类业务的原始票据，在"财天下"平台上自动根据费用凭证生成记账凭证并进行人工校验，或者手工编制记账凭证。

（2）对票据制单、费用报销单生成的记账凭证进行修改和完善。

二、任务准备

（一）知识准备

1. 期间费用及费用类票据的概念

费用是指企业在日常活动中发生的、会导致所有者权益减少的、与向所有者权益分配利润无关的经济利益的总流出，包括生产成本和期间费用。

期间费用是指企业日常活动发生的不能计入特定核算对象的成本，而应计入发生当期损益的费用。

费用类票据是指计入企业期间费用的票据，主要是记入"管理费用""销售费用""财务费用"账户的票据。例如，工作人员的电话费、职工通勤费、广告费、防暑降温费和企业一些零星支出的票据等。

2. 记入费用科目

按照会计核算制度的要求，根据费用经济业务内容来判断费用所要登记的科目。例如，火车票和机票记入"管理费用——差旅费"等科目；出租车发票记入"管理费用——交通费"等科目；外地住宿类发票记入"管理费用——差旅费"等科目；本地住宿类发票记入"管理费用——业务招待费"等科目；餐饮和礼品等记入"管理费用——业务招待费"等科目。

（二）操作准备

（1）客户费用类票据签收单。

（2）各种费用类票据、白纸及胶水。

（3）扫描仪（或手机）一台（部）。

（三）业务要领

（1）2019年4月1日开始，一般纳税人取得的国内旅客运输服务，其进项税额允许从销项税额中抵扣，也就是说企业员工因工作需要发生的国内交通票据，如火车票、机票等，可以计算抵扣增值税，且无须认证。此时需要注意的是：①火车票、机票等票面上载明的旅客名称，必须是企业的员工。②企业员工的证明材料以企业人力资源部提供的员工名册为准，而且人力资源部提供的员工名册要与企业提供的为员工缴纳社保和发放工资的人员名单进行比对，三个名单应该一致。

（2）旅客运输服务是指客运服务，包括通过陆路运输、水路运输、航空运输为旅客个人提供的客运服务。能够抵扣增值税进项税额的票据类型和具体比例如下：

一是取得注明旅客身份信息的公路、水路等客票的，按照3%计算进项税额。

二是取得注明旅客身份信息的航空运输电子客票的，行程单中的"票价＋燃油附加费"

按照9%计算进项税额,机场建设费等不得计算抵扣进项税额。

三是取得注明旅客身份信息的铁路车票的,按照9%计算进项税额。

四是取得未注明旅客身份信息的出租票、公交车票等,不得计算抵扣进项税额。

(3)出租车票、公交车票、停车票等票据在整理时应适当识别票据的合理性,根据工作性质和安排,乘坐出租车的费用应有预算,而不是全部票据都能够在税前扣除。例如,某企业提供的一个员工的出租车票为每月3 000元,且全部为市内出租车,该员工仅为办公室普通职员,外出任务较少,零星外出任务可能产生的出租车费用在500元左右,那么超过500元的部分,在整理票据时应予以剔除,不能进入下一个环节。

(4)在整理费用类发票时还需要按照企业的报销管理规定进行,并不是企业提供的每一张发票都可以报销。例如,小企业主经常把家庭生活用品开具的发票用以报销,此时的发票不应该成为企业费用类发票;又如,企业员工在假期旅游时发生的住宿费用等发票,如果该员工不能提供假期住宿和餐饮与工作相关证明材料的,则这些住宿和餐饮发票需要在整理票据时单独列示,不能进入会计处理环节。

三、业务流程

一般纳税人费用类业务核算流程如图3-32所示。

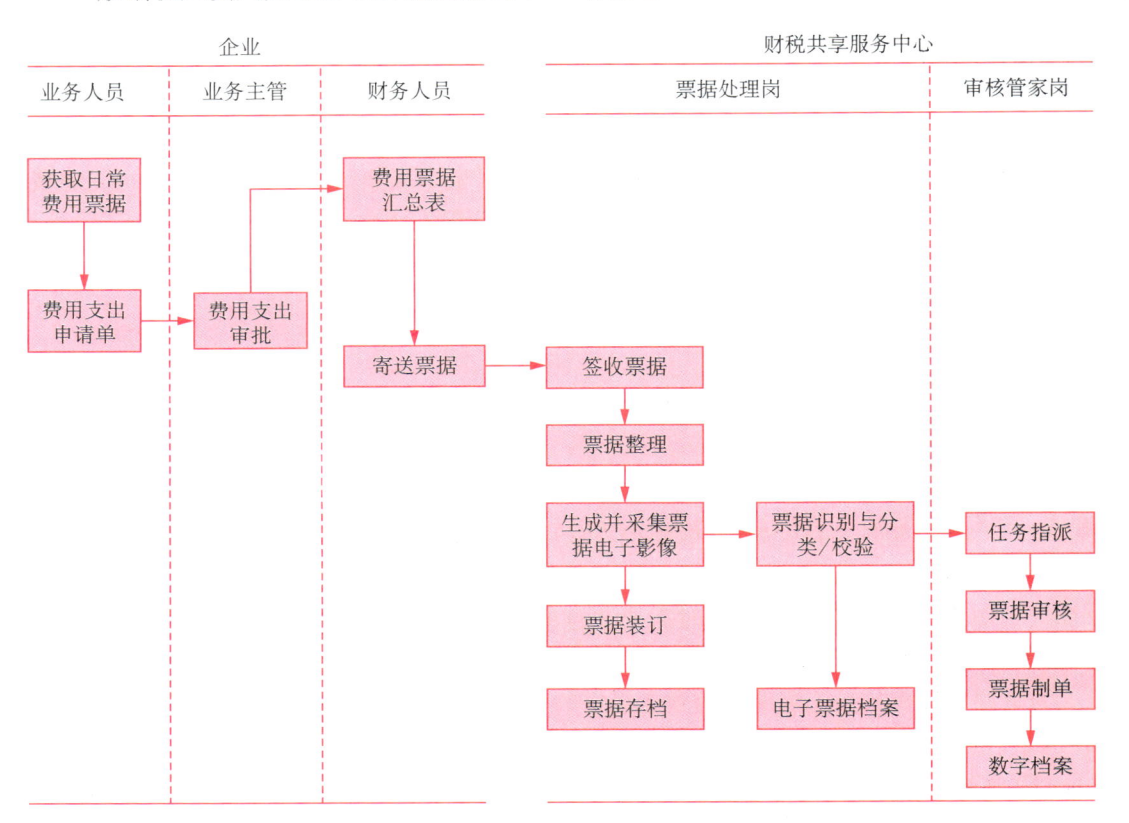

图3-32 一般纳税人费用类业务核算流程

四、任务操作

(一) 支付仓储费(业务 1—此编号取自平台)

2023 年 7 月 1 日,行政部申请支付 2023 年度第三季度仓储费 5 000 元,出纳以银行转账支付,每月月末按月分摊仓储费。请会计核算岗人员根据原始凭证生成记账凭证。

(1) 由于本业务取得了增值税发票,票据处理岗人员在"票天下"平台采集了本业务增值税发票后,系统会将发票自动推送到"财天下"平台生成记账凭证。进入"财天下"平台,点击"凭证"—"票据制单"—"进项发票",根据摘要内容找到"记-0001"号凭证,点击凭证号,开始修改。凭证查询路径如图 3-33 所示。

图 3-33　凭证查询路径

(2) 点击"添加图片",查找相关业务的付款申请书和银行回单两张原始凭证,双击选中添加图片,检查完毕点击"保存"按钮。支付仓储费记账凭证如图 3-34 所示。

图 3-34　支付仓储费记账凭证

3-5　支付仓储费记账凭证

(二) 支付上月工资(业务 6—此编号取自平台)

2023 年 7 月 10 日,银行代发 6 月职工工资。请会计核算岗人员根据原始凭证生成记账凭证。

(1) 本付款业务没有涉及增值税发票,凭证需要会计核算岗人员手动增加。

(2) 单击"单据图片",查找相关银行回单原始凭证,双击选中添加,编写支付工资记账凭证,点击"保存"按钮。支付 6 月工资记账凭证如图 3-35 所示。

3-6　支付上月工资记账凭证

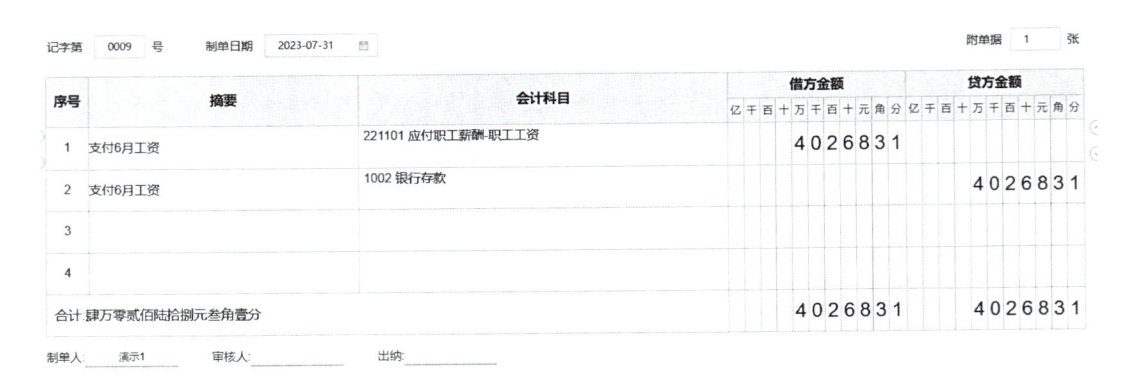

记字第 0009 号	制单日期 2023-07-31			附单据 1 张
序号	摘要	会计科目	借方金额	贷方金额
1	支付6月工资	221101 应付职工薪酬-职工工资	4026831	
2	支付6月工资	1002 银行存款		4026831
3				
4				
合计 肆万零贰佰陆拾捌元叁角壹分			4026831	4026831

制单人：演示1　审核人：　出纳：

图 3-35　支付工资记账凭证

（三）缴纳上月增值税及其附加税、个人所得税、企业所得税（业务9—此编号取自平台）

2023年7月15日，银行代缴6月增值税及其附加税、个人所得税、企业所得税。请会计核算岗人员根据原始凭证生成记账凭证。

（1）本付款业务没有涉及增值税发票，凭证需要会计核算岗人员手动增加。

（2）单击"单据图片"，查找相关银行回单原始凭证，双击选中添加，编写缴纳税费记账凭证，点击"保存"按钮。缴纳税费记账凭证如图3-36所示。

记字第 0011 号	制单日期 2023-07-31			附单据 3 张
序号	摘要	会计科目	借方金额	贷方金额
1	缴纳税费	222131 应交税费-应交个人所得税	12144	
2	缴纳税费	222124 应交税费-应交所得税	150033	
3	缴纳税费	222102 应交税费-未交增值税	891590	
4	缴纳税费	222126 应交税费-应交城市维护建设税	31206	
5	缴纳税费	222127 应交税费-应交教育费附加	13374	
6	缴纳税费	222133 应交税费-应交地方教育费附加	8916	
7	缴纳税费	1002 银行存款		1107263
8				
合计 壹万壹仟零柒拾贰元陆角叁分			1107263	1107263

制单人：演示1　审核人：　出纳：

图 3-36　缴纳税费记账凭证

（四）缴纳社会保险费（业务10—此编号取自平台）

2023年7月18日，银行代缴6月社会保险费。请会计核算岗人员根据原始凭证生成记账凭证。

（1）本付款业务没有涉及增值税发票，凭证需要会计核算岗人员手动增加。

（2）单击"单据图片"，查找相关银行回单原始凭证，双击选中添加，编写缴纳社会保险记账凭证，点击"保存"按钮。缴纳社会保险费记账凭证如图3-37所示。

项目三　一般纳税人票据制单

记字第 0010 号	制单日期 2023-07-31			附单据 1 张	
序号	摘要	会计科目		借方金额	贷方金额
1	缴纳社会保险	22110301 应付职工薪酬-社会保险费-基本养老保险费		881712	
2	缴纳社会保险	22110303 应付职工薪酬-社会保险费-基本医疗保险费		540048	
3	缴纳社会保险	22110305 应付职工薪酬-社会保险费-失业保险费		27555	
4	缴纳社会保险	22110307 应付职工薪酬-社会保险费-工伤保险费		11022	
5	缴纳社会保险	224101 其他应付款-代扣代缴个人社保		581025	
6	缴纳社会保险	1002 银行存款			2041362
7					
合计：贰万零肆佰壹拾叁元陆角贰分				2041362	2041362
制单人：演示1	审核人：	出纳：			

图 3-37　缴纳社会保险费记账凭证

（五）缴纳住房公积金（业务 16—此编号取自平台）

2023 年 7 月 25 日，银行代缴 6 月住房公积金。请会计核算岗人员根据原始凭证生成记账凭证。

（1）本付款业务没有涉及增值税发票，凭证需要会计核算岗人员手动增加。

（2）单击"单据图片"，查找相关银行回单原始凭证，双击选中添加，编写缴纳住房公积金记账凭证，点击"保存"按钮。缴纳住房公积金记账凭证如图 3-38 所示。

3-9　缴纳住房公积金记账凭证

记字第 0012 号	制单日期 2023-07-31		附单据 1 张	
序号	摘要	会计科目	借方金额	贷方金额
1	缴纳住房公积金	221104 应付职工薪酬-住房公积金	630000	
2	缴纳住房公积金	224102 其他应付款-代扣代缴个人公积金	630000	
3	缴纳住房公积金	1002 银行存款		1260000
4				
合计：壹万贰仟陆佰元整			1260000	1260000
制单人：演示1	审核人：	出纳：		

图 3-38　缴纳住房公积金记账凭证

（六）报销交通费（业务 7—此编号取自平台）

2023 年 7 月 11 日，行政部员工李强报销交通费，出纳以现金支付。请会计核算岗人员根据原始凭证生成记账凭证。

"财天下"平台根据"票天下"平台采集的火车票、定额发票、出租车票、增值税发票、行程单、其他发票等，结合费用类型自动生成凭证，无须手动增加凭证。

（1）单击"凭证"—"费用报销单"，进入凭证自动生成界面，如图 3-39 所示。

3-10　报销交通费记账凭证

智能财税

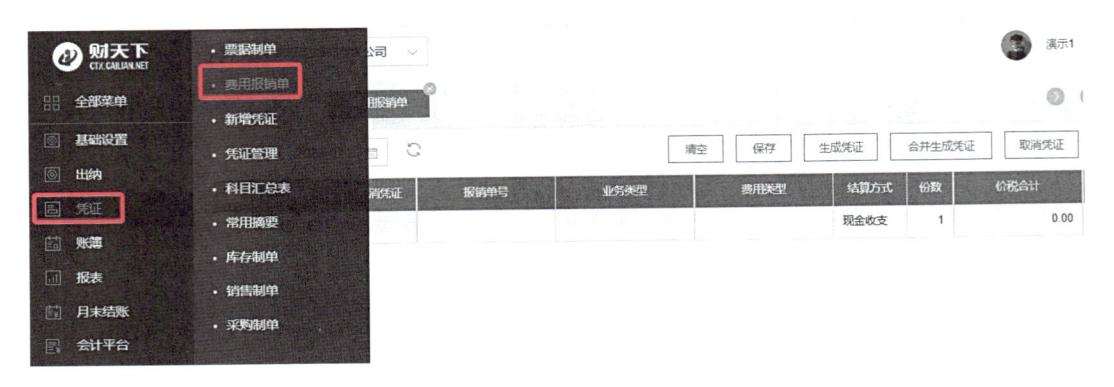

图 3-39 凭证自动生成界面

（2）根据题意，费用类型选择"交通费"，业务类型自动选择"报销交通费"，发票类型根据题意选择"出租车票"，费用类型选择如图 3-40 所示。

图 3-40 费用类型选择

（3）点击"附件"图标，双击对应的出租车票，再点击"保存"，选择附件如图 3-41 所示，系统自动带出价税合计金额。

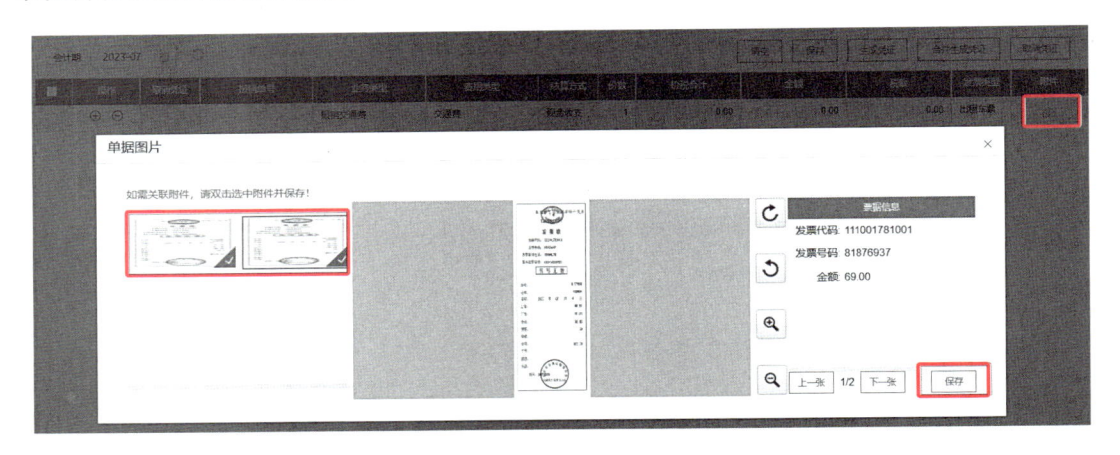

图 3-41 选择附件

（4）勾选第一行，点击"生成凭证"，系统根据原始凭证自动生成记账凭证，无须人工添加凭证，生成凭证如图 3-42 所示。

图 3-42 生成凭证

（5）点击生成的记账凭证号，进入记账凭证界面，添加"费用报销单"原始凭证，点击"保存"按钮。报销交通费记账凭证如图3-43所示。

记字第 0013 号	制单日期 2023-07-31		附单据 3 张
序号	摘要	会计科目	借方金额	贷方金额
1	报销交通费	66020801 管理费用-办公费-交通费	187 68	
2	报销交通费	1001 库存现金		187 68
3				
4				
合计 壹佰捌拾柒元陆角捌分			187 68	187 68

制单人：演示1　　审核人：　　出纳：

图 3-43　报销交通费记账凭证

（七）报销差旅费（业务 8—此编号取自平台）

2023 年 7 月 11 日，销售部员工付世红报销差旅费，出纳以银行转账支付。请会计核算岗人员根据原始凭证生成记账凭证。

（1）本业务采集了增值税发票，但把它调整为其他发票，所以在"财天下"平台票据制单里没有自动生成相关记账凭证。

（2）单击"凭证"—"费用报销单"，进入凭证生成界面。

（3）增加一行，根据题意，费用类型选择"差旅费"，业务类型自动选择"报销差旅费"，发票类型根据题意选择"火车票"。费用类型选择如图 3-44 所示。

3-11 报销差旅费记账凭证

图 3-44　费用类型选择

（4）点击"附件"图标，双击对应的火车票，再点击"保存"，选中附件如图 3-45 所示，系统自动带出价税合计金额。

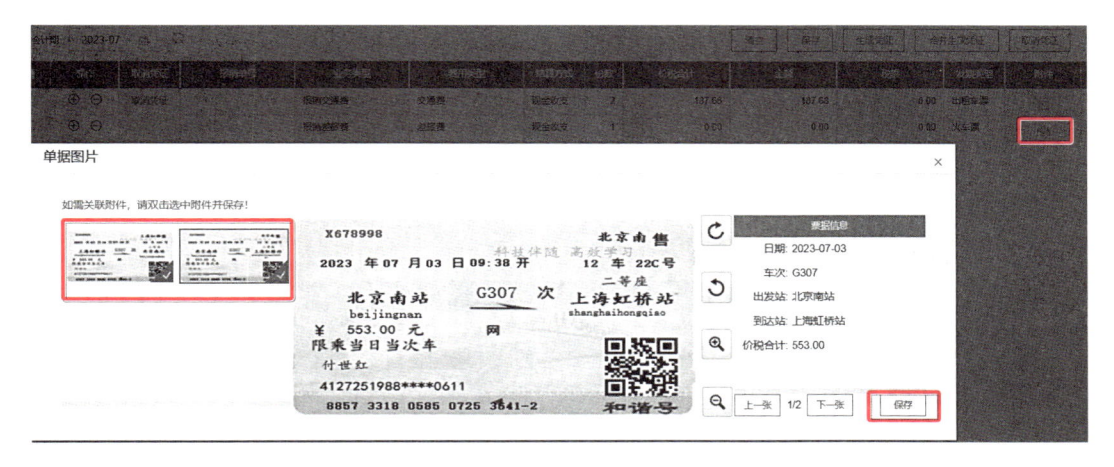

图 3-45　选中附件

（5）勾选第二行，点击"生成凭证"，系统根据原始凭证自动生成记账凭证。无须人工添加凭证,生成凭证如图3-46所示。

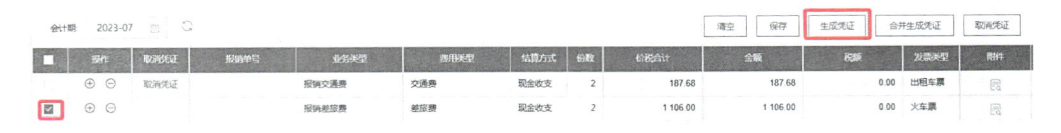

图3-46 生成凭证

(6)点击生成的记账凭证号,进入记账凭证界面,添加"差旅费报销单""住宿费发票""银行支付回单"三张原始凭证。火车票可以抵扣增值税,因此自行计算抵扣的进项税额为91.32元{[(553×2)÷(1+9％)]×0.09},修改记账凭证,点击"保存"按钮。报销差旅费记账凭证如图3-47所示。

图3-47 报销差旅费记账凭证

(八)报销办公费(业务14——此编号取自平台)

2023年7月23日,行政部员工李强报销办公费,出纳以现金支付。请会计核算岗人员根据原始凭证生成记账凭证。

(1)票据处理岗人员在"票天下"平台采集了本业务增值税普通发票,系统将发票推送到"财天下"平台,自动生成记账凭证。在一级菜单选择"凭证",二级菜单选择"票据制单",在"进项发票"列点击"记-0015"可以查看生成的凭证,查看记账凭证如图3-48所示。

3-12 报销办公费记账凭证

图3-48 查看记账凭证

(2)点击"添加图片",查找业务相关的费用报销单原始凭证,双击选中添加图片,修改借方科目,检查完毕点击"保存"按钮。报销办公费记账凭证如图3-49所示。

图 3-49　报销办公费记账凭证

（九）报销业务招待费（业务 15—此编号取自平台）

2023 年 7 月 24 日，销售部员工付世红报销业务招待费，出纳以现金支付。请会计核算岗人员根据原始凭证生成记账凭证。

（1）票据处理岗人员在"票天下"平台采集了本业务增值税普通发票，系统将发票推送到"财天下"平台，自动生成记账凭证。在一级菜单选择"凭证"，二级菜单选择"票据制单"，在"进项发票"列点击"记-0002"可以查看生成的凭证，查看记账凭证如图 3-50 所示。

图 3-50　查看记账凭证

（2）点击"添加图片"，查找业务相关的"费用报销单"原始凭证，双击选中添加图片，检查完毕点击"保存"按钮。报销业务招待费记账凭证如图 3-51 所示。

3-13　报销业务招待费记账凭证

图 3-51　报销业务招待费记账凭证

（十）购进固定资产（业务 13—此编号取自平台）

2023 年 7 月 23 日，北京田艺购进一辆面包车价税合计 67 800 元，同时支付车辆购置税 6 000 元，该面包车本月已使用。请会计核算岗人员根据原始凭证生成记账凭证。

（1）本付款业务没有涉及增值税发票，凭证需要会计核算岗人员手动增加。

（2）点击"凭证"—"新增凭证"—"添加图片"，查找业务相关的"银行回单""机动车销售统一发票""固定资产验收单""车辆购置税完税证明"原始凭证，双击选中添加图片，并编制购买面包车记账凭证。购进固定资产记账凭证如图 3-52 所示。

3-14 购置固定资产记账凭证

序号	摘要	会计科目	借方金额	贷方金额
1	购买面包车	160104 固定资产-运输工具	66 000.00	
2	购买面包车	22210101 应交税费-应交增值税-进项税额-本期认证抵扣	7 800.00	
3	购买面包车	1002 银行存款		73 800.00
4				
	合计 柒万叁仟捌佰元整		73 800.00	73 800.00

记字第 0016 号　制单日期 2023-07-31　附单据 4 张

图 3-52　购进固定资产记账凭证

五、任务拓展

（1）请同学们登录"工作领域一"—"任务二"—"会计核算岗（8 月）"，自行完成北京田艺 2023 年 8 月的制单任务，提高会计核算的能力。

3-15 北京田艺 8 月票据制单

（2）请同学们登录"工作领域一"—"任务二"—"会计核算岗（9 月）"，自行完成北京田艺 2023 年 9 月的制单任务，提高会计核算的能力。

3-16 北京田艺 9 月票据制单

六、任务评价

一般纳税人费用类业务核算任务评价表如表 3-2 所示。

表 3-2　　　　　　　一般纳税人费用类业务核算任务评价表

工作任务清单	完成情况
将不同类别的票据计入对应的会计科目	
根据票据对应的费用类别在智能化财务操作平台上生成记账凭证	
根据业务的具体要求，对生成的记账凭证进行查看、修改等操作	

任务 3 期末类业务核算

🎯 学习目标

1. 能在"财天下"平台根据工资表手工添加计提工资,并代扣代缴三险一金及个人所得税的记账凭证。
2. 能在"财天下"平台根据公司编制的社保表和住房公积金汇总表,手工添加计提社保和住房公积金相关的记账凭证。
3. 能在"财天下"平台手工添加计提折旧的记账凭证。
4. 能在"财天下"平台自动生成结转增值税的记账凭证。

🎯 素养目标

1. 帮助学生牢记财税规范性的要求,了解专业和行业的法律法规和相关政策,培育德法兼修的职业素养。
2. 通过填制记账凭证,培养学生知行合一、细致规范、精益求精的工匠精神。

一、任务情境

(一) 任务场景

1. 计提工资

2023年7月31日,计提7月员工工资并代扣本月员工需缴纳的三险一金及个人所得税。请会计核算岗人员根据原始凭证生成记账凭证,7月工资计算表如表3-3所示。(备注:工程部、设计部职工薪酬记入"主营业务成本——提供服务成本"科目)

表3-3　　　　　7月工资计算表　　　　　单位:元

序号	姓名	部门	工资收入	基本养老保险	基本医疗保险	失业保险	住房公积金	个人所得税	实发工资
1	张波	设计部	9 000.00	720.00	183.00	45.00	1 080.00	59.16	6 912.84
2	李强	行政部	9 000.00	720.00	183.00	45.00	1 080.00	59.16	6 912.84
3	朱丹	财务部	5 000.00	506.08	129.52	31.63	600.00	0	3 732.77
4	刑杰	库管部	6 500.00	520.00	133.00	32.50	780.00	1.04	5 033.46
5	李彩炫	工程部	6 500.00	520.00	133.00	32.50	780.00	1.04	5 033.46
6	张基浩	工程部	5 000.00	506.08	129.52	31.63	600.00	0	3 732.77

(续表)

序号	姓名	部门	工资收入	专项扣除 基本养老保险	基本医疗保险	失业保险	住房公积金	个人所得税	实发工资
7	李晖	工程部	5 000.00	506.08	129.52	31.63	600.00	0	3 732.77
8	付世红	销售部	6 500.00	520.00	133.00	32.50	780.00	1.04	5 033.46
	合计		52 500.00	4 518.24	1 153.56	282.39	6 300.00	121.44	40 124.37

2. 计提社保及住房公积金

2023年7月31日，计提7月社保及住房公积金。请会计核算岗人员根据原始凭证生成记账凭证。7月公司缴纳社会保险费及住房公积金如表3-4所示。（备注：工程部、设计部职工薪酬记入"主营业务成本——提供服务成本"科目）

表3-4　　　　　　　7月公司缴纳社会保险费及住房公积金汇总表　　　　　单位：元

序号	姓名	部门	基本养老保险	基本医疗保险	失业保险	工伤保险	住房公积金
1	张波	设计部	1 440.00	882.00	45.00	18.00	1 080.00
2	李强	行政部	1 440.00	882.00	45.00	18.00	1 080.00
3	朱丹	财务部	1 012.16	619.95	31.63	12.65	600.00
4	刑杰	库管部	1 040.00	637.00	32.50	13.00	780.00
5	李彩炫	工程部	1 040.00	637.00	32.50	13.00	780.00
6	张基浩	工程部	1 012.16	619.95	31.63	12.65	600.00
7	李晖	工程部	1 012.16	619.95	31.63	12.65	600.00
8	付世红	销售部	1 040.00	637.00	32.50	13.00	780.00
	合计		9 036.48	5 534.85	282.39	112.95	6 300.00

3. 计提折旧

2023年7月31日，计提7月累计折旧。请会计核算岗人员根据原始凭证生成记账凭证。7月固定资产折旧表如表3-5所示。（备注：工程部固定资产折旧额记入"主营业务成本——提供服务成本"科目）

表3-5　　　　　　　　　　7月固定资产折旧表　　　　　　　　　　单位：元

资产类别	所属部门	开始使用时间	折旧年限	原值	现值	方法	月折旧额
固定资产——运输工具	工程部	2023年6月	4年	90 000.00	0	年限平均法	1 875.00
固定资产——办公家具	行政部	2023年6月	5年	60 000.00	0	年限平均法	1 000.00
固定资产——电子设备	行政部	2023年6月	3年	18 000.00	0	年限平均法	500.00

4. 摊销仓储费

2023年7月31日,摊销7月仓储费1 666.67元。请会计核算岗人员根据原始凭证生成记账凭证。7月待摊费用明细表如表3-6所示。

表3-6　　　　　　　　　　　　7月待摊费用明细表　　　　　　　　　　　　单位:元

内容	费用总额	开始摊销月份	结束摊销月份	本月摊销金额
仓储费	5 000.00	2023年7月	2023年9月	1 666.67

5. 结转增值税

2023年7月31日,结转7月增值税,根据公司财务制度规定应将每月"应交税费——应交增值税"科目发生额结平,在系统自动生成的结转增值税的凭证中手动添加。请会计核算岗人员生成记账凭证。

6. 计提附加税

2023年7月31日,计提城市维护建设税、教育费附加、地方教育附加。请会计核算岗人员生成记账凭证。

7. 计提企业所得税

2023年7月31日,计提7月企业所得税。请会计核算岗人员生成记账凭证。

8. 结转损益

2023年7月31日,结转7月损益。请会计核算岗人员生成记账凭证。

(二)任务布置

共享中心唐宋根据合同为北京田艺的7~9月期末业务进行会计处理。

二、任务准备

(一)知识准备

1. 职工薪酬

职工薪酬是指企业为获得职工提供的服务或解除劳动关系而给予的各种形式的报酬或补偿。职工薪酬包括短期薪酬、离职后福利、辞退福利和其他长期职工福利。企业提供给职工配偶、子女、受赡养人,已故员工遗属及其他受益人等的福利,也属于职工薪酬。

2. 个人所得税专项附加扣除

个人所得税专项附加扣除(简称个税专项附加扣除)是指《中华人民共和国个人所得税法》(以下简称《个人所得税法》)规定的子女教育、继续教育、大病医疗、住房贷款利息、住房租金和赡养老人六项专项附加扣除。2018年12月22日,《国务院关于印发个人所得税专项附加扣除暂行办法的通知》发布,自2019年1月1日起施行。

3. 五险一金

五险一金是指用人单位给予劳动者的几种保障性待遇的合称,包括养老保险、医疗保险、失业保险、工伤保险、生育保险和住房公积金。五险一金的缴纳额度每个地区的规定都不同,以工资总额为基数。有的企业在缴纳五险一金时,缴纳基数除基本工资外,还包括相关补贴。但有的企业只以基本工资为基数,这是违反法律规定的。具体缴纳比例要向当地的劳动部门咨询。

4. 税收优惠政策

《财政部 税务总局关于进一步支持小微企业和个体工商户发展有关税费政策的公告》（财政部 税务总局公告2023年第12号）自2023年1月1日至2027年12月31日，对增值税小规模纳税人、小型微利企业和个体工商户减半征收资源税（不含水资源税）、城市维护建设税、房产税、城镇土地使用税、印花税（不含证券交易印花税）、耕地占用税和教育费附加、地方教育附加。

《财政部 税务总局关于小微企业和个体工商户所得税优惠政策的公告》（财政部税务总局公告2023年第6号）对小型微利企业年应纳税所得额不超过100万元的部分，减按25%计入应纳税所得额，按20%的税率缴纳企业所得税。

（二）任务要领

（1）熟知企业薪酬结构，计提工资。
（2）熟知社保、公积金计提比例。
（3）熟知《个人所得税法》，正确核算应交税额。
（4）完成工资发放的相关记账凭证。

三、任务流程

一般纳税人工资表编制及发放工资的业务处理流程如图3-53所示，一般纳税人五险一金的业务处理流程如图3-54所示。

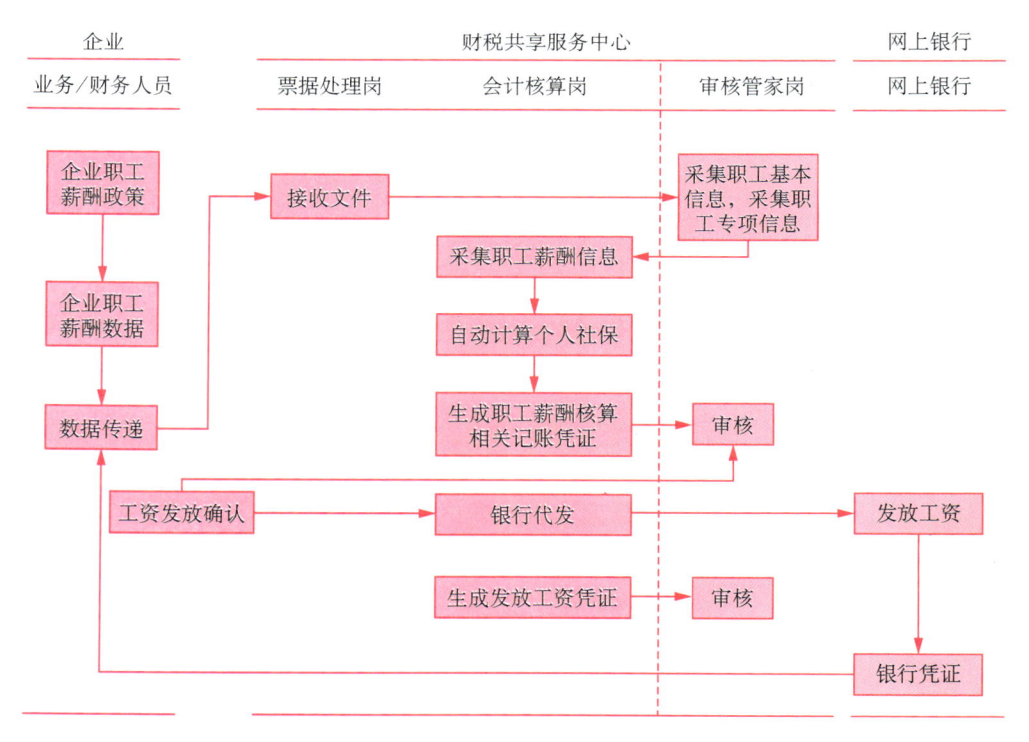

图3-53 一般纳税人工资表编制及发放工资的业务处理流程

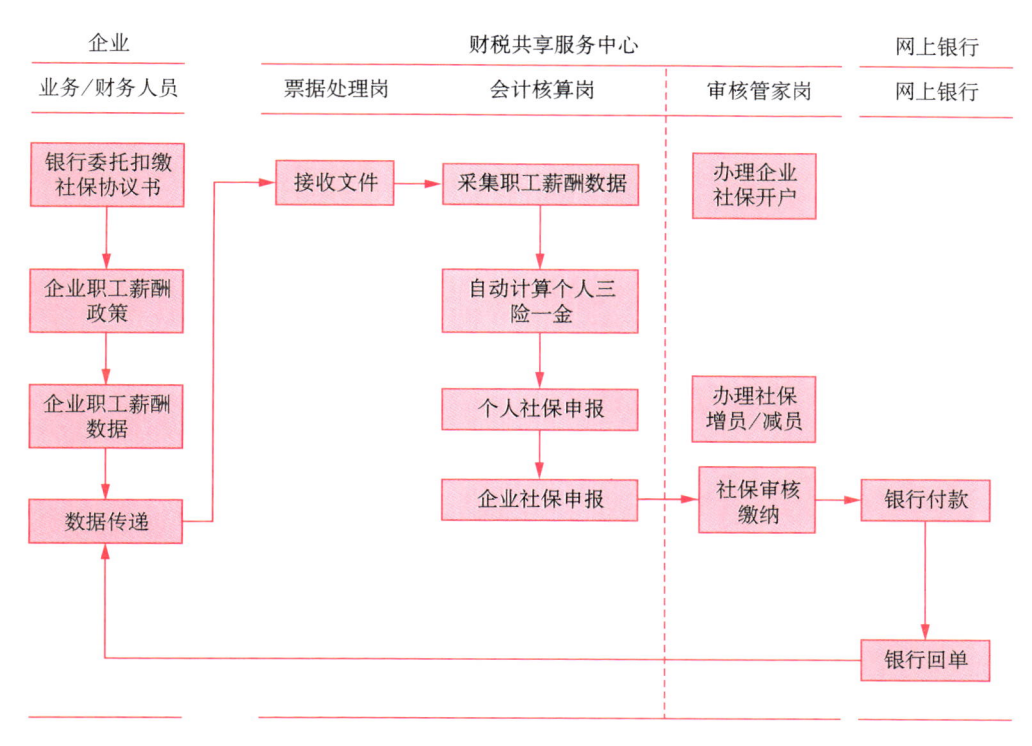

图 3-54　一般纳税人五险一金的业务处理流程

四、任务操作

（一）计提工资（业务 17—此编号取自平台）

2023 年 7 月 31 日，计提 7 月员工工资并代扣 7 月员工需缴纳的三险一金及个人所得税。请会计核算岗人员根据原始凭证生成记账凭证。

（1）本付款业务没有涉及增值税发票，凭证需要会计核算岗人员手动增加。

（2）点击"凭证"—"新增凭证"—"单据图片"，查找业务相关的"7 月工资计算表"原始凭证，双击选中，根据业务编制计提 7 月工资记账凭证。计提 7 月工资记账凭证如图 3-55 所示。

图 3-55　计提 7 月工资记账凭证

(3) 根据原始凭证,需要代扣个人所得税、个人社保、个人公积金,单击"新增"按钮,编制代扣记账凭证,代扣三险一金、个人所得税记账凭证如图 3-56 所示。

3-17 计提工资记账凭证

图 3-56　代扣三险一金、个人所得税记账凭证

(二) 计提社保及住房公积金(业务 18—此编号取自平台)

2023 年 7 月 31 日,计提 7 月社保及住房公积金。请会计核算岗人员根据原始凭证生成记账凭证。(备注:工程部职工、设计部职工薪酬记入"主营业务成本——提供服务成本"科目)

(1) 本付款业务没有涉及增值税发票,凭证需要会计核算岗人员手动增加。

(2) 点击"凭证"—"新增凭证"—"单据图片",查找业务相关的"7 月缴纳社保及住房公积金汇总表"原始凭证,双击选中,根据业务编制计提 7 月社会保险费记账凭证,点击"保存"按钮。计提社保及住房公积金记账凭证如图 3-57 所示。

3-18 计提社保和住房公积金记账凭证

图 3-57　计提社保及住房公积金记账凭证

（三）计提折旧（业务19—此编号取自平台）

2023年7月31日，计提7月累计折旧。请会计核算岗人员根据原始凭证生成记账凭证。（备注：工程部固定资产折旧额记入"主营业务成本——提供服务成本"科目）

（1）本付款业务没有涉及增值税发票，凭证需要会计核算岗人员手动增加。

（2）点击"凭证"—"新增凭证"—"单据图片"，查找业务相关的"7月固定资产折旧表"原始凭证，双击选中，根据业务编制计提7月固定资产折旧费记账凭证，点击"保存"按钮。计提折旧记账凭证如图3-58所示。

序号	摘要	会计科目	借方金额	贷方金额
1	计提折旧	660206 管理费用-资产折旧摊销费	1500.00	
2	计提折旧	640105 主营业务成本-提供服务成本	1875.00	
3	计提折旧	160205 累计折旧-电子设备		500.00
4	计提折旧	160203 累计折旧-办公家具		1000.00
5	计提折旧	160204 累计折旧-运输工具		1875.00
	合计 叁仟叁佰柒拾伍元整		3375.00	3375.00

图3-58 计提折旧记账凭证

3-19 计提折旧记账凭证

（四）摊销仓储费（业务20—此编号取自平台）

2023年7月31日，摊销7月仓储费1 666.67元。请会计核算岗人员根据原始凭证生成记账凭证。

（1）本付款业务没有涉及增值税发票，凭证需要会计核算岗人员手动增加。

（2）点击"凭证"—"新增凭证"—"单据图片"，查找业务相关的"7月待摊费用明细表"原始凭证，双击选中，根据业务编制计提7月摊销仓储费记账凭证，点击"保存"按钮。摊销仓储费记账凭证如图3-59所示。

序号	摘要	会计科目	借方金额	贷方金额
1	摊销仓储费	660221 管理费用-运输、仓储费	1666.67	
2	摊销仓储费	1123 预付账款_北京红桥置业有限公司		1666.67
	合计 壹仟陆佰陆拾陆元陆角柒分		1666.67	1666.67

图3-59 摊销仓储费记账凭证

3-20 摊销仓储费记账凭证

（五）结转增值税（业务21—此编号取自平台）

2023年7月31日，结转7月增值税，根据公司财务制度规定应将每月"应交税费——应交增值税"科目发生额结平，在系统自动生成的结转增值税的凭证中手动添加。请会计核算岗人员生成记账凭证。

（1）点击左侧一级菜单"月末结账"—"月末结转"，关键业务模板界面如图3-60所示。

图3-60　关键业务模板界面

（2）选择"结转未交增值税"模版。点击"计算"—"生成凭证"—"查看凭证"，自动生成结转未交增值税记账凭证路径，如图3-61所示。

图3-61　自动生成结转未交增值税记账凭证路径

（3）系统自动生成的结转增值税记账凭证，如图3-62所示。为了将每月"应交税费——应交增值税"科目发生额结平，需要在凭证中手动添加。查看"账簿"—"科目发生额及余额表"，修改完善记账凭证，如图3-63所示。

图 3-62　结转增值税记账凭证

图 3-63　修改完善记账凭证

（六）计提附加税（业务22—此编号取自平台）

2023年7月31日，计提城市维护建设税、教育费附加、地方教育附加。请会计核算岗人员生成记账凭证。

（1）点击左侧一级菜单"月末结账"—"月末结转"。

（2）查找"计提税金及附加"模版。点击"计算"—"生成凭证"—"查看凭证"。根据最新税收优惠政策，修改凭证，点击"保存"按钮。计提附加税记账凭证如图3-64所示。

图 3-64　计提附加税记账凭证

(七) 计提企业所得税(业务23—此编号取自平台)

2023年7月31日,计提7月企业所得税。请会计核算岗人员生成记账凭证。

点击"凭证"—"新增凭证",查看损益,计算企业所得税,编制计提企业所得税记账凭证,如图3-65所示。

3-23 计提企业所得税记账凭证

图3-65 计提企业所得税记账凭证

(八) 结转损益(业务24—此编号取自平台)

2023年7月31日,结转7月损益。请会计核算岗人员生成记账凭证。

(1) 点击左侧菜单栏"月末结账"—"月末结转"。

(2) 查找"损益结转"模版。点击"计算"—"生成凭证"—"查看凭证"—"保存",自动生成结转损益记账凭证路径,如图3-66所示。

图3-66 自动生成结转损益记账凭证路径

(3) 结转损益记账凭证如图3-67和图3-68所示。

项目三 一般纳税人票据制单

记账凭证

记字第 0025 号　制单日期 2023-07-31

序号	摘要	会计科目	借方金额	贷方金额
1	结转本月损益	4103 本年利润 余额：29,032.85	8941327	
2	结转本月损益	640105 主营业务成本-提供服务成本 余额：10,520.28		3789528
3	结转本月损益	66020801 管理费用-办公费-交通费 余额：0.00		18768
4	结转本月损益	66020808 管理费用-办公费-办公费用 余额：0.00		33990
5	结转本月损益	66020101 管理费用-职工薪酬-工资薪金 余额：0.00		2050000
6	结转本月损益	6602010501 管理费用-职工薪酬-各类基本社会保障性缴款-基… 余额：3,492.16		349216
7	结转本月损益	6602010502 管理费用-职工薪酬-各类基本社会保障性缴款-基… 余额：2,138.95		213895
8	结转本月损益	6602010503 管理费用-职工薪酬-各类基本社会保障性缴款-失… 余额：109.13		10913
9	结转本月损益	6602010504 管理费用-职工薪酬-各类基本社会保障性缴款-工… 余额：43.65		4365
10	结转本月损益	66020106 管理费用-职工薪酬-住房公积金 余额：2,460.00		246000
11	结转本月损益	660206 管理费用-资产折旧摊销费 余额：0.00		150000
12	结转本月损益	660221 管理费用-运输、仓储费 余额：0.00		166667
13	结转本月损益	66010101 销售费用-职工薪酬-工资薪金 余额：0.00		650000
14	结转本月损益	660112 销售费用-差旅费 余额：0.00		436218
15	结转本月损益	660104 销售费用-业务招待费 余额：618.00		61800
16	结转本月损益	6601010501 销售费用-职工薪酬-各类基本社会保障性缴款-基… 余额：1,040.00		104000
17	结转本月损益	6601010502 销售费用-职工薪酬-各类基本社会保障性缴款-基… 余额：637.00		63700
18	结转本月损益	6601010503 销售费用-职工薪酬-各类基本社会保障性缴款-失… 余额：32.50		3250
19	结转本月损益	6601010504 销售费用-职工薪酬-各类基本社会保障性缴款-工… 余额：13.00		1300
20	结转本月损益	66010106 销售费用-职工薪酬-住房公积金 余额：780.00		78000
21	结转本月损益	640303 税金及附加-城市建设维护税 余额：0.00		27525
22	结转本月损益	640304 税金及附加-教育费附加 余额：0.00		11796
23	结转本月损益	640307 税金及附加-地方教育附加 余额：0.00		7864
24	结转本月损益	6801 所得税费用 余额：0.00		462532
25				
合计：捌万玖仟肆佰壹拾叁元贰角柒分			8941327	8941327

图 3-67　结转损益记账凭证（1）

3-24 结转损益记账凭证

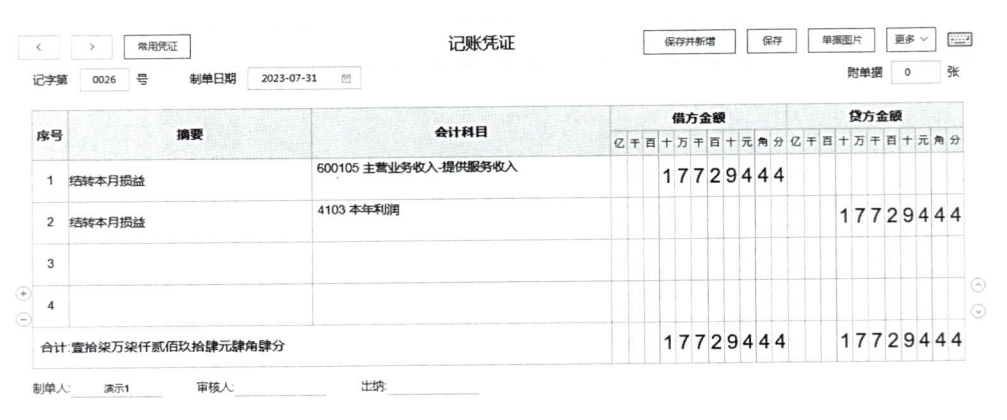

图 3-68　结转损益记账凭证(2)

五、任务拓展

(1) 请同学们登录"工作领域一"—"任务二"—"会计核算岗(8月)",自行完成北京田艺8月的制单任务,提高会计核算能力。

(2) 请同学们登录"工作领域一"—"任务二"—"会计核算岗(9月)",自行完成北京田艺9月的制单任务,提高会计核算能力。

六、任务评价

一般纳税人期末类业务核算任务评价表如表 3-7 所示。

表 3-7　　　　　　　　　一般纳税人期末类业务核算任务评价表

工作任务清单	完成情况
根据期末工资表,能够编制计提工资并代扣代缴的记账凭证	
根据社保和住房公积金汇总表编制计提社保和住房公积金的记账凭证	
能够在"财天下"平台进行期末损益结转,自动生成凭证,查看并保存	

3-25　北京田艺 8 月票据制单

3-26　北京田艺 9 月票据制单

项目四
小规模纳税人票据制单

项目导入

北京近邻信息有限公司（以下简称北京近邻）是一家科技信息公司，其主要的业务是软件系统维护、技术开发等。经营范围是计算机系统服务；软件开发；技术服务；企业管理咨询；销售计算机、软件及辅助设备、文具用品、电子产品。北京近邻将2024年1~3月的财务外包给北京紫林财税共享服务中心有限公司（以下简称紫林共享中心），包括发票开具、发票整理、会计核算和税务申报。在票据制单项目中，北京近邻每月月末将本月业务相关票据移交给紫林共享中心，由紫林共享中心会计核算岗朱明对该外包业务进行财务核算。

公司基本信息如下：
公司名称：北京近邻信息有限公司
统一社会信用代码：91110106563644C923
纳税人类型：小规模纳税人
所属行业：科技推广和应用服务业
法定代表人：郑伟
注册资本：30万元
开户银行及账号：工商银行北京市马家堡支行 6200222109200091203
地址及电话：北京市丰台区马家堡角门14号商业街3号楼2层225 010-60253532
设立部门：管理部、业务部

北京近邻内部会计制度如下：
（1）企业执行企业会计准则。
（2）税金及附加。北京近邻为小规模纳税人，增值税征收率为3％，城市维护建设税、教育费附加及地方教育附加分别按照流转税的7％、3％、2％计算。企业所得税按季计提，按季预缴，全年汇算清缴。个人所得税按照2019年1月1日开始实施的《个人所得税法实施条例》计算。
（3）固定资产残值率为0，采用平均年限法计提折旧。
（4）无形资产按月计提摊销。

项目技能目标

1. 了解《中华人民共和国会计法》等相关法规的基本内容,并能在小规模纳税人的实际业务中应用。

2. 能在智能化财务操作平台上根据采集的增值税发票,在票据制单入口自动生成小规模纳税人的记账凭证并进行相应的修改。

3. 能在智能化财务操作平台上根据采集的费用类发票,在费用报销单入口自动生成小规模纳税人的记账凭证并进行相应的修改。

4. 能在智能化财务操作平台上根据采集的其他类型票据,手动添加小规模纳税人记账凭证。

5. 了解《企业会计准则第14号——收入》等相关法律法规的基本内容,并能在小规模纳税人的实际业务中应用。

任务1 销售与收款业务核算

学习目标

1. 掌握小规模纳税人应收账款、销售收入及增值税销项税额的会计处理,并能在实际业务中应用。

2. 能在智能化财务操作平台上对增值税发票进行扫描,并能将其自动生成记账凭证。

3. 能将银行回单与销售业务进行核对,并进行客户回款情况分析。

素养目标

1. 帮助学生牢记财税规范性的要求,了解专业和行业的法律法规和相关政策,培育德法兼修的职业素养。

2. 通过填制记账凭证,培养学生知行合一、细致规范、精益求精的工匠精神。

一、任务情景

(一)任务场景

1. 确认收入

2024年1月2日,北京近邻向北京木蚂蚁科技有限公司提供系统维护服务,合同约定系统维护服务价税合计5 000元,已开具增值税普通发票,款项暂未收到。请会计核算岗人员根据原始凭证生成记账凭证。软件服务合同如图4-1所示。

软件服务合同

（ 2024 ）第 22231 号

甲方	北京木蚂蚁科技有限公司	乙方	北京近邻信息有限公司
地址	北京市朝阳区北苑路170号凯旋城7号楼4层	地址	北京市丰台区马家堡角门14号商业街3号楼2层225
电话	010-59273361	电话	010-60253532
联系人	赵军	联系人	郑伟
合同条款	系统维护服务 合同条款 一、服务内容 乙方提供的服务内容： 1．产品标准培训：乙方负责承担甲方产品的标准培训； 2．热线支持：指乙服务人员通过电话向用户提供技术问题解答的过程； 3．现场维护：指乙方派遣技术人员到用户现场处解决问题的过程； 4．功能改进：指根据甲方要求对软件功能进行改动。 乙方的服务承诺：乙方接到甲方通过电话、信函、传真、电子邮件等方式提出关于软件的服务请求后，在当日内给予响应并提供服务。乙方提供给甲方的服务必须按照合同规定的服务内容进行。 二、甲方责任 甲方应确保有专人对软件的使用和管理负责。甲方应建立相关制度，以确保软件运行环境（包括计算机，打印机及相关硬件设备）的安全，为软件正常运行提供保障。甲方定期做好系统数据备份，并对备份数据进行妥善保管。甲方在应用过程中发现软件出现异常，应及时与乙方取得联系，并记录当前故障现象，便于乙方做出诊断。甲方在乙方服务人员服务完成后，配合检查软件系统运行是否正常。 三、收费标准和合同期限 本次服务费价税合计金额（大写）：伍仟元整。 合同有效期为一个月，自2024年01月02日至2024年02月02日止，期满合同自动中止。合同期满后，经双方协商甲方可要求乙方继续提供软件运行维护服务，但双方必须重新签署新的服务合同。 四、争议处理 甲乙双方如对协议条款规定的理解有异议，或者对与有关的事项发生争议，双方应本着友好合作的精神进行协商。协商不能解决的，依照《中华人民共和国合同法》任何一方可向乙方所在地人民法院提起起诉。 五、其他本合同未尽事宜，由甲乙双方协商后产生书面文件，作为本合同的补充条款，具备与本合同同等法律效力。对本合同内容的任何修改和变更需用书面形式，并经双方签字确认后生效。 甲方签章（盖章）　　　　乙方签章（盖章） 日期：贰零贰肆年零壹月零贰日　　日期：贰零贰肆年零壹月零贰日

图4-1 软件服务合同

2. 收到欠款

2024年1月10日，北京近邻收到北京金云台信息技术有限公司支付欠款9 000元。请会计核算岗人员根据原始凭证生成记账凭证。服务费银行收款单如图4-2所示。

（二）任务布置

紫林共享中心会计核算岗朱明负责北京近邻的销售与收款核算业务，请学生登录智能财税单项训练"财天下"平台，以会计核算岗人员的身份完成以下要求：

（1）根据该笔销售业务的原始票据，生成记账凭证，同时进行客户辅助核算。
（2）根据银行收款单，编制收款业务记账凭证。

中国工商银行
业务回单（ 收款 ）

日期：2024 年 01 月 10 日　　回单编号：52504074858

付款人户名：	北京金云台信息技术有限公司	付款人开户行：	工商银行北京市东升路支行
付款人账号(卡号)：	6211258742698520015		
收款人户名：	北京近邻信息有限公司	收款人开户行：	工商银行北京市马家堡支行
收款人账号(卡号)：	6200222109200091203		
金额：	玖仟元整	小写：	￥9 000.00 元
业务(产品)种类：		凭证种类：0041608068	凭证号码：417362613714601240
摘要：	服务费	用途：	币种：人民币
交易机构：0963836710	记账柜员：57440	交易代码：52584	渠道：

6200222109200091203

本回单为第 1 次打印，注意重复　打印日期：2024 年 01 月 10 日　打印柜员：5　验证码：055747652836

图 4-2　服务费银行收款单

二、任务准备

（一）知识准备

小规模纳税人确认收入的会计准则主要遵循《增值税会计处理规定》（财会〔2016〕22 号）及相关的税法规定。以下是小规模纳税人确认收入时的一些关键会计处理要点。

1. 会计科目设置

小规模纳税人需要在"应交税费"科目下设置"应交增值税"明细科目，用于核算增值税相关业务。与一般纳税人不同，小规模纳税人不需要设置"应交增值税"下的多个专栏和其他明细科目。

2. 收入确认

小规模纳税人销售货物，提供劳务、服务，无形资产或不动产时，应按应收或已收的金额，借记"应收账款""应收票据""银行存款"等科目，按取得的收入金额，贷记"主营业务收入""其他业务收入"等科目。同时，根据税法规定计算的销项税额，贷记"应交税费——应交增值税"科目。

3. 增值税计算

小规模纳税人核算增值税采用简易计税的方法。在取得销售收入时，小规模纳税人应按照税法的规定计算应交增值税，并确认为应交税费。

4. 在收款时小规模纳税人进行相应的账务处理

如果款项已经收到，应借记"银行存款"或"库存现金"科目，贷记"应收账款"科目。同时，根据是否免税，贷记"主营业务收入"和"应交税费——应交增值税"科目或直接贷记"主营业务收入"科目。

(二) 操作准备

(1) 销售类发票签收单。
(2) 扫描仪(或手机)一台(部)。

三、任务流程

在财税共享服务中心启用会计核算云平台的总账系统的环境下，小规模纳税人销售与收款业务核算流程主要包括票据接收、票据识别、票据制单等处理环节。在有销售合同并开具发票的条件下，小规模纳税人销售与收款业务核算流程如图 4-3 所示。

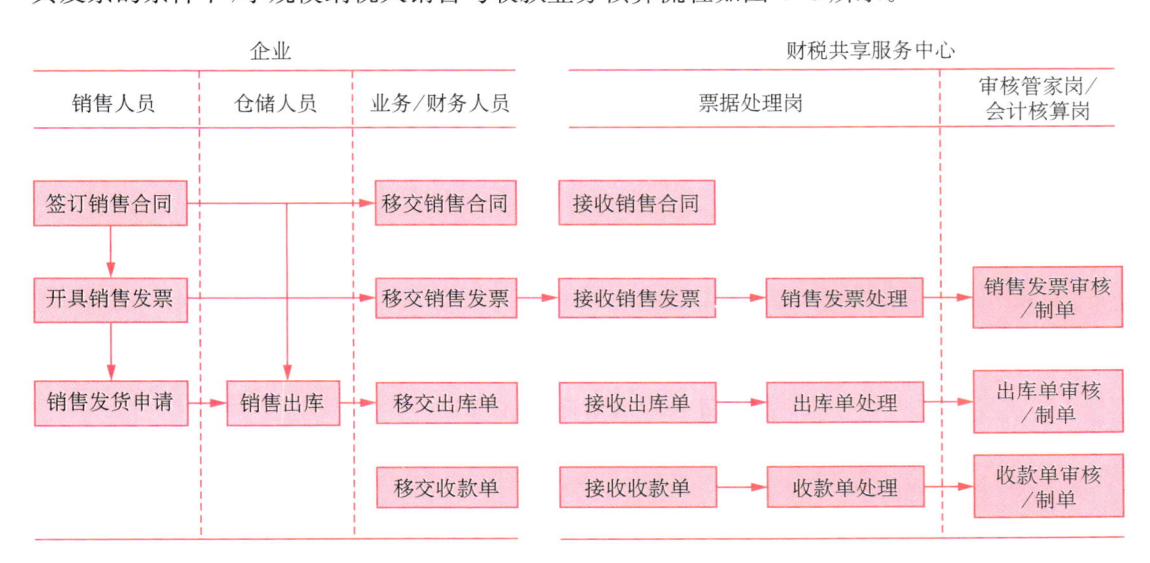

图 4-3 小规模纳税人销售与收款业务核算流程

四、任务操作

(一) 确认收入(业务 1—此编号取自平台)

2024 年 1 月 2 日，北京近邻向北京木蚂蚁科技有限公司提供系统维护服务，合同约定系统维护服务价税合计 5 000 元，已开具增值税普通发票，款项暂未收到。请会计核算岗人员根据原始凭证生成记账凭证。

(1) 点击"开始练习"，进入"财天下"平台，选择"北京近邻信息有限公司"，如图 4-4 所示。

(2) 涉税服务岗人员在"票天下"平台开具了增值税普通发票，系统将发票推送到"财天下"平台，自动生成记账凭证。在一级菜单选择"凭证"，二级菜单选择"票据制单"，在"销项发票"列点击"记-0001"可以查看生成的凭证，查看记账凭证路径如图 4-5 所示。

(3) 会计核算岗人员需要对系统自动生成的记账凭证进行完善。点击"添加图片"，时间选择"2024-01"，点击"查询"，找到该业务相关的销售合同图片，双击选中，点击"保存"按钮。添加销售合同原始凭证如图 4-6 所示，服务收入记账凭证图 4-7 所示。

智能财税

图 4-4　登录"财天下"平台

图 4-5　查看记账凭证路径

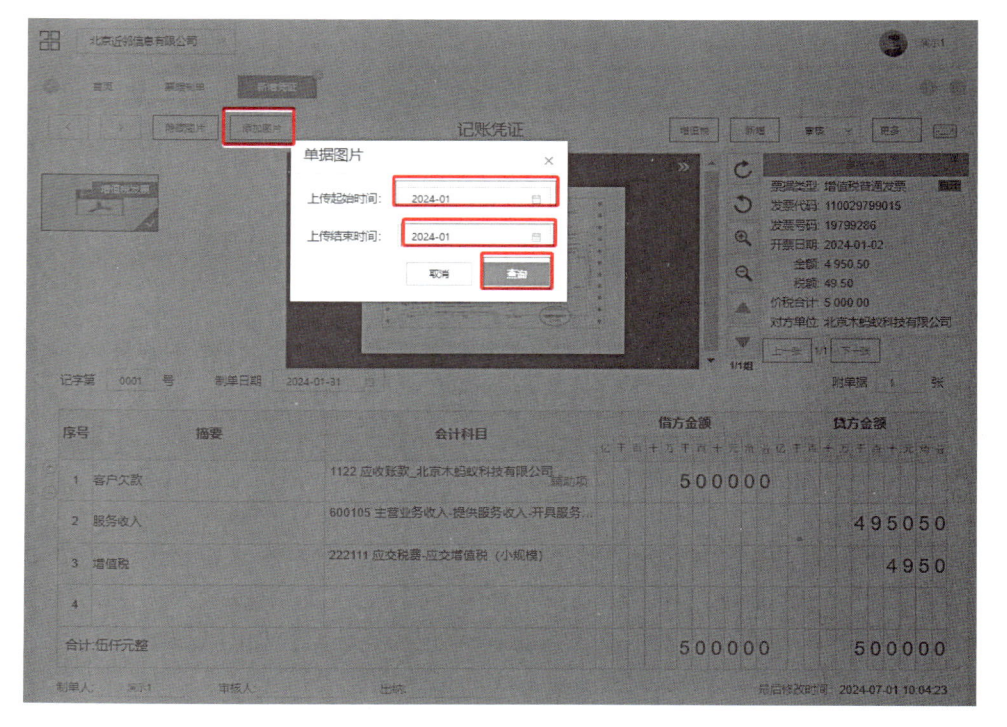

图 4-6　添加销售合同原始凭证

图 4-7　服务收入记账凭证

（二）收到欠款（业务 4—此编号取自平台）

2024 年 1 月 10 日，收到北京金云台信息技术有限公司支付欠款 9 000 元。请会计核算岗人员根据原始凭证生成记账凭证。

（1）本收款业务没有涉及增值税发票，凭证需要会计核算岗人员手动新增。在一级菜单选择"凭证"，二级菜单选择"新增凭证"，新增凭证如图 4-8 所示。

图 4-8　新增凭证

（2）进入记账凭证界面之后，需要附原始单据。单击"单据图片"，选择发票类型为"银行回单"，点击"查询"按钮，添加原始凭证如图 4-9 所示。找到该业务相关的银行回单图片，双击选中。

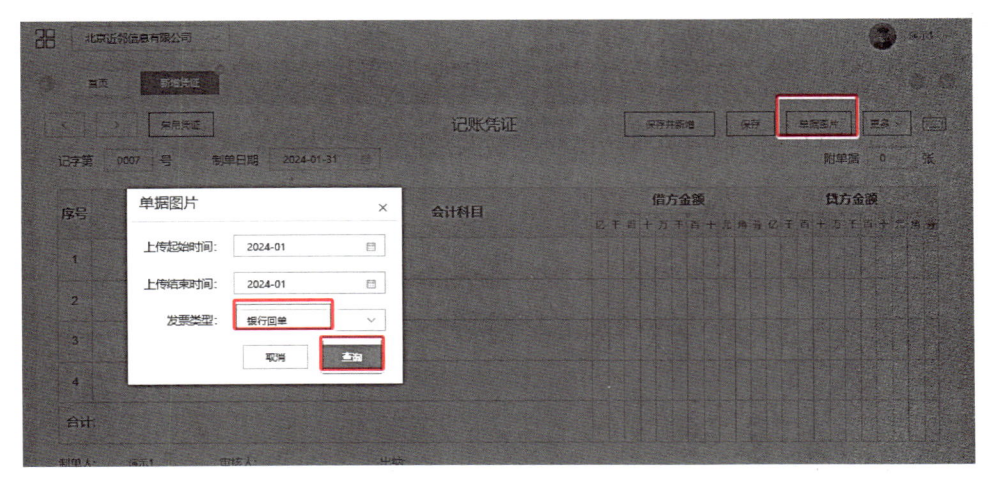

图 4-9　添加原始凭证

113

（3）根据业务内容，摘要可以写"收到欠款"，简明扼要。借方科目输入"银行存款"，贷方科目输入"应收账款"，并选择客户为"北京金云台信息技术有限公司"，借贷金额为 9 000 元，检查完毕之后点击"保存"。收到欠款记账凭证如图 4-10 所示。

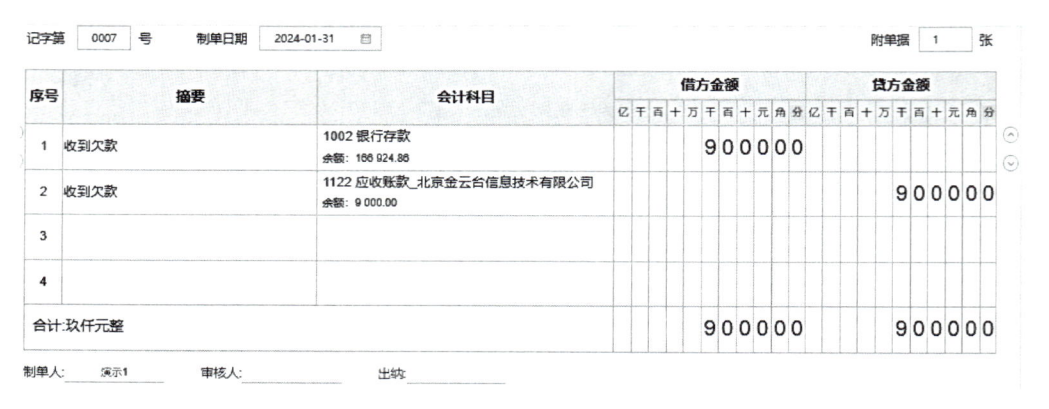

图 4-10　收到欠款记账凭证

五、任务拓展

（1）业务 2、业务 5、业务 10、业务 12 的操作与业务 1 相同，此处不再赘述，请学生们课后自行操练，提升收入确认的会计核算能力。

（2）业务 7、业务 13 的操作与业务 4 相同，此处不再赘述，请学生们课后自行操练，巩固确认收款的会计核算能力。

六、任务评价

小规模纳税人销售与收款业务核算任务评价表如表 4-1 所示。

表 4-1　　　　　　小规模纳税人销售与收款业务核算任务评价表

工作任务清单	完成情况
利用会计核算云平台的总账系统，完成销售业务核算外包服务的一般处理流程	
在会计核算云平台的总账系统中，根据销售业务原始票据自动生成小规模纳税人确认收入记账凭证	
对自动生成的记账凭证，根据业务添加附件	

任务 2　费用类业务核算

学习目标

1. 能根据"票天下"平台开具的增值税发票，自动在"财天下"平台票据制单中生成小规模纳税人记账凭证并查看修改。

2. 能根据"财天下"平台上传的费用类发票,自动在"财天下"平台费用报销单中生成小规模纳税人记账凭证并查看修改。

3. 能根据业务类型,设置凭证模板,供票据生成凭证调用。

素养目标

1. 帮助学生牢记财税规范性的要求,了解专业和行业的法律法规和相关政策,培育德法兼修的职业素养。

2. 通过填制记账凭证,培养学生知行合一、细致规范、精益求精的工匠精神。

一、任务情景

(一)任务场景

1. 采购无形资产

2024年1月8日,北京近邻业务部申请从北京丰盛软件有限公司购进一款智能杀毒软件,价税合计36 000元,出纳以银行存款支付。购销合同如图4-11所示,付款申请书如图4-12所示,采购智能杀毒软件增值税普通发票如图4-13所示,软件款银行付款单如图4-14所示。

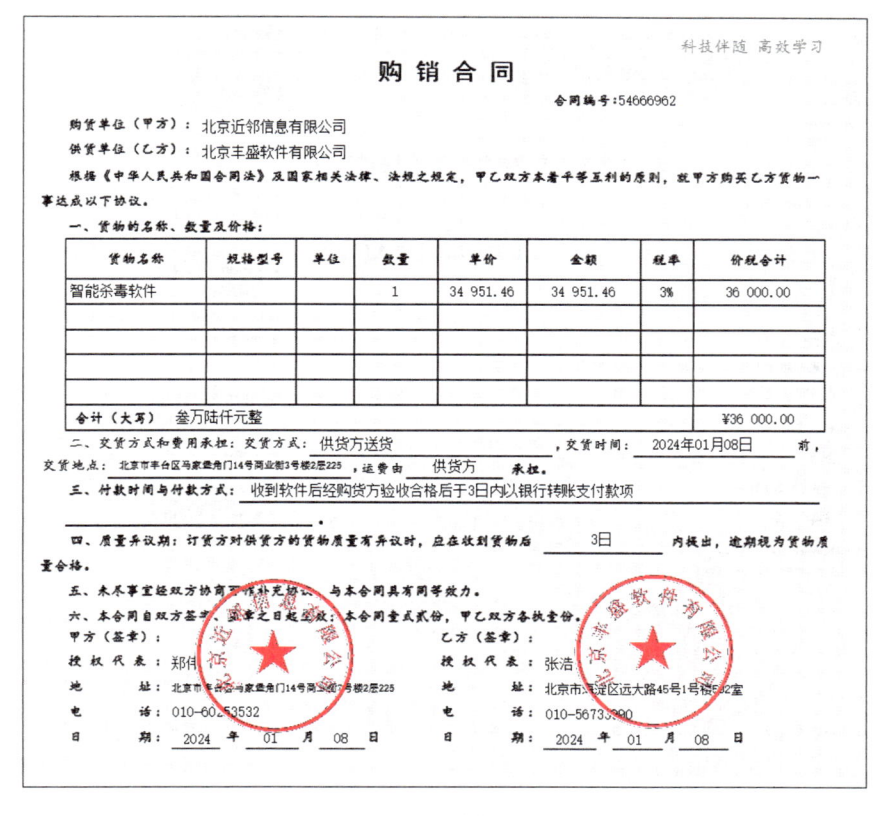

图4-11 购销合同

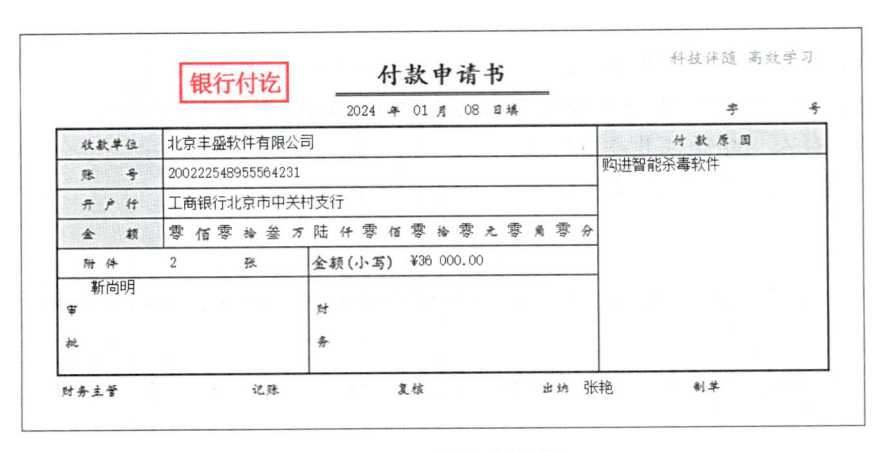

图 4-12　付款申请书

图 4-13　采购智能杀毒软件增值税普通发票

图 4-14　软件款银行付款单

2. 缴纳个人所得税

2024年1月15日，银行代缴员工个人所得税。请会计核算岗人员根据原始凭证生成记账凭证。缴纳个人所得税付款凭证如图4-15所示。

中国工商银行
电子缴税付款凭证

缴税日期：	2024 年 01 月 15 日	凭证号码：	20200010
纳税人全称及纳税人识别号：	北京近邻信息有限公司		91110106563644C923
付款人名称：	北京近邻信息有限公司		
付款人账号：	6200222109200091203	征收机关名称：	国家税务总局北京市丰台区税务局
付款人开户行：	工商银行北京市马家堡支行	收款国库（银行）名称：	国家金库北京市丰台区支库
小写（合计）金额：	¥72.86 元	缴款书交易流水号：	40498282
大写（合计）金额：	人民币柒拾贰元捌角陆分	税票号码：	983903984128793450

税（费）种名称	所属日期	实缴金额（单位：元）
个人所得税	2023.12.01 - 2023.12.31	¥72.86

第 1 次打印　　　　　　　打印时间： 2024 年 01 月 15 日
客户回单联　　验证码：975226　　复核：　　记账：

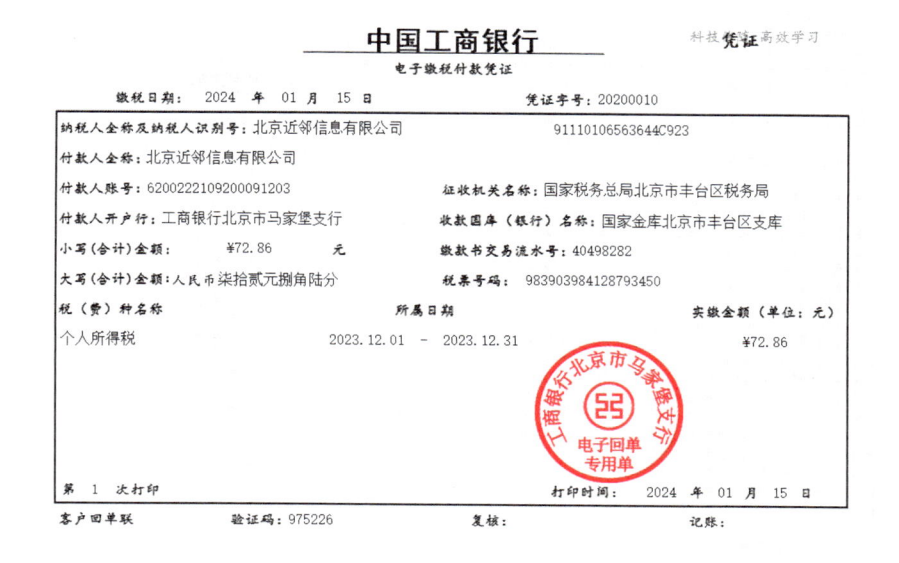

图4-15　缴纳个人所得税付款凭证

3. 缴纳社会保险费

2024年1月18日，银行代缴2023年12月社会保险费。请会计核算岗人员根据原始凭证生成记账凭证。缴纳社会保险费付款凭证如图4-16所示。

中国工商银行
电子缴税付款凭证

缴税日期：	2024 年 01 月 18 日	凭证号码：	20200010
纳税人全称及纳税人识别号：	北京近邻信息有限公司		91110106563644C923
付款人名称：	北京近邻信息有限公司		
付款人账号：	6200222109200091203	征收机关名称：	国家税务总局北京市丰台区税务局
付款人开户行：	工商银行北京市马家堡支行	收款国库（银行）名称：	国家金库北京市丰台区支库
小写（合计）金额：	¥15 364.86 元	缴款书交易流水号：	20697429
大写（合计）金额：	人民币壹万伍仟叁佰陆拾肆元捌角陆分	税票号码：	156325552702237890

税（费）种名称	所属日期	实缴金额（单位：元）
基本养老保险	2023.12.01 - 2023.12.31	¥9 954.72
基本医疗保险	2023.12.01 - 2023.12.31	¥4 912.41
失业保险	2023.12.01 - 2023.12.31	¥414.78
工伤保险	2023.12.01 - 2023.12.31	¥82.95

第 1 次打印　　　　　　　打印时间： 2024 年 01 月 18 日
客户回单联　　验证码：420067　　复核：　　记账：

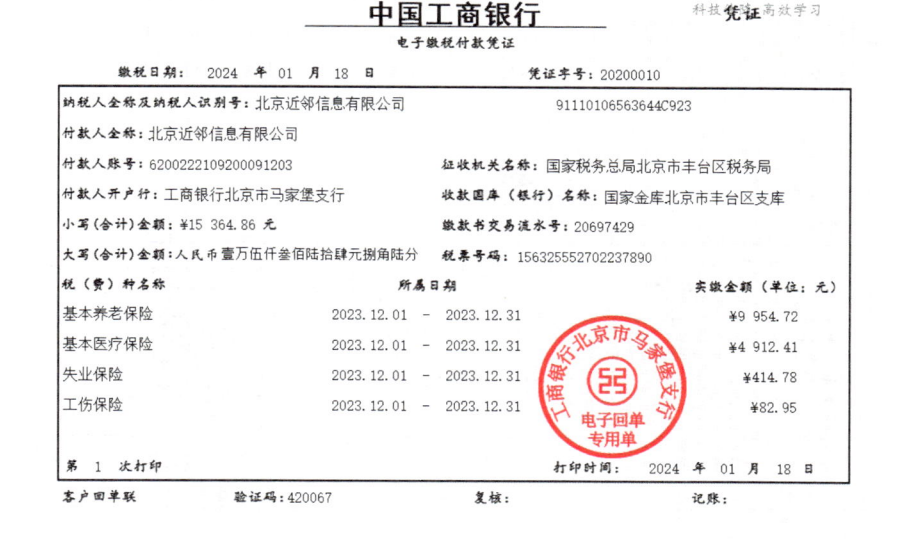

图4-16　缴纳社会保险费付款凭证

4. 缴纳住房公积金

2024年1月25日,银行代缴住房公积金。请会计核算岗人员根据原始凭证生成记账凭证。缴纳住房公积金付款凭证如图4-17所示。

中国工商银行 凭证
业务回单（付款）

日期：2024年01月25日　　回单编号：06955879157

付款人户名：北京近邻信息有限公司
付款人开户行：工商银行北京市马家堡支行
付款人账号（卡号）：6200222109200091203
收款人户名：北京住房公积金管理中心
收款人开户行：
收款人账号（卡号）：
金额：玖仟壹佰贰拾元整　　小写：¥9 120.00 元
业务（产品）种类：　　凭证种类：6486788408　　凭证号码：12660990819835788
摘要：住房公积金　　用途：　　币种：人民币
交易机构：0770401664　　记账柜员：12892　　交易代码：60794　　渠道：

本回单为第 1 次打印，注意重复　打印日期：2024年01月25日　打印柜员：2　验证码：136414057295

图 4-17　缴纳住房公积金付款凭证

5. 报销差旅费

2024年1月20日,管理部门员工郑伟报销差旅费,出纳以银行转账支付。请会计核算岗人员根据原始凭证生成记账凭证。差旅费报销单如图4-18所示,动车票如图4-19所示,住宿费增值税普通发票如图4-20所示,差旅费银行付款单如图4-21所示。

差旅费报销单（银行付讫）

部门：管理部　　2024年01月20日
出差人：郑伟　　出差事由：洽谈合作

出发			到达			交通工具	交通费		出差补贴		其他费用			附件
月	日	时	地点	月	日	时	地点		车船张数	金额	天数	金额	项目	车船张数	金额
01	12	15:13	北京	01	12	22:58	南京	火车	1	736.00			住宿费	1	2 052.00
01	19	22:06	南京	01	20	05:42	北京	火车	1	736.00			市内车费		
													邮电费		
													办公用品费		
													不买卧铺补贴		
													其他		
合计									2	¥1 472.00				1	¥2 052.00

报销总额（人民币大写）：叁仟伍佰贰拾肆元整
预借金额：
补领金额：¥3 524.00
退还金额：

主管：　　审核：　　出纳：张艳　　领款人：郑伟

附件 3 张

图 4-18　差旅费报销单

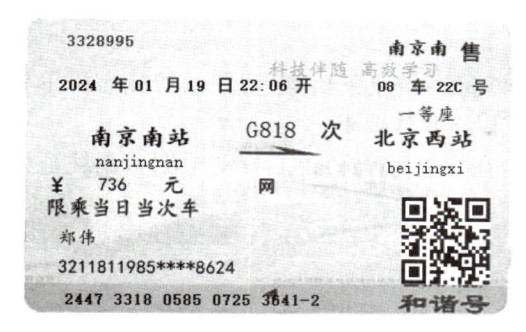

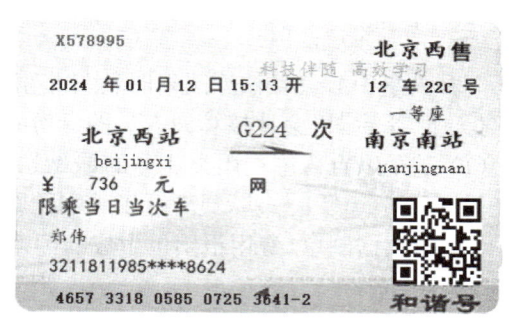

图 4-19　动车票

图 4-20　住宿费增值税普通发票

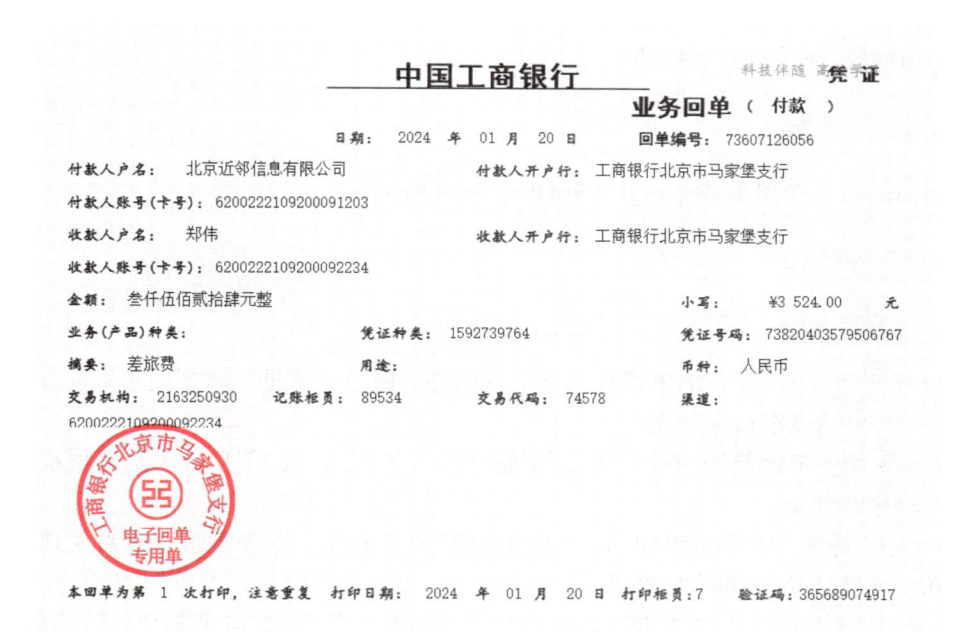

图 4-21　差旅费银行付款单

（二）任务布置

紫林共享中心会计核算岗朱明负责北京近邻费用类业务核算，请登录智能财税单项训练"财天下"平台，以会计核算岗人员的身份完成以下具体要求：

（1）基于以上5笔费用类业务的原始票据，在智能财税平台上自动根据费用凭证生成记账凭证并进行人工校验，或者手工编制记账凭证。

（2）对票据制单、费用报销单生成的记账凭证进行修改和完善。

二、任务准备

（一）知识准备

小规模纳税人可以选择执行《小企业会计准则》，也可以选择执行《企业会计准则》。选择不同的会计准则可能会影响会计处理方法。

小规模纳税人发生费用时，应根据费用的性质，将其分类为不同的会计科目，如管理费用、销售费用、财务费用等。购进货物、应税服务或应税行为，取得增值税专用发票上注明的增值税，一律不予抵扣，直接计入相关成本费用或资产。小规模纳税人销售货物、应税服务或应税行为时，按照不含税的销售额和规定的增值税征收率计算应交纳的增值税（即应纳税额），但不得开具增值税专用发票。

小规模纳税人购进货物、应税服务或应税行为，按照应付或实际支付的全部款项（包括支付的增值税税额），借记"材料采购""在途物资""原材料""库存商品"等科目，贷记"应付账款""应付票据""银行存款"等科目。

（二）操作准备

（1）客户费用类票据签收单。

（2）各种费用类票据、白纸及胶水。

（3）扫描仪（或手机）一台（部）。

三、任务流程

小规模纳税人费用类业务核算流程如图4-22所示。

四、任务操作

（一）采购无形资产（业务3—此编号取自平台）

2024年1月8日，业务部申请从北京丰盛软件有限公司购进一款智能杀毒软件，价税合计36 000元，出纳以银行存款支付。

（1）本采购业务涉及增值税发票，票据管理岗人员在"财天下"平台采集增值税发票后，系统将自动生成凭证。

（2）点击"凭证"—"票据制单"，在"进项发票"列点击"记-0006"，可以查看生成的凭证，查看自动生成凭证路径如图4-23所示。

（3）点击"添加图片"—"查询"，查找相关的"购销合同""付款申请书""银行回单"，双击选中图片，完善购买无形资产记账凭证并保存。采购无形资产记账凭证如图4-24所示。

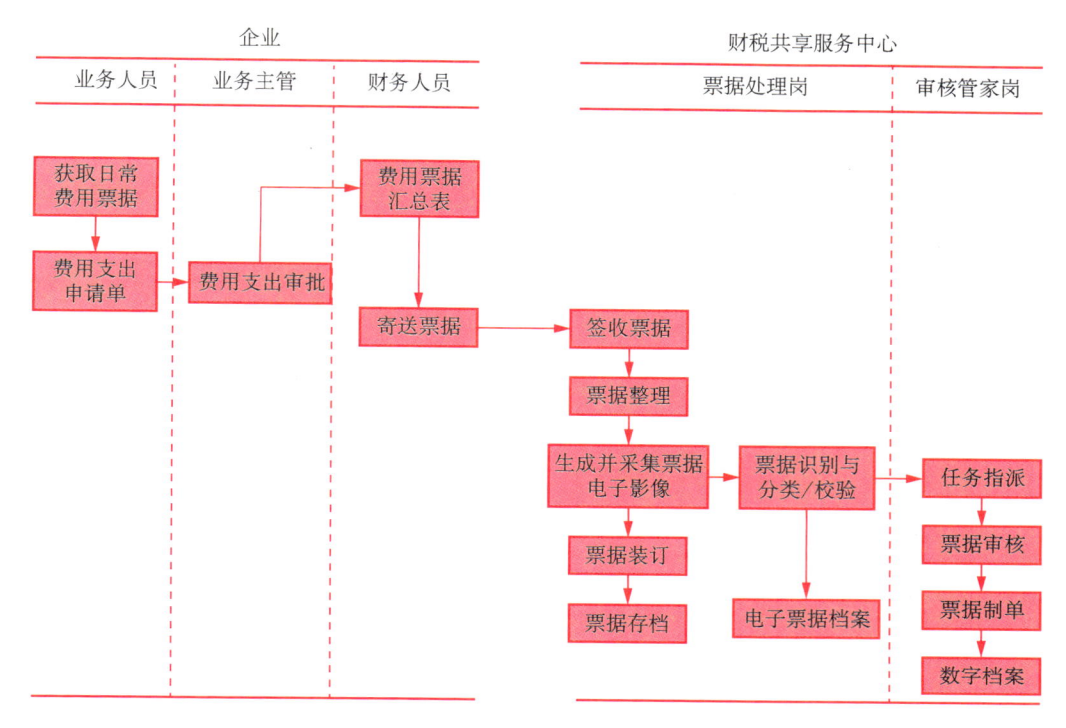

图 4-22　小规模纳税人费用类业务核算流程

图 4-23　查看自动生成凭证路径

图 4-24　采购无形资产记账凭证

(二)缴纳个人所得税(业务6—此编号取自平台)

2024年1月15日,代缴员工个人所得税。请会计核算岗人员根据原始凭证生成记账凭证。

(1)本付款业务没有涉及增值税发票,凭证需要会计核算岗人员手动增加。

(2)单击"单据图片",查找相关银行回单原始凭证,双击选中添加,编写缴纳个人所得税记账凭证,点击"保存"按钮。缴纳个人所得税记账凭证如图4-25所示。

序号	摘要	会计科目	借方金额	贷方金额
1	缴个税	222131 应交税费-应交个人所得税	72860	
2	缴个税	1002 银行存款		72860
	合计:柒佰贰拾捌元陆角		72860	72860

图4-25 缴纳个人所得税记账凭证

(三)缴纳社会保险费(业务8—此编号取自平台)

2024年1月18日,银行代缴2023年12月社会保险费。请会计核算岗人员根据原始凭证生成记账凭证。

(1)本付款业务没有涉及增值税发票,凭证需要会计核算岗人员手动增加。

(2)单击"单据图片",查找相关"银行回单"原始凭证,双击选中添加,编写缴纳社会保险记账凭证,点击"保存"按钮。缴纳社会保险费记账凭证如图4-26所示。

序号	摘要	会计科目	借方金额	贷方金额
1	缴纳上月社保	224101 其他应付款-代扣代缴个人社保	437319	
2	缴纳上月社保	22110301 应付职工薪酬-社会保险费-基本养老保险费	663648	
3	缴纳上月社保	22110303 应付职工薪酬-社会保险费-基本医疗保险费	406485	
4	缴纳上月社保	22110305 应付职工薪酬-社会保险费-失业保险费	20739	
5	缴纳上月社保	22110307 应付职工薪酬-社会保险费-工伤保险费	8295	
6	缴纳上月社保	1002 银行存款		1536486
	合计:壹万伍仟叁佰陆拾肆元捌角陆分		1536486	1536486

图4-26 缴纳社会保险费记账凭证

（四）缴纳住房公积金（业务11—此编号取自平台）

2024年1月25日，银行代缴住房公积金。请会计核算岗人员根据原始凭证生成记账凭证。

（1）本付款业务没有涉及增值税发票，凭证需要会计核算岗人员手动增加。

（2）单击"单据图片"，查找相关银行回单原始凭证，双击选中添加，编写缴纳住房公积金记账凭证，点击"保存"按钮。缴纳住房公积金记账凭证如图4-27所示。

序号	摘要	会计科目	借方金额	贷方金额
1	缴纳住房公积金	224102 其他应付款-代扣代缴个人公积金	4560.00	
2	缴纳住房公积金	221104 应付职工薪酬-住房公积金	4560.00	
3	缴纳住房公积金	1002 银行存款		9120.00
	合计：玖仟壹佰贰拾元整		9120.00	9120.00

图4-27 缴纳住房公积金记账凭证

（五）报销差旅费（业务9—此编号取自平台）

2024年1月20日，管理部门员工郑伟报销差旅费，出纳以银行转账支付。请会计核算岗人员根据原始凭证生成记账凭证。

（1）本报销业务涉及增值税发票，票据管理岗人员在"财天下"平台采集了增值税发票后，系统将自动生成凭证。

（2）点击"凭证"—"票据制单"—"进项发票"—"记-0011"，可以查看自动生成的凭证。如果自动生成的凭证不符合题目要求，可以点击"取消凭证"—"退回"。根据题意，业务类型选择"报销差旅费"，结算方式选择"银行收支"，再点击"生成凭证"。查看自动生成记账凭证如图4-28所示。

图4-28 查看自动生成记账凭证

（3）点击"记-0011"—"添加图片"，查找与业务相关的"差旅费报销单""火车票""银行回单"原始凭证，双击选中，修改借贷金额为 3 524 元，点击"保存"按钮。报销差旅费记账凭证如图 4-29 所示。

图 4-29　报销差旅费记账凭证

五、任务拓展

（1）请同学们登录"工作领域二"—"任务二"—"会计核算岗（2月）"，自行完成北京近邻2024年2月的制单任务，提高会计核算的能力。

（2）请同学们登录"工作领域二"—"任务二"—"会计核算岗（3月）"，自行完成北京近邻2024年3月的制单任务，提高会计核算的能力。

六、任务评价

小规模纳税人费用类业务核算任务评价表如表 4-2 所示。

表 4-2　　　　　　　　小规模纳税人费用类业务核算任务评价表

工作任务清单	完成情况
将不同类别的票据计入对应的会计科目	
根据票据对应的费用类别在智能化财天下平台上生成小规模纳税人记账凭证	
根据业务的具体要求，对生成的记账凭证进行查看、修改等操作	

任务3　期末类业务核算

学习目标

1. 能在"财天下"平台根据工资表手工添加小规模纳税人计提工资，并代扣代缴记账凭证。

2. 能在"财天下"平台根据公司编制的社保和住房公积金汇总表,手工添加小规模纳税人社保和住房公积金相关的记账凭证。

3. 能在"财天下"平台手工添加小规模纳税人计提折旧的记账凭证。

4. 能在"财天下"平台自动生成结转增值税的记账凭证。

素养目标

1. 帮助学生牢记财税规范性的要求,了解专业和行业的法律法规和相关政策,培育德法兼修的职业素养。

2. 通过填制记账凭证,培养学生知行合一、细致规范、精益求精的工匠精神。

一、任务情景

(一)任务场景

1. 计提工资

2024年1月31日,计提1月工资。请会计核算岗人员根据原始凭证生成记账凭证。1月工资收入表如表4-3所示。(备注:业务部职工薪酬记入"主营业务成本——提供服务成本"科目)

表4-3　　　　　　　　　　　1月工资收入表　　　　　　　　　　单位:元

序号	姓名	部门	收入
1	郑伟	管理部	8 000.00
2	张艳	管理部	5 500.00
3	靳尚明	业务部	7 500.00
4	李新喜	业务部	7 000.00
5	王贺成	业务部	5 000.00
6	周明明	业务部	5 000.00
	合计		38 000.00

2. 支付本月工资

2024年1月31日,银行代发1月职工工资。请会计核算岗人员根据原始凭证生成记账凭证。1月工资计算表如表4-4所示,代发工资银行付款单如图4-30所示。

表4-4　　　　　　　　　　　1月工资计算表　　　　　　　　　　单位:元

| 序号 | 姓名 | 部门 | 工资收入 | 专项扣除 ||||个人所得税 | 实发工资 |
				基本养老保险	基本医疗保险	失业保险	住房公积金		
1	郑伟	管理部	8 000.00	640.00	163.00	40.00	960.00	35.91	6 161.09
2	张艳	管理部	5 500.00	506.08	129.52	31.63	660.00	0.00	4 172.77

(续表)

序号	姓名	部门	工资收入	专项扣除 基本养老保险	基本医疗保险	失业保险	住房公积金	个人所得税	实发工资
3	靳尚明	业务部	7 500.00	600.00	153.00	37.50	900.00	24.29	5 785.21
4	李新喜	业务部	7 000.00	560.00	143.00	35.00	840.00	12.66	5 409.77
5	王贺成	业务部	5 000.00	506.08	129.52	31.63	600.00	0.00	3 732.77
6	周明明	业务部	5 000.00	506.08	129.52	31.63	600.00	0.00	3 732.77
合计			38 000.00	3 318.24	847.56	207.39	4 560.00	72.86	28 993.95

中国工商银行

业务回单（付款）

日期：2024 年 01 月 31 日　　回单编号：41196133981

付款人户名：北京近邻信息有限公司　　付款人开户行：工商银行北京市马家堡支行

付款人账号(卡号)：6200222109200091203

收款人户名：　　　　　　　　　　　　收款人开户行：

收款人账号(卡号)：

金额：贰万捌仟玖佰玖拾叁元玖角伍分　　　　　　　　小写：¥28 993.95　元

业务(产品)种类：　　　　凭证种类：0909924972　　凭证号码：413293203046689633

摘要：代发工资　　　　　用途：　　　　　　　　　　币种：人民币

交易机构：9922142624　　记账柜员：57023　　交易代码：04935　　渠道：

本回单为第 1 次打印，注意重复　　打印日期：2024 年 01 月 31 日　　打印柜员：4　　验证码：041578243268

图 4-30　代发工资银行付款单

3. 计提社保及住房公积金

2024 年 1 月 31 日，计提 1 月社保及住房公积金。请会计核算岗人员根据原始凭证生成记账凭证。1 月缴纳社保及住房公积金汇总表如表 4-5 所示。（备注：业务部职工社保及公积金记入"主营业务成本——提供服务成本"科目）

表 4-5　　　　　　　　　1 月缴纳社保及住房公积金汇总表　　　　　　　　　单位：元

序号	姓名	部门	基本养老保险	基本医疗保险	失业保险	工伤保险	住房公积金
1	郑伟	管理部	1 280.00	784.00	40.00	16.00	960.00
2	张艳	管理部	1 012.16	619.95	31.63	12.65	660.00

(续表)

序号	姓名	部门	基本养老保险	基本医疗保险	失业保险	工伤保险	住房公积金
3	靳尚明	业务部	1 200.00	735.00	37.50	15.00	900.00
4	李新喜	业务部	1 120.00	686.00	35.00	14.00	840.00
5	王贺成	业务部	1 012.16	619.95	31.63	12.65	600.00
6	周明明	业务部	1 012.16	619.95	31.63	12.65	600.00
	合计		6 636.48	4 064.85	207.39	82.95	4 560.00

4. 计提折旧

2024年1月31日,计提1月累计折旧。请会计核算岗人员根据原始凭证生成记账凭证。1月固定资产折旧表如表4-6所示。

表4-6　　　　　　　　　　1月固定资产折旧表　　　　　　　　　　金额单位:元

资产类别	所属部门	开始使用时间	折旧年限	原值	现值	方法	月折旧额
固定资产——运输工具	管理部门	2023年6月	5年	30 000.00	0	年限平均法	500.00
固定资产——办公家具	管理部门	2023年6月	3年	18 000.00	0	年限平均法	500.00
固定资产——电子设备	业务部门	2023年6月	3年	36 000.00	0	年限平均法	1 000.00

5. 计提摊销

2024年1月31日,计提1月无形资产摊销。请会计核算岗人员根据原始凭证生成记账凭证。1月无形资产摊销表如表4-7所示。

表4-7　　　　　　　　　　1月无形资产摊销表　　　　　　　　　　金额单位:元

资产类别	所属部门	开始使用时间	折旧年限	原值	现值	方法	月折旧额
无形资产——非专利技术	业务部	2024年1月	10年	36 000.00	0	年限平均法	300.00

6. 计提附加税

计提1月城市维护建设税。请会计核算岗人员生成记账凭证。

7. 结转损益

2024年1月31日,结转1月损益。请会计核算岗人员生成记账凭证。

(二)任务布置

紫林共享中心朱明根据合同为北京近邻的2024年1～3月期末业务进行会计处理。

二、任务准备

(一)知识准备

小规模纳税人在计提工资时,需要遵循相关的会计准则和税法规定。以下是小规模纳税人计提工资的一般会计处理步骤。

1. 计算工资总额

根据员工的劳动合同、工资标准、考勤记录等计算当期应支付给员工的工资总额。

2. 计提工资

在会计期末,根据计算出的工资总额,进行工资的计提。计提工资时,借记相应的费用科目(如"管理费用""销售费用"科目等),贷记"应付职工薪酬"科目。

3. 代扣代缴个人所得税

根据税法规定,计算员工应缴纳的个人所得税,并进行代扣代缴。代扣个人所得税时,借记"应付职工薪酬"科目,贷记"应交税费——应交个人所得税"科目。

4. 缴纳社会保险费

计算并缴纳员工的社会保险费(包括养老保险、医疗保险、失业保险、工伤保险和生育保险等)。缴纳社会保险费时,借记"管理费用——社会保险费"科目,贷记"银行存款"科目。

5. 实际支付工资

在实际支付工资时,借记"应付职工薪酬——工资"科目,贷记"银行存款"科目。

根据《财政部 税务总局关于进一步支持小微企业和个体工商户发展有关税费政策的公告》的规定,自2023年1月1日至2027年12月31日,对增值税小规模纳税人、小型微利企业和个体工商户减半征收资源税(不含水资源税)、城市维护建设税、房产税、城镇土地使用税、印花税(不含证券交易印花税)、耕地占用税和教育费附加、地方教育附加。

(二)操作准备

(1)熟知企业薪酬结构,计提工资。
(2)熟知社保、公积金计提比例。
(3)熟知《个人所得税法》,正确核算应交税额。
(4)完成工资发放的相关记账凭证。

三、任务流程

小规模纳税人工资表编制及发放工资的业务处理流程如图4-31所示,小规模纳税人五险一金的业务处理流程如图4-32所示。

四、任务操作

(一)计提工资(业务14—此编号取自平台)

2024年1月31日,计提1月工资。请会计核算岗人员根据原始凭证生成记账凭证。(备注:业务部职工薪酬记入"主营业务成本——提供服务成本"科目)

(1)本付款业务没有涉及增值税发票,凭证需要会计核算岗人员手动增加。
(2)点击"凭证"—"新增凭证"—"单据图片",查找业务相关的"1月工资收入表"原始凭证,双击选中,根据业务编制计提1月工资记账凭证。计提工资记账凭证如图4-33所示。

项目四　小规模纳税人票据制单

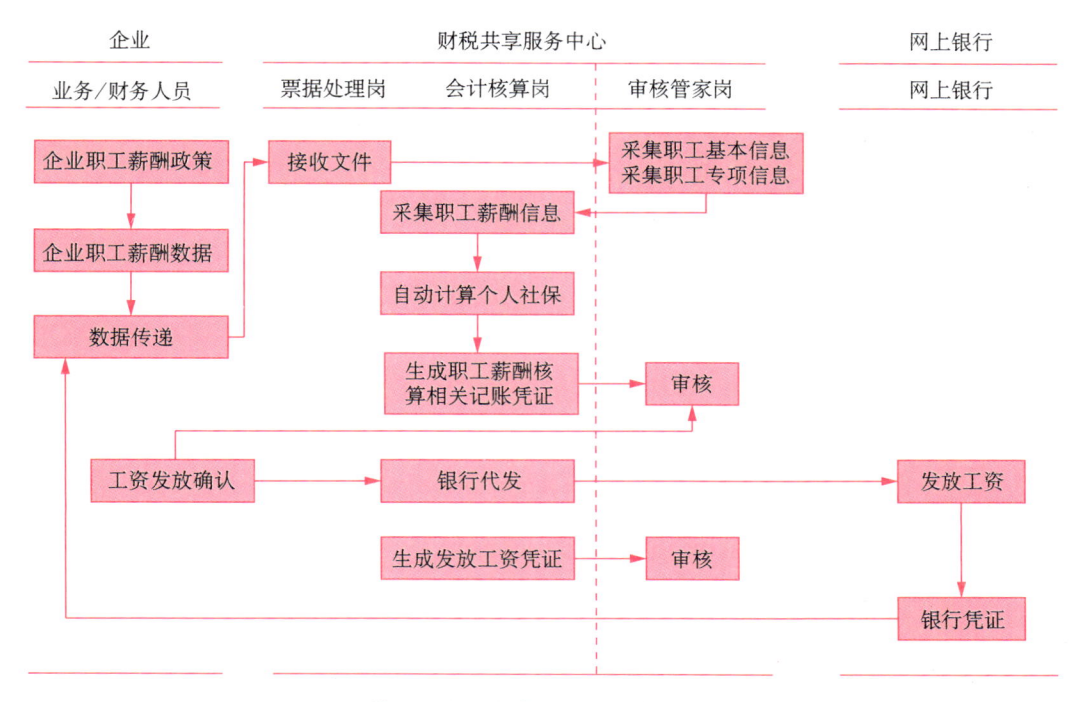

图 4-31　小规模纳税人工资表编制及发放工资的业务处理流程

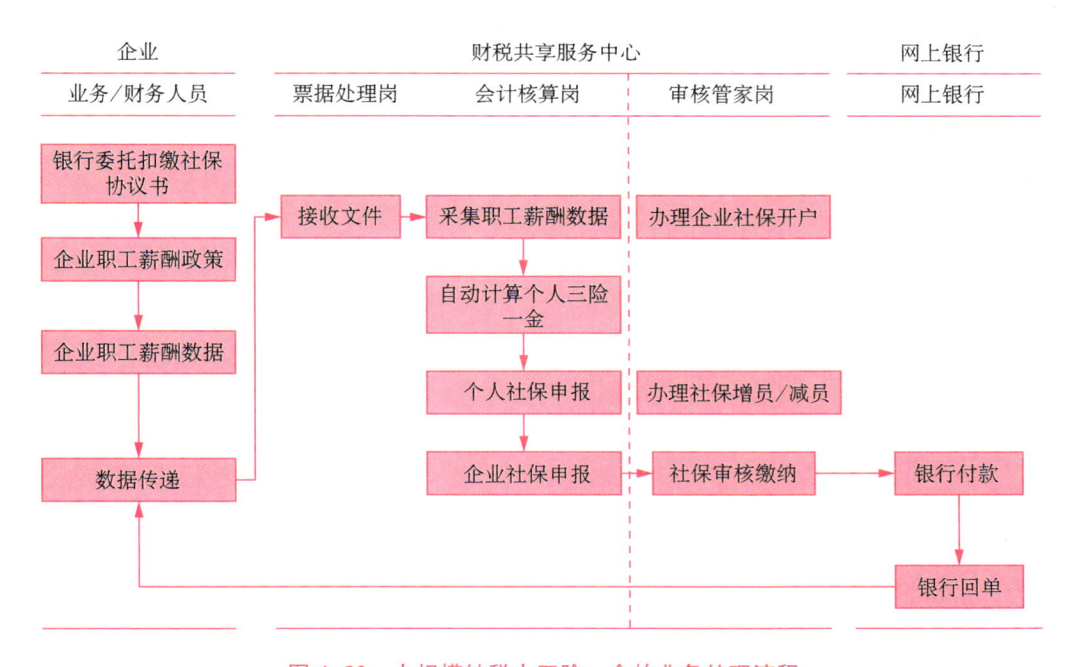

图 4-32　小规模纳税人五险一金的业务处理流程

129

智能财税

图 4-33 计提工资记账凭证

（二）支付本月工资（业务 15—此编号取自平台）

2024 年 1 月 31 日，银行代发 1 月职工工资。请会计核算岗人员根据原始凭证生成记账凭证。

（1）本付款业务没有涉及增值税发票，凭证需要会计核算岗人员手动新增。

（2）单击"单据图片"，查找相关"银行回单""1 月工资计算表"原始凭证，双击选中，编写支付 1 月工资记账凭证，点击"保存"按钮。支付工资记账凭证如图 4-34 所示。

图 4-34 支付工资记账凭证

（三）计提社保及住房公积金（业务 16—此编号取自平台）

2024 年 1 月 31 日，计提 1 月社保及住房公积金。请会计核算岗人员根据原始凭证生成记账凭证。（备注：业务部职工社保及公积金记入"主营业务成本——提供服务成本"科目）

（1）本付款业务没有涉及增值税发票，凭证需要会计核算岗人员手动增加。

（2）点击"凭证"—"新增凭证"—"单据图片"，查找业务相关的"1 月缴纳社保及住房公积金汇总表"原始凭证，双击选中，根据业务编制计提 1 月社保及住房公积金记账凭证，点击

"保存"按钮。计提社保及住房公积金记账凭证如图4-35所示。

序号	摘要	会计科目	借方金额	贷方金额
1	计提社保公积金	6602010501 管理费用-职工薪酬-各类基本社会保障性缴款-基本… 余额：0.00	229216	
2	计提社保公积金	6602010502 管理费用-职工薪酬-各类基本社会保障性缴款-基本… 余额：0.00	140395	
3	计提社保公积金	6602010503 管理费用-职工薪酬-各类基本社会保障性缴款-失业… 余额：0.00	7163	
4	计提社保公积金	6602010504 管理费用-职工薪酬-各类基本社会保障性缴款-工伤… 余额：0.00	2865	
5	计提社保公积金	66020106 管理费用-职工薪酬-住房公积金 余额：0.00	162000	
6	计提社保公积金	640105 主营业务成本-提供服务成本 余额：0.00	1013528	
7	计提社保公积金	22110301 应付职工薪酬-社会保险费-基本养老保险费 余额：6,636.48		663648
8	计提社保公积金	22110303 应付职工薪酬-社会保险费-基本医疗保险费 余额：4,064.85		406485
9	计提社保公积金	22110305 应付职工薪酬-社会保险费-失业保险费 余额：207.39		20739
10	计提社保公积金	22110307 应付职工薪酬-社会保险费-工伤保险费 余额：82.95		8295
11	计提社保公积金	221104 应付职工薪酬-住房公积金 余额：4,560.00		456000
合计：壹万伍仟伍佰伍拾壹元陆角柒分			1555167	1555167

图4-35 计提社保及住房公积金记账凭证

（四）计提折旧（业务17—此编号取自平台）

2024年1月31日，计提1月累计折旧。请会计核算岗人员根据原始凭证生成记账凭证。

（1）本付款业务没有涉及增值税发票，凭证需要会计核算岗人员手动增加。

（2）点击"凭证"—"新增凭证"—"单据图片"，查找业务相关的"1月固定资产折旧表"原始凭证，双击选中，根据业务编制计提1月固定资产折旧费记账凭证，点击"保存"按钮。计提折旧记账凭证如图4-36所示。

序号	摘要	会计科目	借方金额	贷方金额
1	计提折旧	660206 管理费用-资产折旧摊销费 余额：0.00	100000	
2	计提折旧	640105 主营业务成本-提供服务成本 余额：0.00	100000	
3	计提折旧	160205 累计折旧-电子设备 余额：27,000.00		150000
4	计提折旧	160203 累计折旧-办公家具 余额：9,000.00		50000
合计：贰仟元整			200000	200000

图4-36 计提折旧记账凭证

（五）计提摊销（业务 18—此编号取自平台）

2024 年 1 月 31 日，计提 1 月无形资产摊销。请会计核算岗人员根据原始凭证生成记账凭证。

（1）本付款业务没有涉及增值税发票，凭证需要会计核算岗人员手动增加。

（2）点击"凭证"—"新增凭证"—"单据图片"，查找业务相关的"1 月无形资产摊销表"原始凭证，双击选中，根据业务编制计提 1 月摊销无形资产记账凭证，点击"保存"。计提摊销记账凭证如图 4-37 所示。

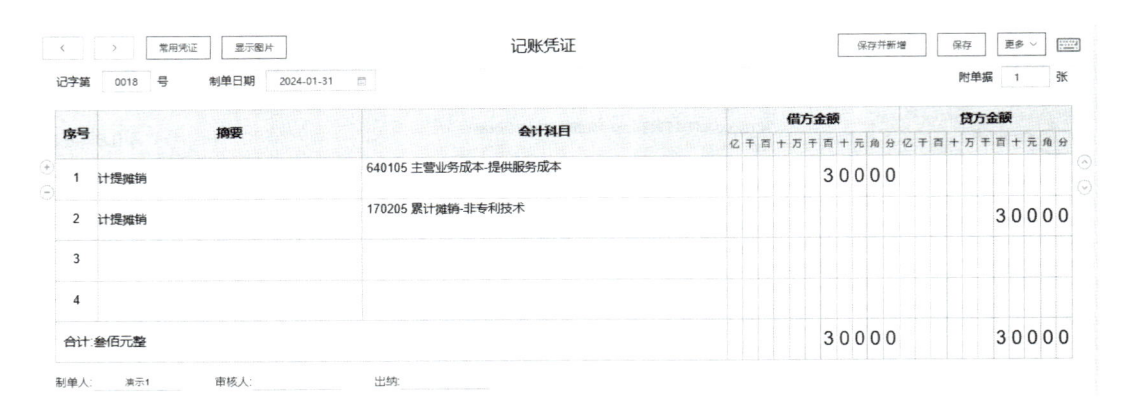

图 4-37　计提摊销记账凭证

（六）计提附加税（业务 19—此编号取自平台）

计提 1 月城市维护建设税。请会计核算岗人员生成记账凭证。

点击"凭证"—"新增凭证"，编制计提城市维护建设税记账凭证，如图 4-38 所示。

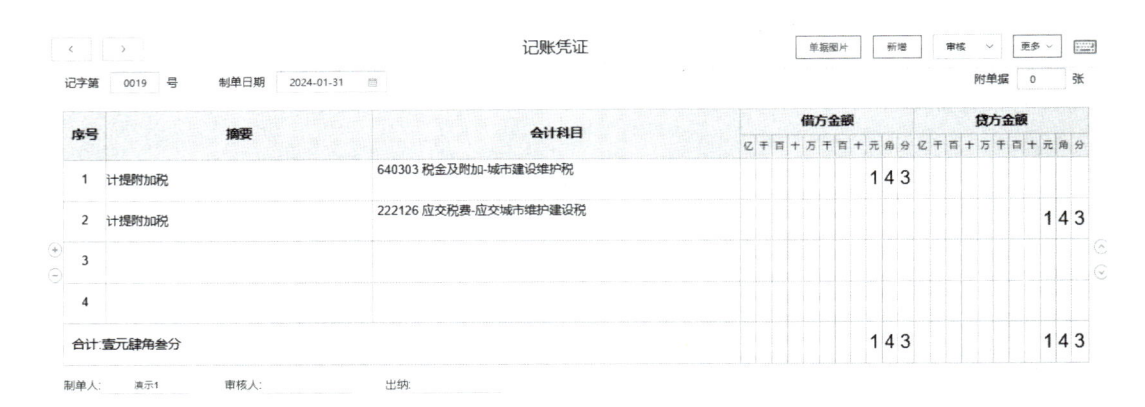

图 4-38　计提城市维护建设税记账凭证

（七）结转损益（业务 20—此编号取自平台）

2024 年 1 月 31 日，结转本月损益。请会计核算岗人员生成记账凭证。

（1）点击左侧菜单栏"月末结账"—"月末结转"。

（2）查找"损益结转"模板。点击"计算"—"生成凭证"—"查看凭证"—"保存"，自动生成结转损益记账凭证路径，如图 4-39 所示。

图 4-39　自动生成结转损益记账凭证路径

（3）结转损益记账凭证如图 4-40 和图 4-41 所示。

图 4-40　结转损益记账凭证(1)

图 4-41　结转损益记账凭证(2)

五、任务拓展

（1）请同学们登录"工作领域二"—"任务二"—"会计核算岗（2月）"，自行完成北京近邻2月制单任务，提高会计核算能力。

（2）请同学们登录"工作领域二"—"任务二"—"会计核算岗（3月）"，自行完成北京近邻3月制单任务，提高会计核算能力。

六、任务评价

小规模纳税人期末类业务核算任务评价表如表4-8所示。

表4-8　　　　　　　　小规模纳税人期末类业务核算任务评价表

工作任务清单	完成情况
根据期末工资表，能够编制小规模纳税人计提工资并代扣代缴的记账凭证	
根据编制小规模纳税人计提社保和住房公积金的记账凭证	
能够在"财天下"平台进行期末损益结转，自动生成凭证，查看并保存	

项目五
中小微企业凭证与报表规范性审核

项目导入

北京田艺与共享中心签订了财务代理合同。共享中心审核管家岗人员需要对北京田艺的2023年7~9月的原始凭证、记账凭证、科目余额表、明细账、辅助核算账、会计报表等进行审核。

北京近邻与紫林共享中心签订了财务代理合同。紫林共享中心审核管家岗人员需要对北京近邻的2024年1~3月原始凭证、记账凭证、科目余额表、明细账、辅助核算账、会计报表等进行审核。

项目技能目标

1. 掌握原始凭证、记账凭证审核的内容,能正确地审核所填制的记账凭证,保证记账凭证的质量。
2. 能审核记账凭证所选用的会计科目及金额是否正确,附件张数是否正确等。
3. 掌握财务报表审核的内容,能正确地审核所编制的财务报表。

任务1 日常财务业务审核

学习目标

1. 掌握原始凭证审核的内容,包括对原始凭证完整性、合法性、真实性等方面的审核,能根据审核后的结果进行正确处理。
2. 掌握记账凭证审核的内容,能正确地审核所填制的记账凭证,保证记账凭证的质量。

智能财税

> **素养目标**
> 1. 引导学生思考取得真实、合法原始凭证的重要性,树立诚信服务意识。
> 2. 通过让学生了解审核票据的要点,帮助学生牢记财税规范性的要求,了解专业和行业的法律法规和相关政策,培养德法兼修的职业素养。

一、任务情景

(一)任务场景

北京田艺于2023年6月与共享中心签订了代理记账合同。郑小波是共享中心的审核管家岗员工,他的岗位职责包括对票据、凭证、表单的日常审核及税务报表的审核。2023年7月31日,郑小波对客户北京田艺的原始票据、相关的记账凭证进行审核。

(二)任务布置

共享中心员工郑小波按照合同业务要求对北京田艺财税业务进行审核,具体要求如下:
(1)审核原始票据。
(2)审核记账凭证。

二、任务准备

(一)知识准备

1. 账务审核

账务审核是对会计业务的再审核,主要是审核会计事项是否真实、处理是否恰当,会计科目使用是否正确,记账方向是否正确等。因此,账务审核对于确保会信息的质量起着重大作用。

2. 常规项目审核的目的

(1)充分发挥监督职能。
(2)加强企业内部管理。
(3)促进常规基础工作效率与效果的提高。

3. 原始票据审核

原始凭证审核是按照规定结合日常财务工作对原始凭证进行的审查与核实。会计人员要对自制或外来的原始凭证进行审核,通过审核原始凭证,检查企业执行国家的方针、政策、法规和制度的情况,加强资金管理,保证会计核算的质量,防止发生贪污、舞弊等违法行为。在审核中一定要严肃认真、坚持原则、坚持制度、履行职责。对内容不完整、手续不齐全、书写不清楚、计算不准确的原始票据,应退还有关部门和人员,及时补办手续或进行更正。对违法的收支业务坚决制止和纠正,会计人员既不制止和纠正,又不向单位领导人提出书面意见的,要承担责任;对严重违法,损害国家和社会公众利益的收支活动应向主管单位或财政、税务、审计机关报告,接到报告的机关应及时处理。

企业会计原始票据审核的内容主要包括真实性审核、完整性审核和合法性审核3个方面。

1）真实性审核

真实是指原始票据上反映的应当是经济业务的本来面目，不得掩盖、歪曲和颠倒真实情况。

(1) 经济业务双方当事单位和当事人必须是真实的。开出原始票据的单位，接受原始票据的单位，填制原始票据的责任人，取得原始票据的责任人都要据实填写，不得假冒他人、其他单位之名，也不得填写假名。

(2) 经济业务发生的时间、地点，填制凭证的日期必须是真实的。不得把经济业务发生的真实时间改为以前或以后的时间；不得把在甲地发生的经济业务改成在乙地发生。

(3) 经济业务的内容必须是真实的。购货业务，必须标明货物的名称、规格、型号等；住宿业务，要标明住宿的日期；乘坐交通工具业务，需标明交通工具种类和起止地点；就餐业务，必须标明就餐，不得把购物写成就餐，把就餐写成住宿；劳动报酬支付，应该附有考勤记录和工资标准等。

(4) 经济业务的"量"必须是真实的。购买货物业务，要标明货物的重量、长度、体积、数量；其他经济业务也要标明计价所使用的量，如住宿1天、参观展览3次、住院治疗10天等。

(5) 单价、金额必须是真实的。不得在原始票据填写时抬高或压低单价、多开或少开金额。

2）完整性审核

完整是指原始票据应具备的要素要完整、手续要齐全。复核时要核查原始票据必备的要素是否填写完整、手续是否齐全，包括双方经办人是否签字或盖章，需要旁证的原始票据是否手续齐全；需经领导签字批准的原始票据，要有领导人的签字或盖章。增值税专用发票的收款人、复核人、开票人必须填写完整，并加盖销售方的发票专用章。例如，采购入库单，必须要有采购员、仓库保管员、复核人员的签字或盖章。审核中若发现不符合实际情况、手续不完备或数字计算不正确的原始票据，应退回有关经办部门或人员，要求予以补办手续。

3）合法性审核

合法是指要按会计法规、会计制度（包括本单位制定的正在使用的内部会计制度）和计划预算等法律法规进行会计业务核算。在实际工作中，违法的原始票据主要有3种情况，审核时要加以注意：

(1) 明显的假发票、假车票。有些假票据可以通过仔细查看直接辨认。如原始凭证印制粗糙；印章不规范，带有明显的时间性假票据。有些假票据则可以借助税务网站、12306网站进行查询，核实真伪，必要时也应通过其他形式核实。

(2) 虽是真实的，但制度规定不允许报销的票据。一般说来，凡私人购置和私人使用的物品，都不能用公款报销；凡个人非因公外出发生的各种费用都不能用公款报销。例如，购买奶粉这类明显是私人物品的发票，不可报销。

(3) 虽能报销，但制度对报销的比例或金额有明显限制的票据，超过比例和限额的不能报销。例如，职工因公出差乘坐的火车轮船、旅馆住宿的费用，对等级、金额都有限定，超过的部分应自理；医药费报销，不同工龄的职工享受公费的比例不同，报销时，要按其公费比例报销。如果超过比例报销，超出部分就是不合法的。

137

4. 记账凭证审核

为了保障会计信息的质量，在记账之前应由有关稽核人员对记账凭证进行严格的审核。审核内容包括以下几点：

（1）内容是否真实。审核记账凭证是否有原始凭证为依据，所附原始凭证的内容与记账凭证的内容是否一致，记账凭证汇总表的内容与其所依据的记账凭证的内容是否一致等。

（2）项目是否齐全。审核记账凭证各项目的填写是否齐全，如日期、凭证编号、摘要、会计科目、金额、所附原始凭证张数及有关人员签章。

（3）科目是否正确。审核记账凭证的应借、应贷科目是否正确，是否有明确的账户对应关系，所使用的会计科目是否符合企业会计准则等规定。

（4）金额是否正确。审核记账凭证所记录的金额与原始凭证的有关金额是否一致，计算是否正确，记账凭证汇总表的金额与记账凭证的金额合计是否相符等。

（5）书写是否规范。审核记账凭证中的记录是否文字工整、数字清晰，是否按规定进行更正等。

（6）手续是否完备。审核出纳人员在办理收款或付款业务后，是否已在原始凭证上加盖"收讫"或"付讫"的戳记。

（二）操作准备

（1）原始票据。
（2）记账凭证。

（三）任务要领

1. 凭证的合法性
审核凭证是否符合相关法律法规和公司政策。

2. 凭证的合规性
检查凭证是否符合企业会计准则和公司内部的财务管理规定。

3. 凭证的完整性
检查凭证是否包含所有必要的信息，如日期、金额、摘要、会计科目等。

4. 凭证的准确性
核实凭证上的数据是否准确无误，包括金额、日期等。

5. 凭证的一致性
检查凭证上的信息是否与原始凭证（如发票、收据等）一致。

6. 凭证的及时性
审核凭证是否在规定的时间内完成，避免影响财务报表的及时性。

7. 凭证的可追溯性
确保凭证上的信息可以追溯到相关的业务活动和原始凭证。

8. 凭证的授权
检查凭证是否经过适当的授权和审批流程。

三、任务流程

凭证审核流程如图5-1所示。

原始凭证审核 → 记账凭证审核

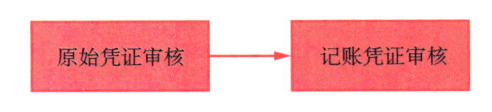

图5-1 凭证审核流程

四、任务操作

2023年7月31日,复核7月经济业务填制的记账凭证。请审核管家岗人员审核记账凭证。

(1) 进入"财天下"平台,点击"凭证"—"凭证管理",勾选全部业务,点击"审核"按钮,操作完成。审核记账凭证如图5-2所示。

图5-2 审核记账凭证

(2) 如果审核过的凭证发现还有问题,可以进行反审核。进入"凭证"—"凭证管理",勾选全部业务,点击"反审核"按钮,操作完成。反审核记账凭证如图5-3所示。

图5-3 反审核记账凭证

五、任务拓展

（1）请同学们登录"工作领域一"—"任务三"—"审核管家岗（8月）"—"实训题1"，自行完成北京田艺8月记账凭证审核任务，提高会计审核能力。

（2）请同学们登录"工作领域一"—"任务三"—"审核管家岗（9月）"—"实训题1"，自行完成北京田艺9月记账凭证审核任务，提高会计审核能力。

（3）请同学们登录"工作领域二"—"任务三"—"审核管家岗（1月）"—"实训题1"，自行完成北京近邻1月记账凭证审核任务，提高会计审核能力。

（4）请同学们登录"工作领域二"—"任务三"—"审核管家岗（2月）"—"实训题1"，自行完成北京近邻2月记账凭证审核任务，提高会计审核能力。

（5）请同学们登录"工作领域二"—"任务三"—"审核管家岗（3月）"—"实训题1"，自行完成北京近邻3月记账凭证审核任务，提高会计审核能力。

六、任务评价

日常财务业务审核任务评价表如表5-1所示。

表5-1　　　　　　　　　日常财务业务审核任务评价表

工作任务清单	完成情况
对原始票据的真实性、完整性及正确性进行审核	
在"财天下"平台上对记账凭证进行审核	

任务2 期末财务报表审核

学习目标

1. 熟悉资产负债表、利润表、现金流量表和所有者权益变动表的结构和内容。
2. 掌握财务报表审核的内容，包括金额、报表项目、数字计算及附注。

素养目标

1. 通过审核财务报表，培养学生树立实事求是、客观公正的态度。
2. 通过财务报表的审核，让学生体会企业账务规范处理的重要性，树立正确的是非观和大局意识。

一、任务情景

（一）任务场景

北京田艺于2023年6月与共享中心签订了代理记账合同。郑小波是共享中心的审核管家岗员工，他的岗位职责包括对票据、凭证、表单的日常审核及税务报表的审核。2023年7月31日，郑小波对客户北京田艺的财务报表进行审核。

（二）任务布置

共享中心员工郑小波按照合同业务要求对北京田艺财税业务进行审核，具体要求如下。

1. 财务报表的合规性

确保报表的编制和披露符合适用的会计准则和法规要求。

2. 财务报表的完整性

审核报表是否包含了所有必要的项目和注释，没有遗漏重要信息。

3. 财务报表的准确性

确保报表中的数据与账簿记录一致，没有计算错误或录入错误。

4. 财务报表的一致性

检查不同报表之间的数据是否一致，如资产负债表和利润表之间的勾稽关系。

5. 财务报表的及时性

审核凭证是否在规定的时间内完成，避免影响财务报表的及时性。审核凭证是否在规定的时间内完成，避免影响财务报表的及时性。

二、任务准备

（一）知识准备

财务报表复核是保证会计报表质量的一项重要措施。企业会计报表编制完成后，在报送之前，必须由单位会计主管和单位负责人进行复核。会计报表复核的内容主要包括：

（1）报表所列金额与账簿记录是否一致。

（2）报表的项目是否填列齐全。

（3）报表的各项数字计算是否正确。

（4）内容是否完整，相关报表之间有关数字的勾稽关系是否正确、衔接一致。

（5）会计报表的附注是否符合有关要求。

经审查无误后，对会计报表应依次编定页数、加具封面、装订成册、加盖公章。封面应注明企业的名称、地址、主管部门、开业年份、报表所属年度和月份、送出日期等。

（二）操作准备

（1）资产负债表。

（2）利润表。

（3）现金流量表。

（三）任务要领

日常审核主要解决财务报表的规范性问题。审核资产负债表和利润表，特别是利润表的审核，应重点核查成本和收入是否存在倒挂现象，核查收入、成本数据是否录入正确。

三、任务流程

财务报表审核流程如图5-4所示。

智能财税

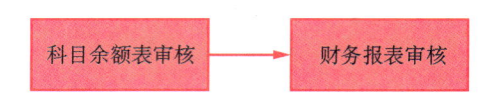

图 5-4　财务报表审核流程

四、任务操作

2023 年 7 月 31 日，复核自动生成的账簿及财务报表。请复核岗人员审核财务报表。

（1）进入"财天下"平台，点击"报表"—"财务报表"，财务报表审核路径如图 5-5 所示。

图 5-5　财务报表审核路径

（2）选择"资产负债表"，点击"审核"按钮，系统可以自动对资产负债表进行审核。资产负债表如图 5-6 所示。

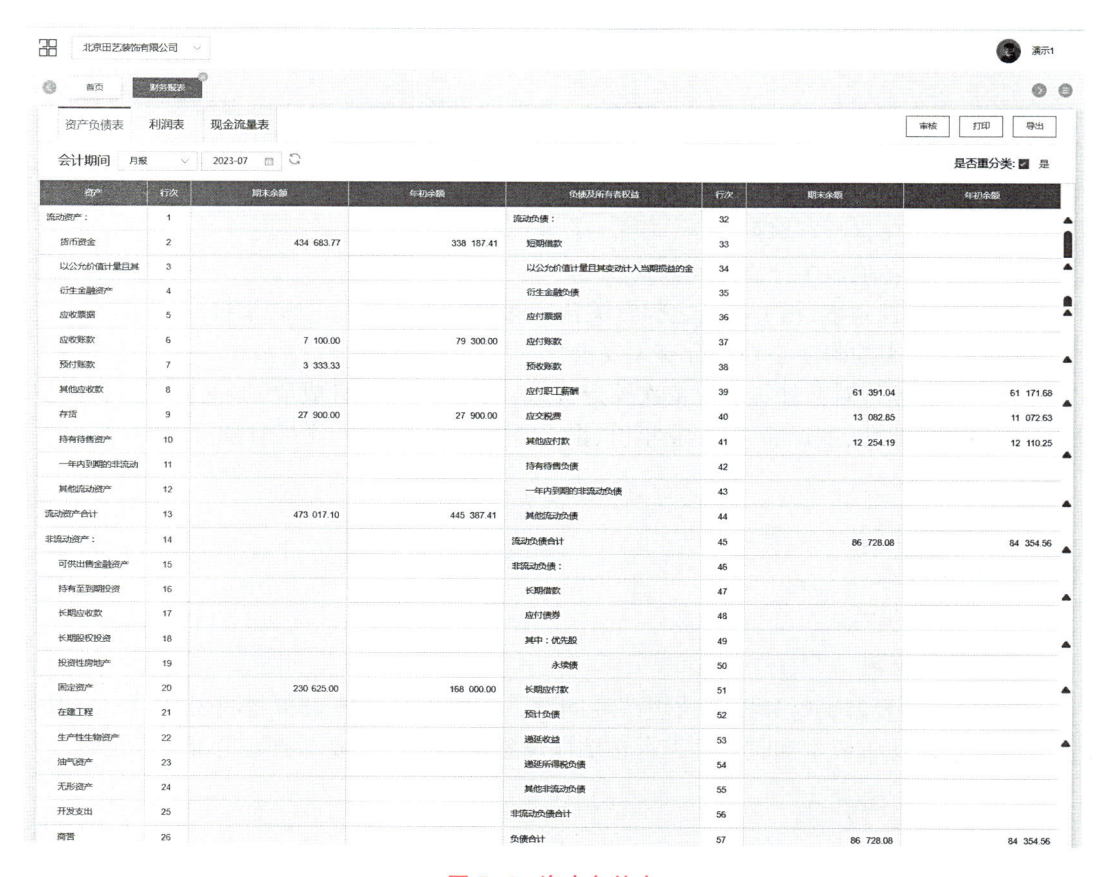

图 5-6　资产负债表

（3）选择"利润表"，点击"审核"按钮，系统可以自动对利润表进行审核。利润表如图5-7所示。

图 5-7　利润表

（4）选择"现金流量表"，点击"审核"按钮，系统可以自动对现金流量表进行审核。现金流量表如图5-8所示。

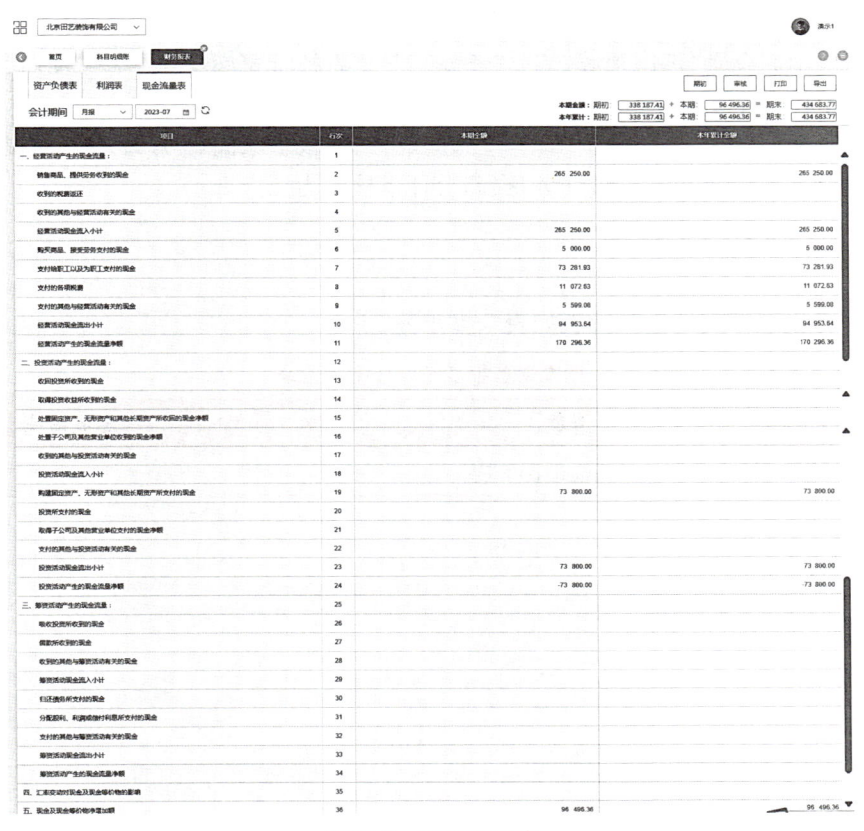

图 5-8　现金流量表

(5) 财务报表审核成功如图5-9所示。

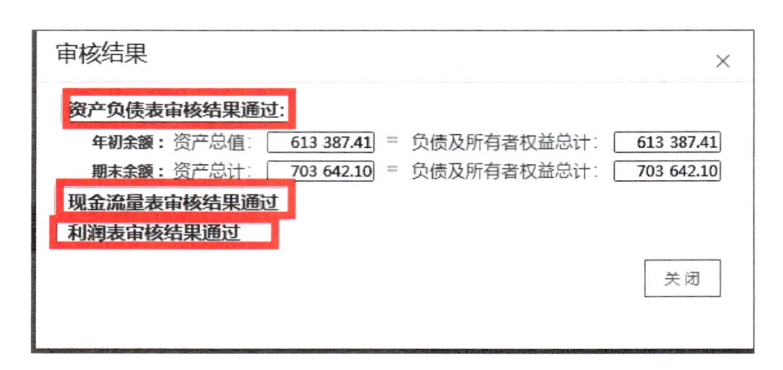

图5-9 财务报表审核成功

五、任务拓展

（1）请同学们登录"工作领域一"—"任务三"—"审核管家岗(8月)"—"实训题2"，自行完成北京田艺8月财务报表审核任务，提高会计审核能力。

（2）请同学们登录"工作领域一"—"任务三"—"审核管家岗(9月)"—"实训题2"，自行完成北京田艺9月财务报表审核任务，提高会计审核能力。

（3）请同学们登录"工作领域二"—"任务三"—"审核管家岗(1月)"—"实训题2"，自行完成北京近邻1月财务报表审核任务，提高会计审核能力。

（4）请同学们登录"工作领域二"—"任务三"—"审核管家岗(2月)"—"实训题2"，自行完成北京近邻2月财务报表审核任务，提高会计审核能力。

（5）请同学们登录"工作领域二"—"任务三"—"审核管家岗(3月)"—"实训题2"，自行完成北京近邻3月财务报表审核任务，提高会计审核能力。

5-3 北京田艺财务报表审核

5-4 北京近邻财务报表审核

六、任务评价

期末财务报表审核任务评价表如表5-2所示。

表5-2　　　　　　　　　　期末财务报表审核任务评价表

工作任务清单	完成情况
对财务报表的真实性、完整性及正确性进行审核	

项目六 纳税申报

项目导入

北京田艺与共享中心签订了财务代理合同。共享中心涉税服务岗人员张皓需要对北京田艺的 2023 年第三季度增值税及其附加税的申报表、企业所得税预缴申报表进行编制，审核管家岗人员审核并申报报表。

北京近邻与紫林共享中心签订了财务代理合同。紫林共享中心涉税服务岗人员需要对北京近邻的 2024 年第一季度的增值税及其附加税的申报表、企业所得税预缴申报表进行编制，审核管家岗人员审核并申报报表。

项目技能目标

1. 能明确小规模纳税人、小微企业和一般纳税人的认定标准。
2. 能掌握小微企业增值税和企业所得税的优惠及减免规定。
3. 能掌握增值税和企业所得税的计算，并进行申报。

任务 1 一般纳税人增值税纳税申报

学习目标

1. 熟悉相关的法律法规并掌握一般纳税人认定标准。
2. 掌握一般纳税人增值税计算和申报表的生成、复核和申报。

素养目标

深化学生对财税规范性要求的理解，掌握专业领域的法律法规及相关政策，培育出既具备深厚专业知识，又恪守法律道德底线的专业人才。

一、任务情景

（一）任务场景

北京田艺于 2023 年 6 月与共享中心签订了代理记账合同。张皓是共享中心的涉税服务岗员工，对一般纳税人北京田艺的增值税进行月度申报。

（二）任务布置

2023 年 8 月 5 日，共享中心员工按照合同业务要求对北京田艺的增值税进行纳税申报，他汇总 1 月进销项数据，根据税收政策，分析填报增值税及附加税申报表。

二、任务准备

（一）知识准备

1. 一般纳税人认定标准

一般纳税人是指年应征增值税销售额（以下简称年应税销售额）超过财政部规定的小规模纳税人标准的企业和企业性单位。

年应税销售额是指纳税人在连续不超过 12 个月的经营期内累计应征增值税销售额，包括纳税申报销售额、稽查查补销售额、纳税评估调整销售额、税务机关代开发票销售额和免税销售额。经营期是指在纳税人存续期内的连续经营期间，含未取得销售收入的月份。

小规模纳税人是指年销售额在规定标准以下，并且会计核算不健全，不能按规定报送有关税务资料的增值税纳税人。会计核算不健全是指不能正确核算增值税的销项税额、进项税额和应纳税额。自 2018 年 5 月 1 日起，销售货物或加工、修理修配劳务，销售服务、无形资产、不动产的增值税纳税人，年应征增值税销售额 500 万元及以下的为小规模纳税人。

2. 一般纳税人增值税税率

1) 基本税率 13%

(1) 纳税人销售或进口货物（适用低税率和零税率的除外）。

(2) 纳税人提供加工、修理修配劳务。

(3) 有形动产租赁服务。

2) 低税率 9%

(1) 粮食等农产品、食用植物油、鲜奶。

(2) 自来水、暖气、冷气、热水、煤气、石油液化气、天然气、沼气、居民用煤炭制品、二甲醚。

(3) 图书、报纸、杂志；音像制品；电子出版物。

(4) 饲料、化肥、农药、农机、农膜。

(5) 食用盐。

(6) 交通运输服务。

(7) 邮政服务。

(8) 基础电信服务。

（9）建筑服务。
（10）不动产租赁服务。
（11）销售不动产。
（12）转让土地使用权。
3）低税率6%
（1）现代服务（租赁服务除外）。
（2）增值电信服务。
（3）金融服务。
（4）生活服务。
（5）销售无形资产。
4）零税率
（1）纳税人出口货物，税率为零；但国务院另有规定的除外。
（2）境内单位和个人跨境销售国务院规定范围内的服务、无形资产，税率为零。主要内容包括：①国际运输服务。②航天运输服务。③向境外单位提供的完全在境外消费的下列服务：研发服务、合同能源管理服务、设计服务、广播影视节目（作品）制作和发行服务、软件服务、电路设计及测试服务、信息系统服务、业务流程管理服务、离岸服务外包业务、转让技术。

3. 一般纳税人增值税税额计算

一般纳税人采用税款抵扣制，增值税税额计算公式如下：

$$当期应纳税额 = 当期销项税额 - 当期进项税额$$

4. 增值税附加税的计算

增值税附加税有城市维护建设税、教育费附加和地方教育附加。增值税附加税是附加税的一种，是与增值税相对应的，按照增值税税额的一定比例征收的税。其税率如下：

（1）对于城市维护建设税，纳税人所在地为城市市区的，税率为7%；纳税人所在地为县城、建制镇的，税率为5%；纳税人所在地不在城市市区、县城或建制镇的，税率为1%。
（2）教育费附加的适用税率为3%。
（3）地方教育附加的适用税率为2%。

5. 一般纳税人增值税申报要求

增值税的纳税期限分别为1日、3日、5日、10日、15日、1个月或1个季度。纳税人的具体纳税期限，由主管税务机关根据纳税人应纳税额的大小分别核定；不能按照固定期限纳税的，可以按次纳税。以1个季度为纳税期限的规定仅适于小规模纳税人。

纳税人以1个月或1个季度为1个纳税期的，自期满之日起15日内申报纳税；以1日、3日、5日、10日或15日为1个纳税期的，自期满之日起5日内预缴税款，于次月1日起15日内申报纳税并结清上月应纳税款。

《国家税务总局关于调整增值税纳税申报有关事项的公告》（国家税务总局公告2019年第15号）修订并重新明确了增值税一般纳税人纳税申报表及其附列资料，具体包括"增值税纳税申报表（一般纳税人适用）""增值税纳税申报表附列资料（一）""增值税纳税申报表附列资料（二）""增值税纳税申报表附列资料（三）""增值税纳税申报表附列资料（四）""增值税减免税申报明细表"。该公告自2019年5月1日起施行。

6. 一般纳税人增值税申报的注意事项

(1) 纳税人对报送材料的真实性和合法性承担责任。

(2) 纳税人在资料完整且符合法定受理条件的前提下,最多只需要到税务机关办理一次。资料齐全、符合法定形式、填写内容完整的,税务机关受理后即时办结。

(3) 应征增值税销售额,包括纳税申报销售额、稽查查补销售额、纳税评估调整销售额。纳税申报销售额是指纳税人自行申报的全部应征增值税销售额,其中包括免税销售额和税务机关代开发票销售额。稽查查补销售额和纳税评估调整销售额计入查补税款申报当月(或当季)的销售额,不计入税款所属期销售额。

(4) 纳税人应征增值税销售额已超过规定标准,未按规定时限办理的,应在收到税务事项通知书后5日内向税务机关办理增值税一般纳税人登记手续或者选择按照小规模纳税人纳税的手续;逾期未办理的,自通知时限期满的次月起按销售额依照增值税税率计算应纳税额,不得抵扣进项税额,直至纳税人办理相关手续为止。

(二) 操作准备

(1) 科目余额表。

(2) 资产负债表、利润表。

(3) 销售发票专票(普票)汇总表。

(4) 增值税专用发票勾选认证汇总表。

(三) 任务要领

2018年5月1日开始,国家税务总局对增值税一般纳税人实行纳税申报比对管理,并下发了《增值税纳税申报比对管理操作规程(试行)》,在税务机关设置申报异常处理岗,主要负责异常比对结果的核实及相关处理工作。

(1) 比对信息范围,包括增值税纳税申报表及其附列资料、增值税发票信息、取得的进项抵扣凭证信息、税款入库信息、优惠备案信息和其他。

(2) 比对内容,包括表表比对、票表比对和表税比对。表表比对是指申报表表内、表间逻辑关系比对;票表比对是指各类发票、凭证、备案资格等信息与申报表进行比对;表税比对是指纳税人当期申报的应纳税款与当期的实际入库税款进行比对。

(3) 比对规则如表6-1所示。

表6-1　　　　　　　　　　　　　　比对规则

一般纳税人销项比对规则		
当期开具发票(不含不征税发票)的金额、税额合计数	≤	当期申报的销售额、税额合计数
除了按规定不需要办理备案手续,当期申报免税销售额、即征即退销售额的,应当比对其增值税优惠备案信息		
一般纳税人进项比对规则		
当期已认证或确认的进项专用发票上注明的金额、税额合计数	≥	申报表中本期申报抵扣的专用发票进项金额、税额合计数
经稽核比对相符的海关进口增值税专用缴款书上注明的税额合计数	≥	申报表中本期申报抵扣的海关进口增值税专用缴款书的税额

(续表)

一般纳税人进项比对规则		
取得的代扣代缴税收缴款凭证上注明的增值税税额合计数	⩾	申报表中本期申报抵扣的代扣代缴税收缴款凭证的税额
取得的《出口货物转内销证明》上注明的进项税额合计数	⩾	申报表中本期申报抵扣的外贸企业进项税额抵扣证明的税额
按照政策规定依据相关凭证注明的金额计算得出的可抵扣进项税额	⩾	申报表中本期申报抵扣的相应凭证税额
红字增值税专用发票信息表中注明的应作转出的进项税额	=	申报表中进项税额转出中的红字专用发票信息表注明的进项税额
申报表中进项税额转出金额不应小于零		
应纳税额减征额比对规则		
当期申报的应纳税额减征额	⩽	当期符合政策规定的减征税额
预缴税款比对规则		
申报表中的预缴税额本期发生额	⩽	实际已预缴的税款
特殊比对规则		
实行汇总缴纳增值税的总机构和分支机构可以不进行票表比对		
按季申报的纳税人应当对其季度数据进行汇总比对		

三、任务流程

一般纳税人增值税纳税申报业务处理流程如图6-1所示。

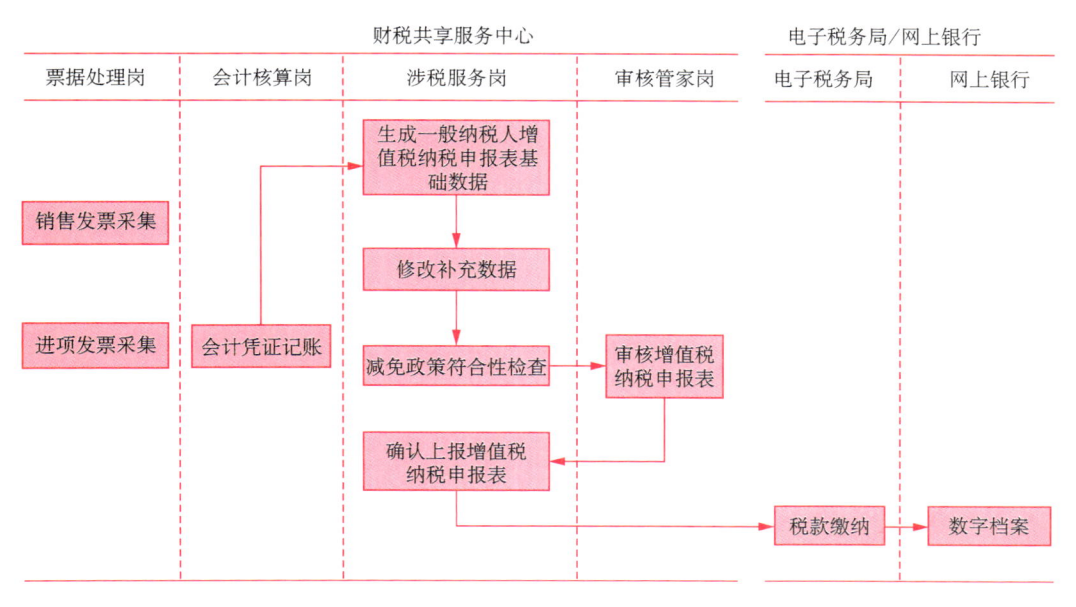

图6-1 一般纳税人增值税纳税申报业务处理流程

四、任务操作

(一) 登录纳税工作台

登录进入纳税申报平台"金税师"界面,如图 6-2 所示。单击左侧菜单栏"纳税工作台",进入工作界面,如图 6-3 所示。

图 6-2 纳税申报平台界面

图 6-3 纳税工作台界面

(二) 纳税申报表生成

(1) 查询与核对基本信息。选择申报"公司名称",进行基本信息和税务信息的查询与核对。选择申报公司名称如图 6-4 所示,申报企业基本信息如图 6-5 所示,申报企业税务信息如图 6-6 所示。

项目六　纳 税 申 报

图 6-4　选择申报公司名称

图 6-5　申报企业基本信息

图 6-6　申报企业税务信息

151

（2）选择申报日期。在基本信息核查无误的情况下，通过查看税务信息确定增值税申报是按照月份进行申报后，选择"申报日期"。一般纳税人增值税申报日期一般为次月申报，如记账期间为"2023年7月"，则申报日期选择"2023年8月"，如图6-7所示。

图6-7 选择申报日期

（3）纳税申报。选择申报日期后，再选择所要申报的报表种类，单击进入查看，申报税种界面如图6-8所示。利用"财天下"平台财务报表生成的信息，直接在"金税师"平台自动生成增值税纳税申报表，单击进入增值税申报界面，填写和修改有关金额，增值税申报表界面如图6-9所示。

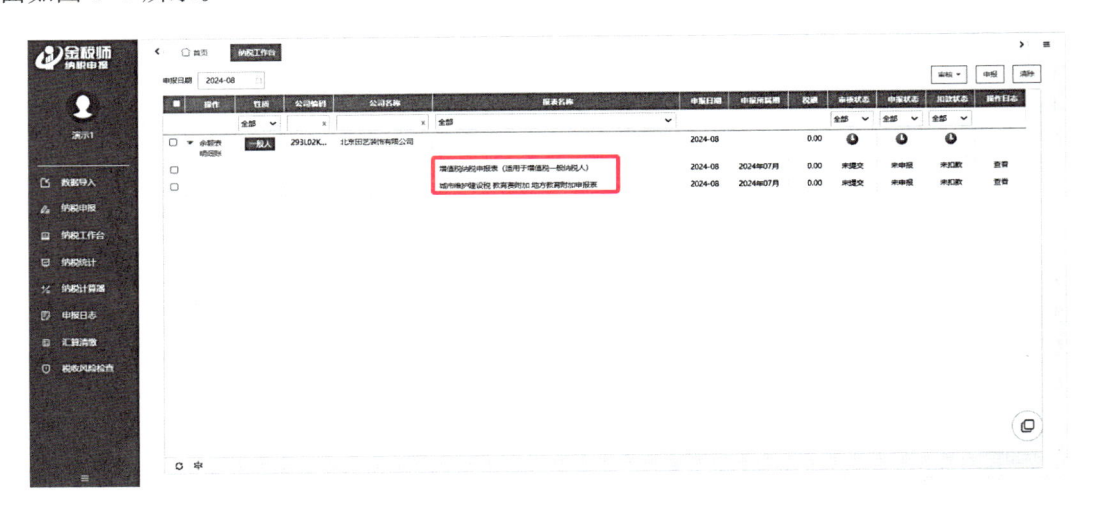

图6-8 申报税种界面

（4）税表检查审核并报送。认真核对增值税纳税申报表上的数据和"应交税费——应交增值税"账户的销项税额、进项税额、进项税额转出等三级明细账。如果有特殊业务，如可以享受减免税收优惠政策的，则需要填写"增值税减免税优惠明细表"；有差额征收业务的纳税人需要填写"税额抵减情况表"等。检查无误后由审核人员单击审核通过后，即可单击"申报"，完成报送税表，如图6-10至图6-13所示。申报完成可通过左侧菜单栏"纳税统计"查询申报情况及进度，如图 6-14 所示。

图 6-9　增值税申报表界面

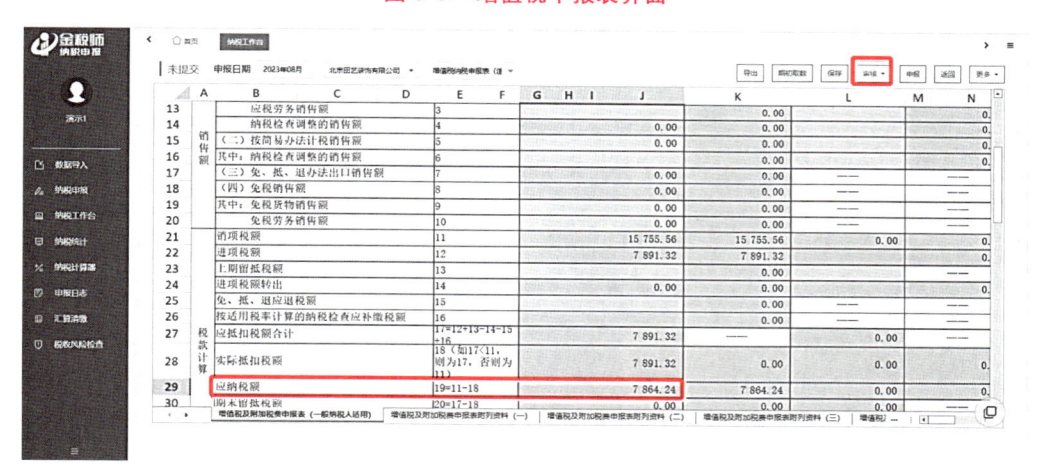

图 6-10　申报表审核界面

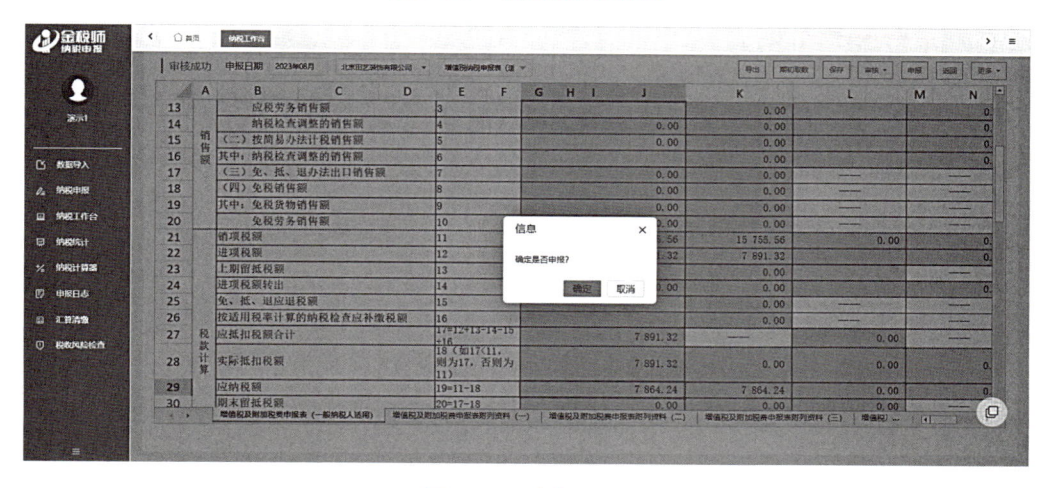

图 6-11　申报界面

智能财税

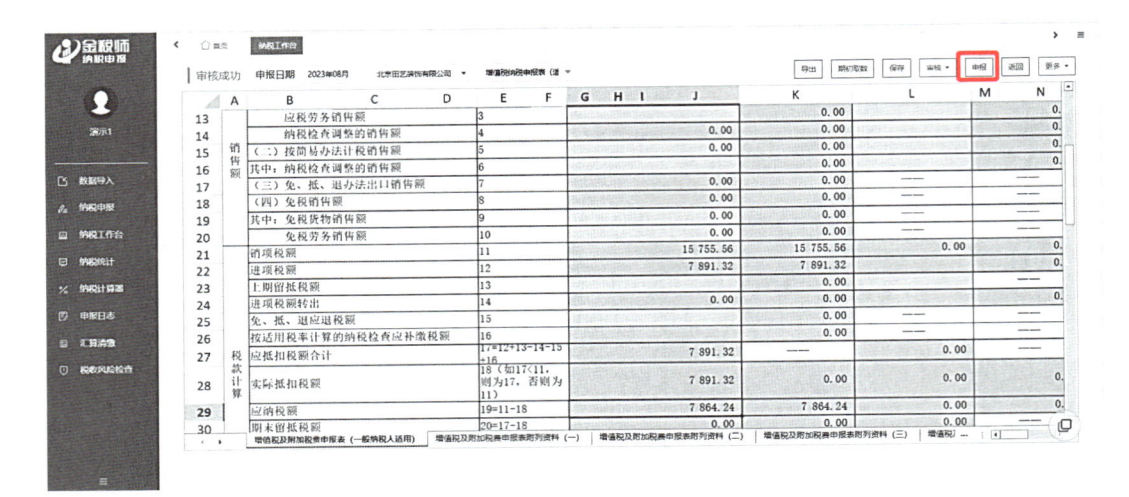

图 6-12　申报确认界面

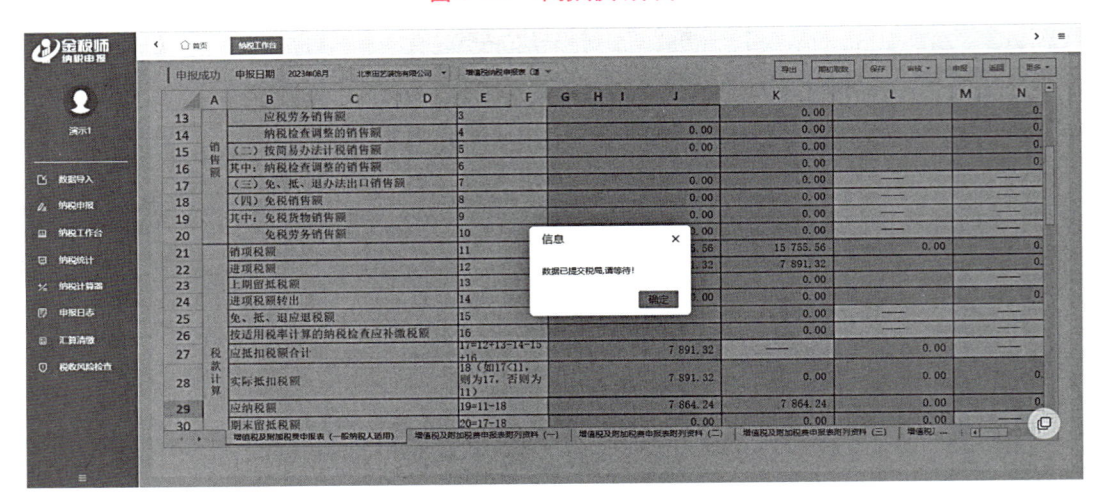

图 6-13　申报完成界面

6-1　北京田艺7月增值税及附加税填报、审核与申报

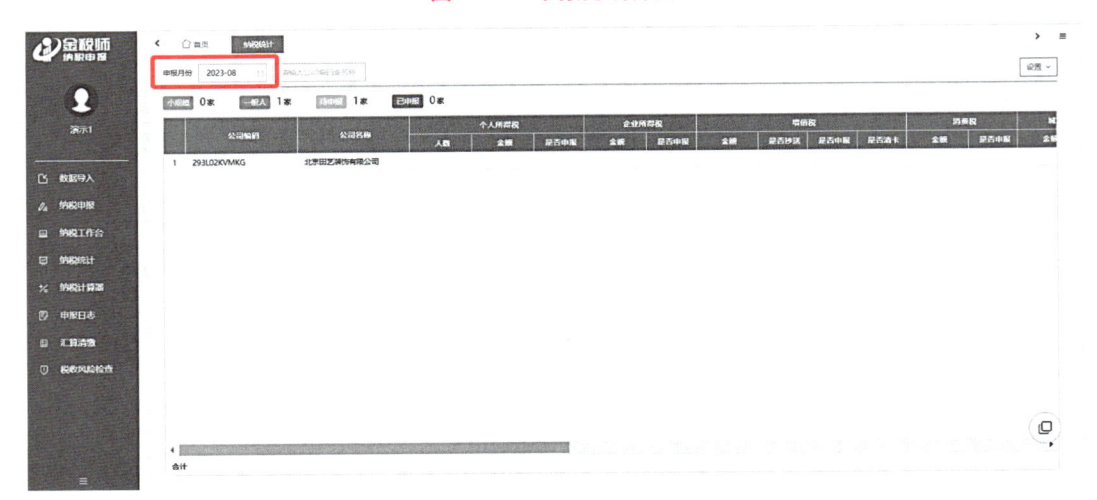

图 6-14　申报完成查询界面

五、任务拓展

（1）请同学们登录"工作领域一"—"任务四"—"涉税服务岗（9月）"—"实训题"，自行完成北京田艺增值税及附加税分析填报任务，提高税务申报能力。

（2）请同学们登录"工作领域一"—"任务四"—"审核管家岗（9月）"—"实训题"，自行完成北京田艺增值税及附加税的审核和申报，提高税务申报能力。

（3）请同学们登录"工作领域一"—"任务四"—"涉税服务岗（10月）"—"实训题1"，自行完成北京田艺增值税及附加税分析填报任务，提高税务申报能力。

（4）请同学们登录"工作领域一"—"任务四"—"审核管家岗（10月）"—"实训题1"，自行完成北京田艺增值税及附加税的审核和申报，提高税务申报能力。

六、任务评价

一般纳税人增值税纳税申报任务评价表如表6-2所示。

表6-2　　　　　　　　一般纳税人增值税纳税申报任务评价表

工作任务清单	完成情况
一般纳税人的认定标准	
一般纳税人增值税的计算和会计处理	
一般纳税人申报要求及纳税申报期限	
在智能化财务操作平台上对增值税纳税申报数据进行复核	
在智能化财务操作平台上生成和检查增值税纳税申报表	
在智能化财务操作平台上完成增值税纳税申报	

任务2　一般纳税人企业所得税纳税申报

学习目标

1. 熟悉相关的法律法规并掌握一般纳税人认定标准。
2. 掌握一般纳税人企业所得税的计算和数据生成并进行申报。

素养目标

深化学生对财税规范性要求的理解，掌握专业领域的法律法规及相关政策，培育出既具备深厚专业知识，又恪守法律道德底线的专业人才。

一、任务情景

（一）任务场景

2023年10月10日，共享中心涉税服务岗张皓为一般纳税人北京田艺的第三季度企业所得税进行纳税申报。

（二）任务布置

共享中心员工张皓按照合同要求为北京田艺的企业所得税进行纳税申报，具体要求如下：

（1）核对企业所得税申报表中营业收入、营业成本、利润总额等数据。

（2）填写企业所得税减免税额，计算企业所得税税额。

（3）企业所得税申报表检查无误后进行纳税申报。

二、任务准备

（一）知识准备

1. 企业所得税纳税申报要求

《中华人民共和国企业所得税法》（以下简称《企业所得税法》）第54条规定，企业所得税分月或分季预缴。企业应当自月份或季度终了后之日起15日内，向税务机关报送预缴企业所得税纳税申报表，预缴税款。自年度终了之日起5个月内，向税务机关报送年度企业所得税纳税申报表，并汇算清缴，结清应缴应退税款。

《中华人民共和国企业所得税法实施条例》（以下简称《企业所得税法实施条例》）第128条规定，企业在纳税年度内无论盈利或亏损，都应当依照《企业所得税法》第54条规定的期限，向税务机关报送预缴企业所得税纳税申报表、年度企业所得税纳税申报表、财务会计报告和税务机关规定应当报送的其他有关资料。

2. 企业所得税纳税申报方式

《企业所得税法》及其实施条例规定，企业所得税应当按照月度或季度的实际利润额预缴；按照月度或者季度的实际利润额预缴有困难的，可以按照上一纳税年度应纳税所得额的月度或季度平均额预缴，或按照经税务机关认可的其他方法预缴。

分月或分季预缴企业所得税时有三种方式：①按照月度或季度的实际利润额预缴；②按照上一纳税年度应纳税所得额的月度或季度平均额预缴；③按照经税务机关认可的其他方法预缴。预缴方法一经确定，该纳税年度内不得随意变更。按照上一纳税年度应纳税所得额平均额预缴和按照税务机关确定的其他方法预缴属于税务行政许可事项，纳税人变更预缴方式需要履行行政许可相关程序。

3. 企业所得税征收方式

企业所得税征收方式有查账征收和核定征收两种。

1）查账征收

《中华人民共和国税收征收管理法》第19条规定，纳税人、扣缴义务人按照有关法律、行政法规和国务院财政、税务主管部门的规定设置账簿，根据合法、有效凭证记账，进行核算。

对账册健全，能正确核算收入、成本、费用，准确计算盈亏，并按规定报送财务会计、税务报表资料的纳税人的企业所得税实行查账征收。

按照《企业所得税法实施条例》规定，纳税人应纳税额按应纳税所得额计算。纳税人每一纳税年度的收入总额减去法定准予扣除金额后的余额为应纳税所得额。

2）核定征收

依照规定，对账册不健全，不能提供完整、准确的收入及成本、费用凭证，不能正确计算应纳税所得额的，采取核定征收方式。

核定征收方式包括定额征收和核定应税所得率征收两种办法。

（1）定额征收，是指税务机关按照一定的标准、程序和办法，直接核定纳税人年度应纳企业所得税税额，由纳税人按规定进行申报缴纳的办法。

（2）核定应税所得率征收，是指税务机关按照一定的标准、程序和方法，预先核定纳税人的应税所得率，由纳税人根据纳税年度内的收入总额或成本费用等项目的实际发生额，按预先核定的应税所得率计算缴纳企业所得税的办法。

实行核定应税所得率征收办法的，应纳所得税额的计算公式如下：

$$应纳所得税额 = 应纳税所得额 \times 适用税率$$
$$应纳税所得额 = 收入总额 \times 应税所得率$$

或：
$$= [成本费用支出额 \div (1 - 应税所得率)] \times 应税所得率$$

《国家税务总局关于发布〈中华人民共和国企业所得税月（季）度预缴纳税申报表（A类，2018年版）〉等报表的公告》规定，"企业所得税月（季）度预缴纳税申报表（A类）"适用于实行查账征收企业所得税的居民企业月度、季度预缴申报时填报；"企业所得税月（季）度预缴和年度纳税申报表（B类）"适用于实行核定征收企业所得税的居民企业月度、季度预缴申报和年度汇算清缴申报时填报。

4. 企业所得税纳税申报注意事项

（1）纳税人未按照规定的期限办理纳税申报和报送纳税资料的，将影响纳税信用评价结果。

（2）企业所得税分月或分季预缴，由税务机关具体核定。

（3）纳税人在纳税期内没有应纳税款的，也应当按照规定办理纳税申报。

（4）符合享受企业所得税优惠条件的纳税人，采取"自行判别、申报享受、相关资料留存备查"的办理方式，通过填报企业所得税纳税申报表享受税收优惠。

（5）企业向税务机关申报扣除资产损失，仅需填报企业所得税年度纳税申报表"资产损失税前扣除及纳税调整明细表"，不再报送资产损失相关资料，由企业留存备查。

（6）实行查账征收的居民企业向税务机关报送年度企业所得税纳税申报时应当就其与关联方之间的业务往来进行关联申报。

（二）操作准备

（1）北京田艺利润表、科目余额表。

（2）企业所得税纳税申报表。

（三）任务要领

季度预缴比较简单，难点在于年度汇算清缴。每年的企业所得税汇算清缴都有一些新政策和新要求，务必按照新政策执行。

一般纳税人需要关注的征收管理类要领如下：

（1）资产损失税前扣除：企业向税务机关申报扣除资产损失，仅需填报企业所得税年度纳税申报表"资产损失税前扣除及纳税调整明细表"（A105090），不再报送资产损失相关资料。相关资料由企业留存备查。

（2）企业所得税优惠政策事项办理：企业享受所得税优惠事项采取"自行判别、申报享受、相关资料留存备查"的办理方式。企业根据经营情况及相关税收规定自行判断是否符合优惠事项规定的条件，并通过填报企业所得税纳税申报表享受税收优惠，要求归集和留存相关资料备查。企业享受优惠事项的，应当在完成年度汇算清缴后，将留存备查资料归集齐全并整理完成，以备税务机关核查。企业留存备查资料应从企业享受优惠事项当年的企业所得税汇算清缴期结束次日起保留10年。

（3）企业所得税税前扣除凭证管理：企业应在年度汇算清缴期结束前取得税前扣除凭证，作为计算企业所得税应纳税所得额时扣除相关支出的依据。

三、任务流程

一般纳税人企业所得税纳税申报业务处理流程如图6-15所示。

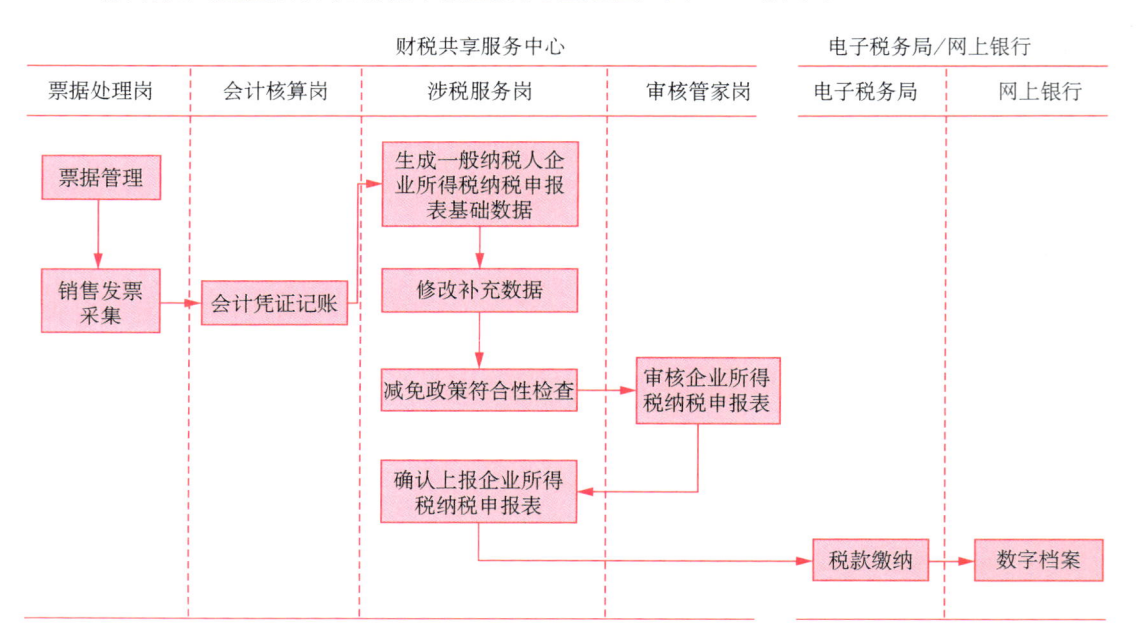

图6-15　一般纳税人企业所得税纳税申报业务处理流程

四、任务操作

（一）登录纳税工作台

登录进入纳税申报平台"金税师"界面，如图6-16所示。单击左侧菜单栏"纳税工作台"进入工作界面，如图6-17所示。

图 6-16　纳税申报平台界面

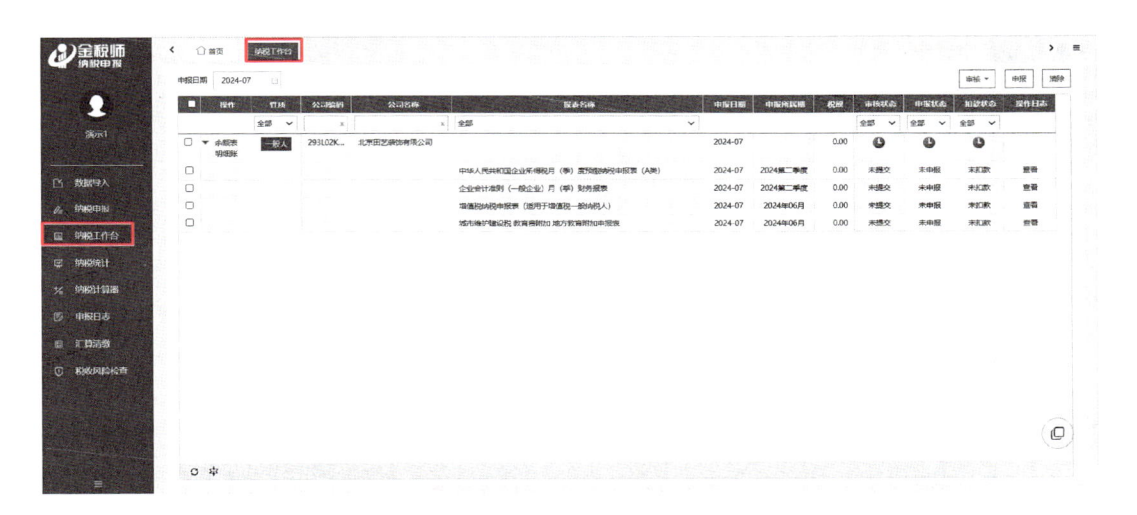

图 6-17　纳税工作台界面

（二）纳税申报表生成

（1）查询与核对基本信息。选择申报"公司名称"，进行基本信息和税务信息的查询与核对。选择申报公司名称如图 6-18 所示，申报企业基本信息如图 6-19 所示，申报企业税务信息如图 6-20 所示。

（2）选择申报日期。在基本信息核查无误的情况下，通过查看税务信息确定所得税申报是按照月份还是按照季度进行申报，选择"申报日期"。企业所得税申报分月度申报和季度申报，实务中企业所得税一般为季度申报，日期选择应该为下个季度第一个月。例如，2023 年 9 月形成报表，则申报日期应选择"2023 年 10 月"，如图 6-21 所示。

图 6-18　选择申报公司名称

图 6-19　申报企业基本信息

图 6-20　申报企业税务信息

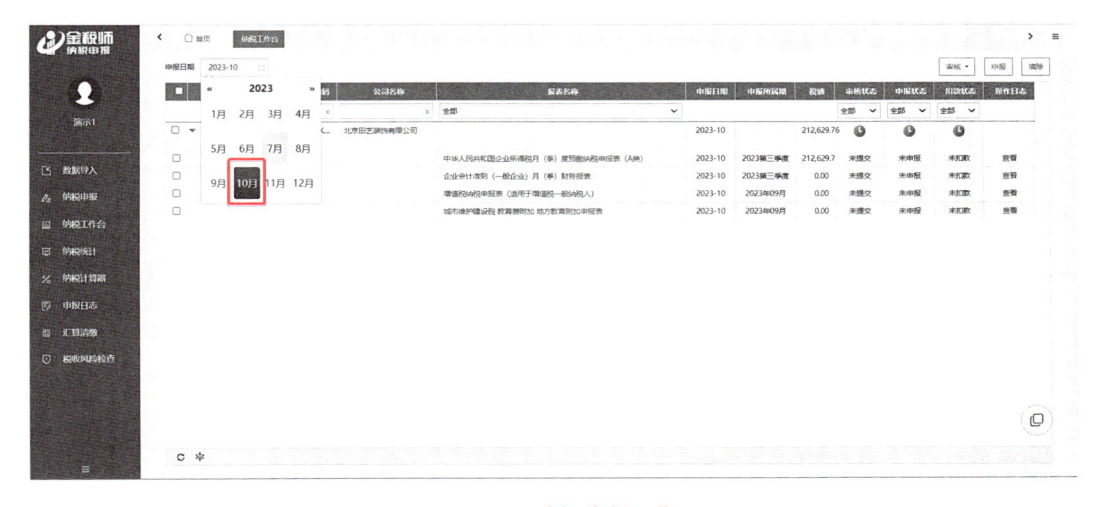

图 6-21　选择申报日期

（3）纳税申报。选择申报日期后，选择所要申报的税种，单击进入查看。通过"财天下"平台的财务报表生成信息，直接可在"金税师"平台自动生成企业所得税纳税申报表，单击进入申报页面，申报税种界面如图 6-22 所示。

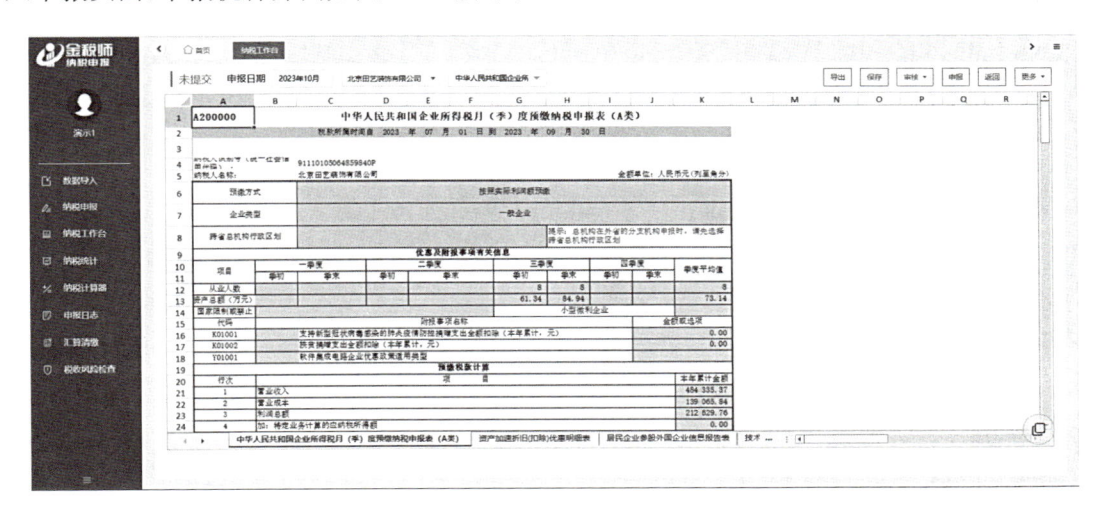

图 6-22　申报税种界面

（三）检查企业是否符合并享受小型微利企业税收优惠政策

根据《财政部 税务总局关于进一步支持小微企业和个体工商发展有关税费政策的公告》的规定，对小型微利企业减按 25% 计算应纳税所得额，按 20% 的税率缴纳企业所得税的政策，延续执行至 2027 年 12 月 31 日。

（四）税表检查审核并报送

认真核对增值税纳税申报表上的数据和"应交税费——应交企业所得税"明细账，并补充填写所得税相关资料，检查无误后由审核人员单击"审核通过"后，即可单击"申报"完成报送税表，如图 6-23 至图 6-25 所示。申报完成可通过左侧菜单栏"申报统计"查询申报情况及进度，如图 6-26 所示。

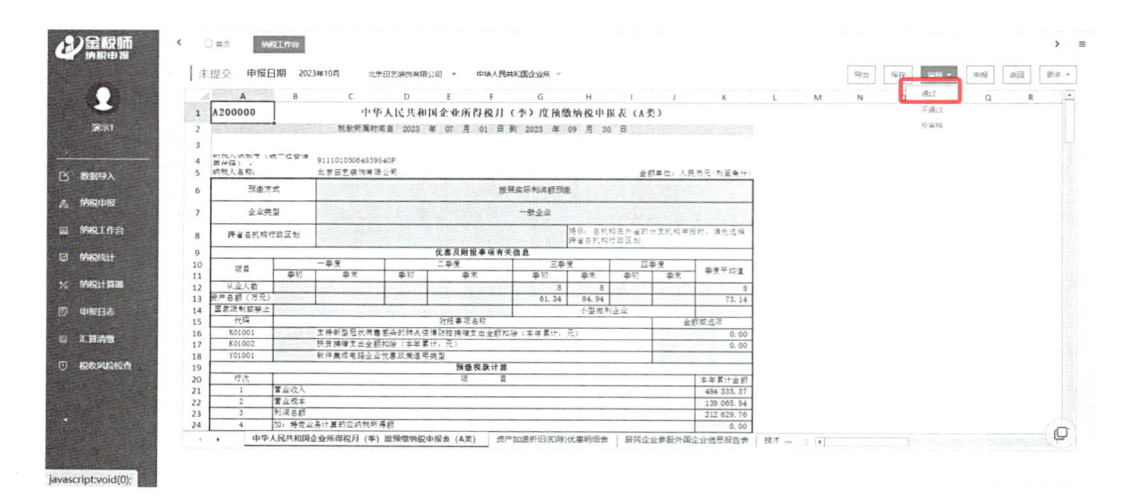

图 6-23　申报表审核界面

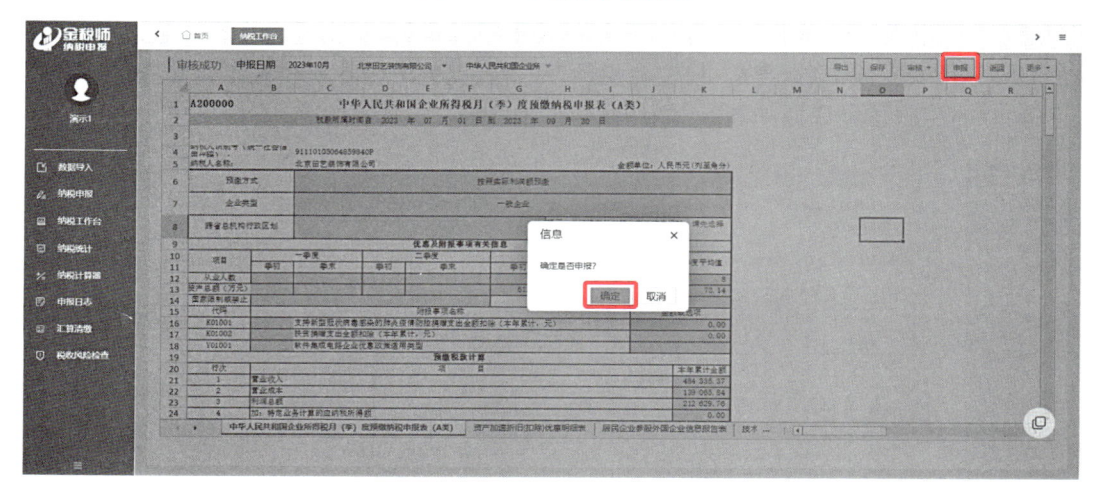

图 6-24　申报界面

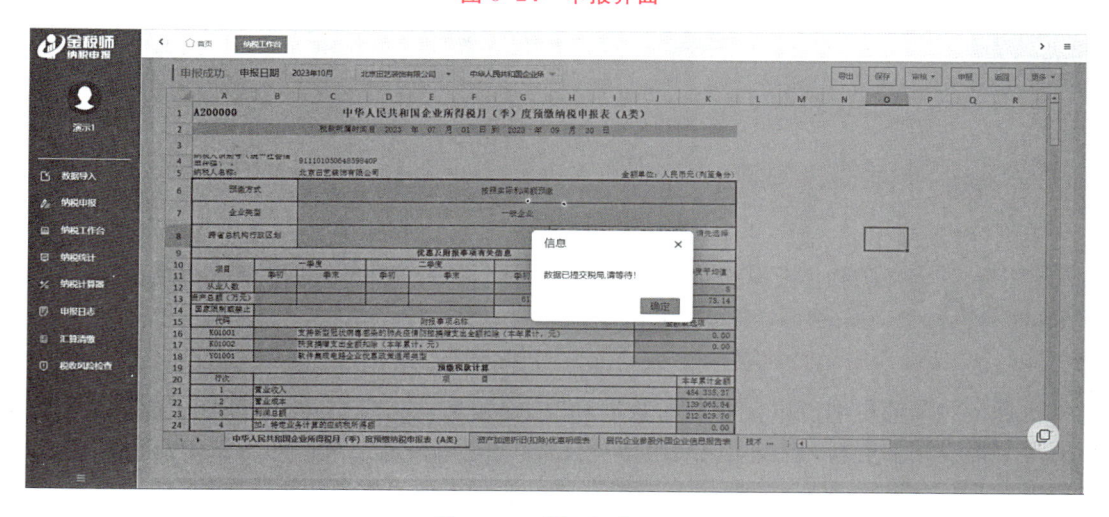

图 6-25　申报完成界面

图 6-26　申报完成查询界面

五、任务拓展

（1）请同学们登录"工作领域三"—"任务三"—"涉税服务岗"—"实训题"，以涉税服务岗人员的身份为北京米兰典雅服饰有限公司 2023 年 9 月增值税及附加税费进行申报，提高增值税纳税申报能力。

（2）请同学们登录"工作领域三"—"任务三"—"涉税服务岗"—"实训题"，以涉税服务岗人员的身份为北京米兰典雅服饰有限公司 2023 年第三季度的企业所得税预缴进行申报，提高企业所得税纳税申报能力。

六、任务评价

一般纳税人企业所得税纳税申报任务评价表如表 6-3 所示。

表 6-3　　　　　　　　一般纳税人企业所得税纳税申报任务评价表

工作任务清单	完成情况
企业所得税减免税款的计算	
小微企业的认定标准及企业所得税相关税收优惠政策	
企业所得税纳税申报要求及纳税申报期限	
在智能化财务操作平台对企业所得税税表进行数据生成，并对企业所得税税表数据进行核准	
在智能化财务操作平台上对相关减免税款进行计算并复核	

6-2　北京田艺第三季度企业所得税纳税申报

任务 3 小规模纳税人增值税纳税申报

> 🎯 **学习目标**
> 1. 能明确小规模纳税人和小微企业的认定标准并掌握增值税计算。
> 2. 能掌握小规模纳税人增值税的优惠及减免规定。
> 3. 能在智能化财务操作平台上对小规模纳税人增值税进行纳税申报。
>
> 🎯 **素养目标**
>
> 深化学生对财税规范性要求的理解，掌握专业领域的法律法规及相关政策，培育出既具备深厚专业知识，又恪守法律道德底线的专业人才。

一、任务情景

（一）任务场景

北京近邻与共享中心签订了代理记账合同。共享中心的涉税服务岗员工需要对小规模纳税人北京近邻的增值税进行月度申报工作。

（二）任务布置

共享中心员工按照合同要求为北京近邻第一季度的增值税进行纳税申报。

二、任务准备

（一）知识准备

1. 小规模纳税人

关于小规模纳税人的认定标准，在项目六任务 1 中已有描述，可参照前文，本任务不再赘述。

2. 小规模纳税人增值税征收率

对小规模纳税人增值税采用简易征收办法，小规模纳税人适用的增值税税率称为征收率。考虑到小规模纳税人经营规模小，且会计核算不健全，难以按增值税税率计税和使用增值税专用发票抵扣进项税额，因此实行按销售额与征收率计算应纳税额的简易办法征收增值税。自 2014 年 7 月 1 日起，小规模纳税人增值税征收率一律调整为 3%。

小规模纳税人（除其他个人外）销售自己使用过的固定资产，减按 2% 征收率征收增值税，且只能开具普通发票，不得由税务机关代开增值税专用发票。

3. 小规模纳税人增值税的征收方式

小规模纳税人增值税的征收主要有 3 种方式：查账征收、查定征收和定期定额征收。

（1）查账征收。税务机关按照纳税人提供的账表所反映的经营情况，依照适用税率计算缴纳税款的方式。这种方式一般适用于会计制度较为健全，能够认真履行纳税义务的纳税单位。

(2) 查定征收。税务机关根据纳税人的从业人员、生产设备、采购原材料等因素，对其生产制造的应税产品查定核定产量、销售额并据以征收税款的方式。这种方式一般适用于账册不够健全，但是能够控制原材料或进销货的纳税单位。

(3) 定期定额征收。税务机关通过典型调查、逐户确定营业额和所得额并据以征税的方式。这种方式一般适用于无完整考核依据的小型纳税单位。

4. 小规模纳税人增值税的税额计算

小规模纳税人按简易办法计算应纳税额，应纳税额计算公式为：

$$当期应纳税额 = 不含税销售额 \times 征收率$$

5. 小规模纳税人增值税申报时间

对于小规模纳税人，一般是以1个季度为1个纳税期限申报增值税，申报的时间是自每季度结束日起15日内申报纳税。特殊情况下，小规模纳税人也可以按月申报增值税。

6. 免税标准的判断

小规模纳税人在申报增值税时，应先根据本单位的销售额规模判断是否能够享受免征增值税的优惠政策。《财政部 税务总局关于实施小微企业普惠性税收减免政策的通知》中规定的相关判断标准如下：

(1) 小规模纳税人发生增值税应税销售行为，合计月销售额未超过10万元(以1个季度为1个纳税期的，季度销售额未超过30万元，下同)的，免征增值税。

小规模纳税人发生增值税应税销售行为，合计月销售额超过10万元，但扣除本期发生的销售不动产的销售额后未超过10万元的，其销售货物、劳务、服务、无形资产取得的销售额免征增值税。

(2) 适用增值税差额征税政策的小规模纳税人，以差额后的销售额确定是否可以享受规定的免征增值税政策。

"增值税纳税申报表(小规模纳税人适用)"中的"免税销售额"相关栏次，填写差额后的销售额。

(3) 按固定期限纳税的小规模纳税人可以选择以1个月或1个季度为纳税期限，一经选择，一个会计年度内不得变更。

(4) 《中华人民共和国增值税暂行条例实施细则》第9条所称的其他个人，采取一次性收取租金形式出租不动产取得的租金收入，可在对应的租赁期内平均分摊，分摊后的月租金收入未超过10万元的，免征增值税。

(5) 转登记日前连续12个月(以1个月为1个纳税期)或连续4个季度(以1个季度为1个纳税期)累计销售额未超过500万元的一般纳税人，在2019年12月31日前，可选择转登记为小规模纳税人。

一般纳税人转登记为小规模纳税人的其他事宜，按照《国家税务总局关于统一小规模纳税人标准等若干增值税问题的公告》(国家税务总局公告2018年第18号)、《国家税务总局关于统一小规模纳税人标准有关出口退(免)税问题的公告》(国家税务总局公告2018年第20号)的相关规定执行。

(6) 按照现行规定应当预缴增值税税款的小规模纳税人，凡在预缴地实现的月销售额未超过10万元的,当期无须预缴税款。《财政部 税务总局关于实施小微企业普惠性税收减免政策的通知》下发前已预缴税款的,可以向预缴地主管税务机关申请退还。

(7) 小规模纳税人中的单位和个体工商户销售不动产,应按其纳税期、《财政部 税务总局关于实施小微企业普惠性税收减免政策的通知》第6条及其他现行政策规定确定是否预缴增值税;其他个人销售不动产,继续按照现行规定征免增值税。

(8) 小规模纳税人月销售额未超过10万元的,当期因开具增值税专用发票已经缴纳的税款,在增值税专用发票全部联次追回或者按规定开具红字专用发票后,可以向主管税务机关申请退还。

(9) 小规模纳税人2019年1月销售额未超过10万元(以1个季度为1个纳税期的,2019年第一季度销售额未超过30万元),但当期因代开普通发票已经缴纳的税款,可以在办理纳税申报时向主管税务机关申请退还。

(10) 小规模纳税人月销售额超过10万元的,可使用增值税发票管理系统开具增值税普通发票、机动车销售统一发票、增值税电子普通发票。

已经使用增值税发票管理系统的小规模纳税人,月销售额未超过10万元的,可以继续使用现有税控设备开具发票;已经自行开具增值税专用发票的,可以继续自行开具增值税专用发票,并就开具增值税专用发票的销售额计算缴纳增值税。

7. 小规模纳税人申报增值税需要注意的事项

(1) 申报的增值税数据有两个来源,一是企业用税控器自己开具发票的金额,二是在税务机关代开的发票金额,申报时不可遗漏。

(2) 小规模纳税人申报增值税时要结合最新政策,检查本期是否符合免税条件,是否将金额填入正确的免税栏次。

(二) 操作准备

(1) 科目余额表。

(2) 资产负债表、利润表。

(3) 销售发票汇总表。

(三) 任务要领

2018年5月1日起,小规模纳税人的纳税申报纳入国家税务总局的增值税纳税申报比对管理,在申报时,须先将税控设备开票数据上传抄报,再进行申报,若未抄报税则不能提交申报数据。同时注意申报系统新增了逻辑校验关系。增值税纳税申报的票表比对是指各类发票、凭证、备案资格等信息与申报表进行比对。其中小规模纳税人比对规则如下:

(1) 当期开具的增值税专用发票金额应不大于申报表填报的增值税专用发票销售额。

(2) 当期开具的增值税普通发票金额应不大于申报表填报的增值税普通发票销售额。

(3) 申报表中的预缴税额应不大于实际已预缴的税款。

(4) 除了按规定不需要办理备案手续,当期申报免税销售额的,应当比对其增值税优惠备案信息。

三、任务流程

小规模纳税人增值税纳税申报业务处理流程如图6-27所示。

项目六　纳税申报

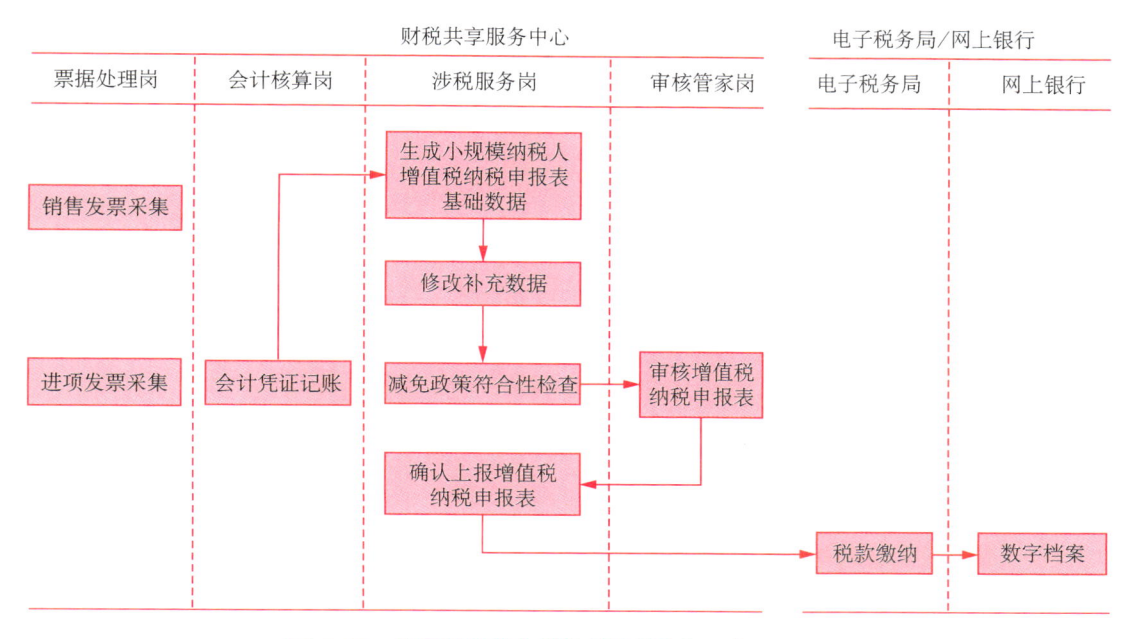

图 6-27　小规模纳税人增值税纳税申报业务处理流程

四、任务操作

（一）小规模纳税人税务申报表

在"财天下"平台完成建账并编制财务报表的企业，在"金税师"平台可直接自动生成纳税申报表，具体报税步骤如下：

（1）登录纳税申报平台"金税师"界面，如图 6-28 所示。

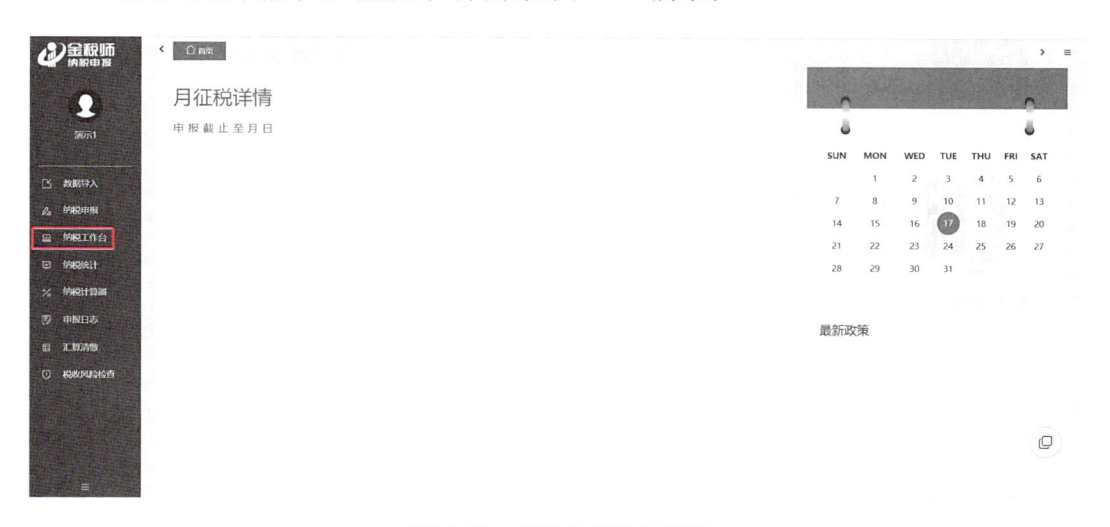

图 6-28　纳税申报平台界面

（2）单击左侧菜单栏"纳税工作台"，进入工作界面，如图 6-29 所示。

167

图 6-29　纳税工作台界面

（二）纳税申报表生成

（1）查询与核对基本信息。选择并单击申报企业公司名称，进行基本信息和税务信息的查询与核对，如图 6-30 至图 6-32 所示。

图 6-30　选择申报公司名称

图 6-31　申报企业基本信息

项目六　纳税申报

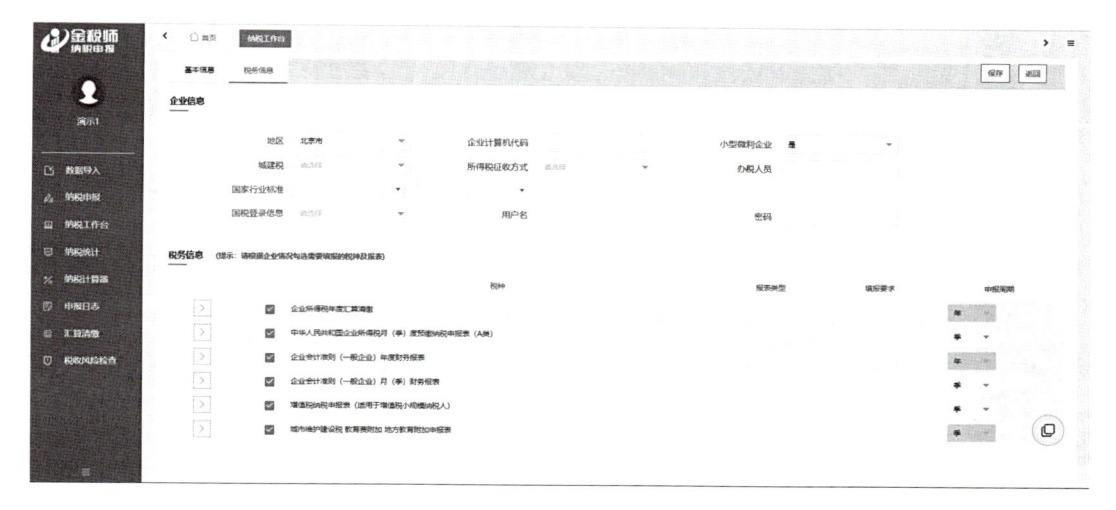

图 6-32　申报企业税务信息

（2）选择申报日期。在基本信息查实无误的情况下，查看税务信息，确定增值税申报是按照季度进行申报，选择"申报日期"。小规模纳税人增值税申报一般为季度申报，如申报2024年第一季度的增值税，则申报日期应选择"2024年4月"，如图6-33所示。

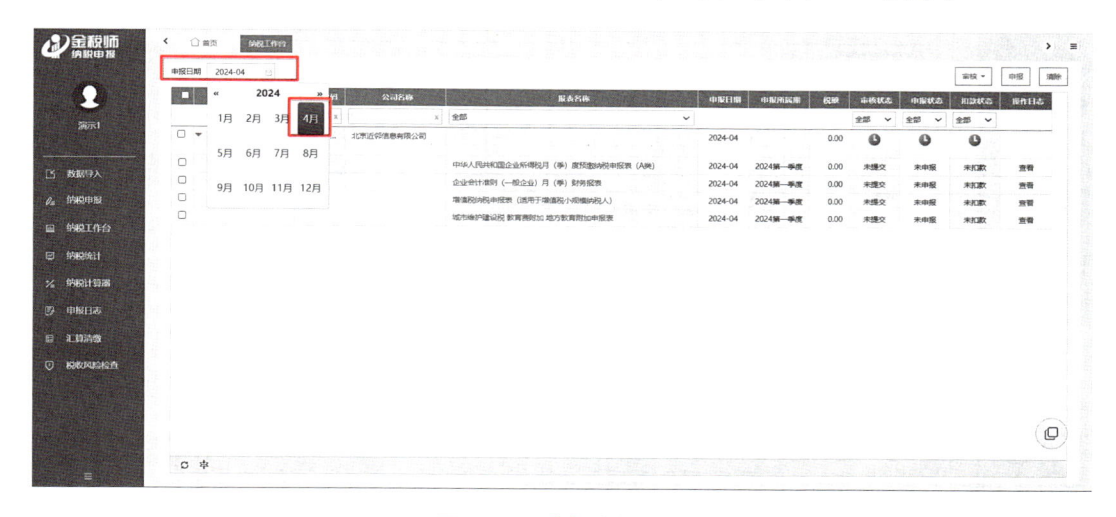

图 6-33　选择申报日期

（3）纳税申报。选择申报日期后，选择所要申报的税种，单击进入查看，如图6-34所示。通过"财天下"平台的财务报表生成信息，直接可在"金税师"平台自动生成增值税纳税申报表，单击进入增值税申报界面，如图6-35所示。

结合政策进行检查，若小规模纳税企业合计月销售额未超过10万元（1个季度销售额未超过30万元的，代开发票金额除外），享受免征增值税。

（4）税表检查审核并报送。认真核对增值税纳税申报表上的数据。如果有特殊业务，如可以享受到减免税收优惠政策的，则需要填写"增值税减免税优惠明细表"；有差额征收业务的纳税人需要填写"税额抵减情况表"等。检查无误后由审核人员单击审核通过后，即可单击"申报"，完成报送税表，如图6-36至图6-38所示。

169

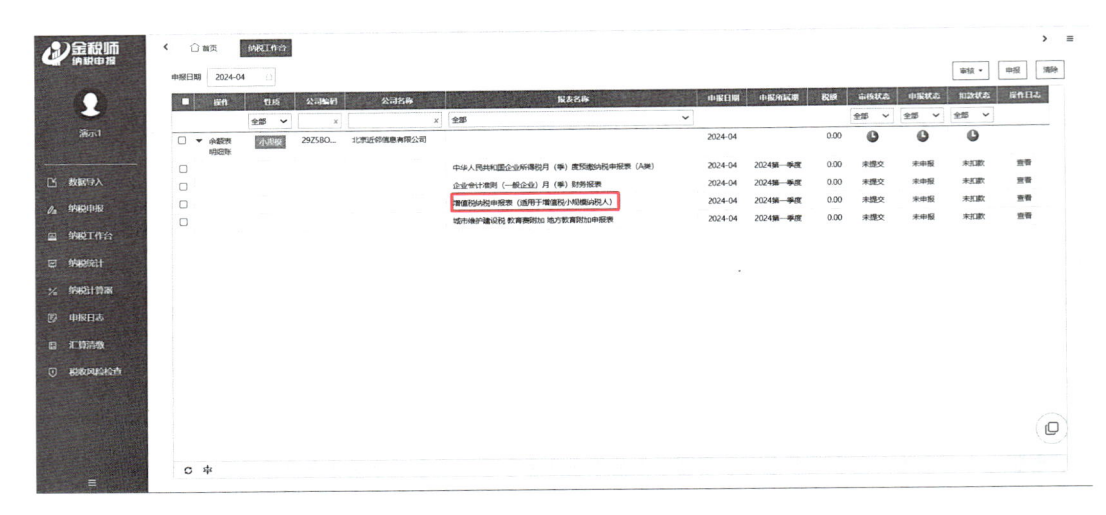

图 6-34　申报税种界面

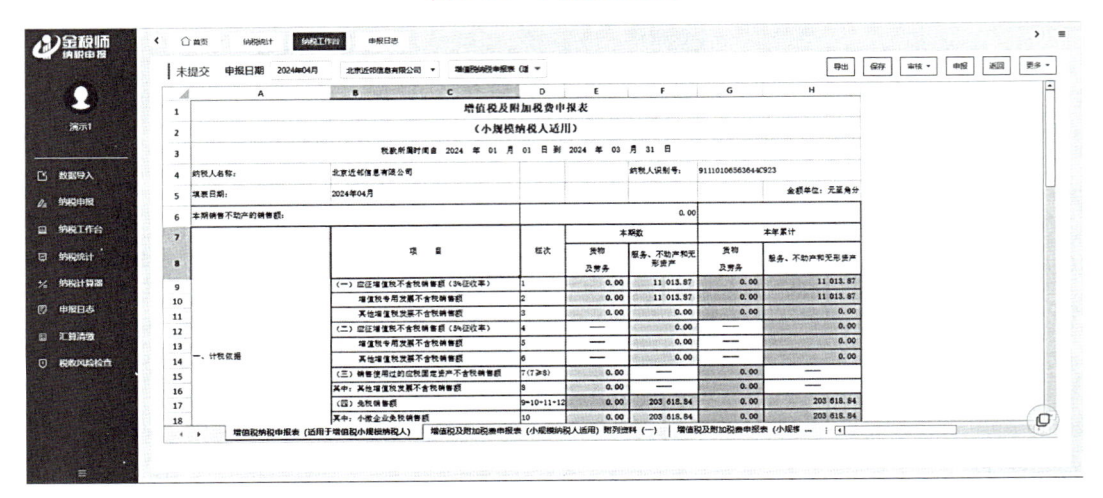

图 6-35　增值税申报表界面

图 6-36　申报表审核界面

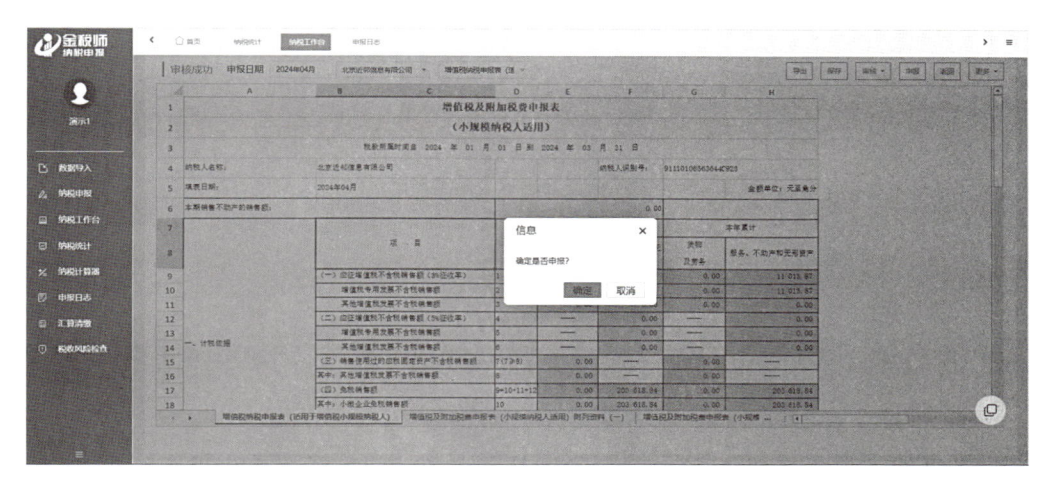

图 6-37　申报确认界面

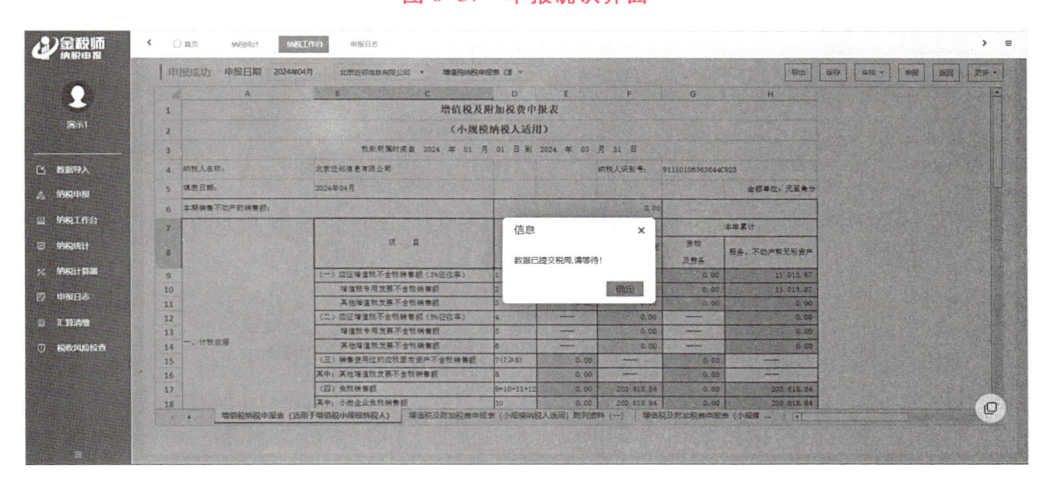

图 6-38　申报完成界面

6-3　小规模纳税人增值税申报

五、任务评价

小规模纳税人增值税纳税申报任务评价表如表 6-4 所示。

表 6-4　　　　　　　小规模纳税人增值税纳税申报任务评价表

工作任务清单	完成情况
小规模纳税人的认定标准	
小规模纳税人增值税的计算和会计处理	
小规模纳税人增值税申报要求及纳税申报期限	
在智能化财务操作平台上核准增值税申报材料	
在智能化财务操作平台上生成和检查增值税申报表	
在智能化财务操作平台上完成增值税纳税申报	

任务 4　小规模纳税人企业所得税纳税申报

> 🎯 **学习目标**
> 1. 能掌握小规模纳税人企业所得税的优惠及减免规定。
> 2. 能在智能化财务操作平台上对小规模纳税人企业所得税进行纳税申报。
>
> 🎯 **素养目标**
> 深化学生对财税规范性要求的理解,掌握专业领域的法律法规及相关政策,培育出既具备深厚专业知识,又恪守法律道德底线的专业人才。

一、任务情景

(一) 任务场景

北京近邻与共享中心签订了代理记账合同。共享中心的涉税服务岗员工需要对小规模纳税人北京近邻的企业所得税进行季度申报。

(二) 任务布置

共享中心员工按照合同要求为北京近邻的企业所得税进行纳税申报,具体要求如下:
(1) 进行月末结账,生成税表。
(2) 核对企业所得税申报表中营业收入、营业成本、利润总额等数据。
(3) 填写企业所得税减免税额,计算企业所得税税额。
(4) 企业所得税纳税申报表检查无误后进行纳税申报。

二、任务准备

(一) 知识准备

1. 我国企业所得税的征税对象及税率

企业所得税的征税对象是纳税人取得的所得,包括销售货物所得、提供劳务所得、转让财产所得、股息红利所得、利息所得、租金所得、特许权使用费所得、接受捐赠所得和其他所得。

我国企业所得税实行比例税率,具体分为以下 3 档:
(1) 基本税率 25%,适用于居民企业和在中国境内设有机构场所且所得与其机构场所有关联的非居民企业。
(2) 低税率 20%,适用于符合条件的小型微利企业和在中国境内未设有机构场所,或虽有机构场所但所得与机构场所无关联的非居民企业。
(3) 低税率 15%,适用于国家重点扶持的高新技术企业和技术先进型服务企业。

2. 企业所得税的计算

企业所得税法定扣除项目是据以确定企业所得税应纳税所得额的项目。《企业所得税法实施条例》规定,企业应纳税所得额的确定,是企业的收入总额减去成本、费用、损失及准予扣除项目的余额。成本是指纳税人为生产、经营商品和提供劳务等所发生的各项直接耗费和各项间接费用。费用是指纳税人为生产经营商品和提供劳务等所发生的销售费用、管理费用和财务费用。损失是指纳税人生产经营过程中的各项营业外支出、经营亏损和投资损失等。

除此以外,在计算企业应纳税所得额时,对纳税人的会计处理和税收规定不一致的,应按照税收规定予以调整。企业所得税法定扣除项目除成本、费用和损失外,税收有关规定中还明确了一些需按税收规定进行纳税调整的扣除项目。

3. 企业所得税的计算公式

平时预缴时,企业一般按实际利润计算预缴所得税,应纳所得税额计算公式如下:

$$应纳所得税额=实际利润×所得税税率$$

第二年汇算清缴时,计算公式如下:

$$应纳所得税额=应纳税所得额×所得税税率$$

4. 企业所得税的预缴申报时间

小规模纳税人在每一季度终了之日起 15 日内,无论盈利或亏损,都应向税务机关报送预缴企业所得税纳税申报表,预缴税款。其中,第四季度的税款也应于季度终了后 15 日内进行预缴。

小规模纳税人应当自年度终了之日起 5 个月内,向税务机关报送年度企业所得税纳税申报表,并汇算清缴,结清应缴应退税款。

5. 小规模纳税人申报企业所得税需注意的事项

小规模纳税人申报企业所得税时需要注意,在每月预扣预缴时,要了解最新财税政策,检查减免税款是否正确。在年终汇算清缴时,要对需要调增和调减的项目进行纳税调整。

(二)操作准备

(1)北京近邻利润表、科目余额表。
(2)企业所得税纳税申报表。

(三)任务要领

(1)季度预缴中需要注意填写的收入金额应不少于增值税纳税申报表中的销售额。
(2)小型微利企业应遵守最新纳税申报相关法律规定。

三、任务流程

小规模纳税人企业所得税纳税申报业务处理流程如图 6-39 所示。

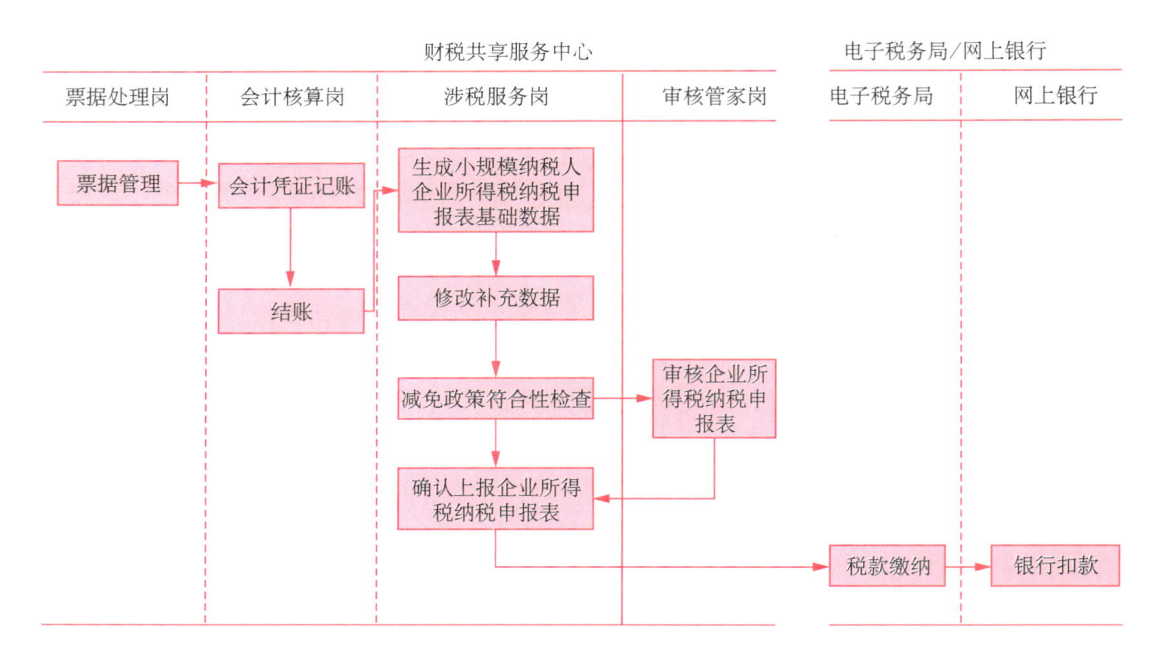

图 6-39　小规模纳税人企业所得税纳税申报业务处理流程

四、任务操作

（一）月末结账，生成税表

小规模纳税人每月将本期所有经济业务全部登记会计账簿后，进入"财天下"平台，点击"月末结账"—"月末检查结账"，自动完成结账，从而自动生成税表。月末结账如图 6-40 所示。

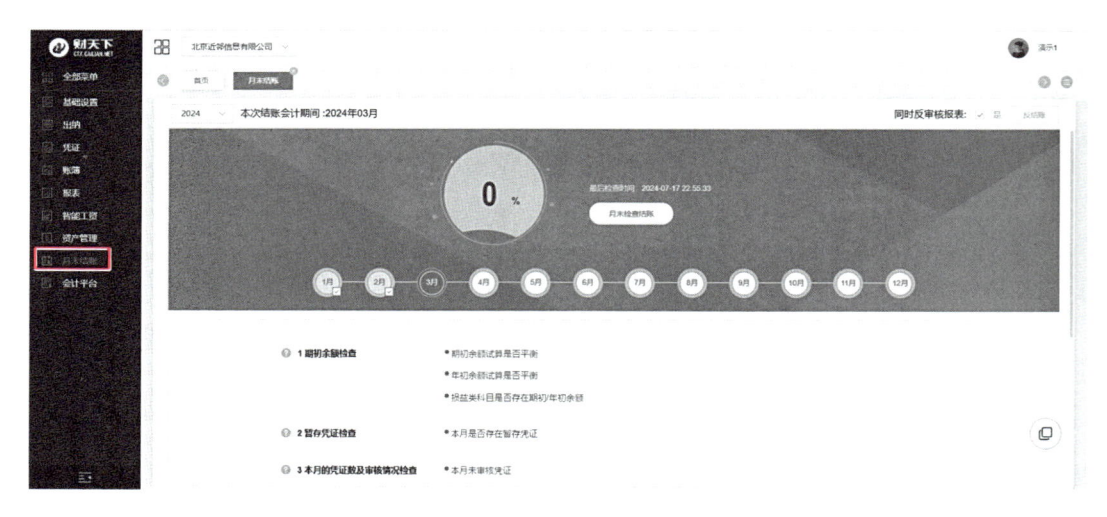

图 6-40　月末结账

（1）登录纳税申报平台"金税师"界面，如图 6-41 所示。单击左侧菜单栏"纳税工作台"，进入工作界面，选择纳税申报日期，如图 6-42 所示。

项目六　纳税申报

图 6-41　纳税申报平台界面

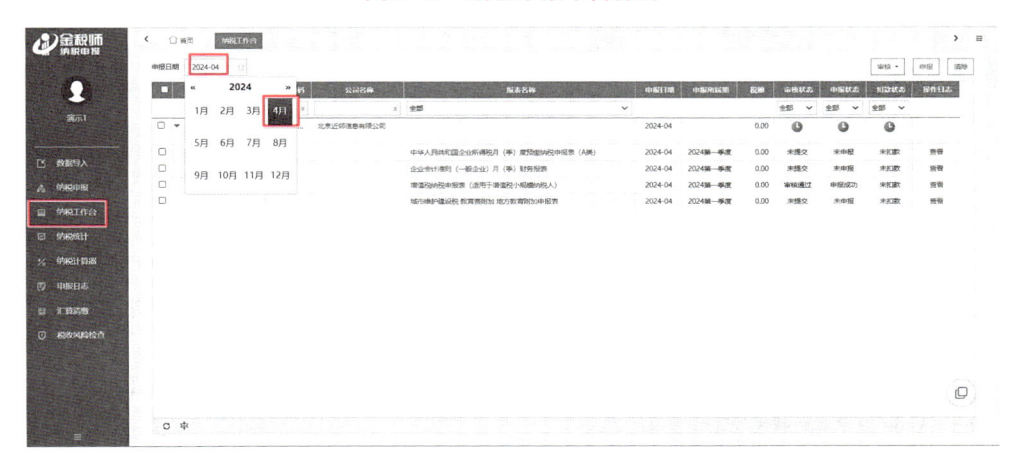

图 6-42　选择申报日期

（2）小规模纳税人按季度申报企业所得税，在每季度结账后，进入申报界面，选择税种，并检查税表数据，如图 6-43 所示。

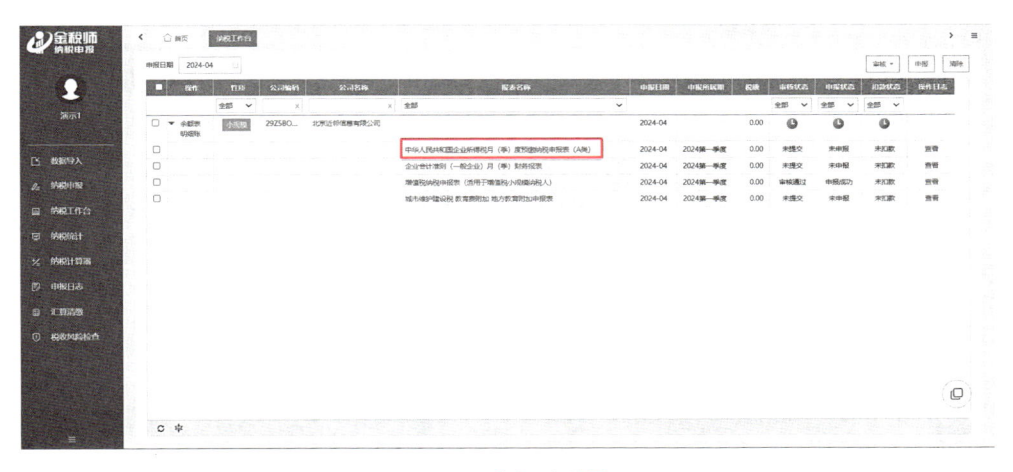

图 6-43　申报税种界面

175

（3）单击"中华人民共和国企业所得税月（季）度预缴纳税申报表（A类）"，进入税表。根据"财天下"平台中该企业财务报表的数据，核对营业收入、营业成本、利润总额等数据，如图6-44所示。

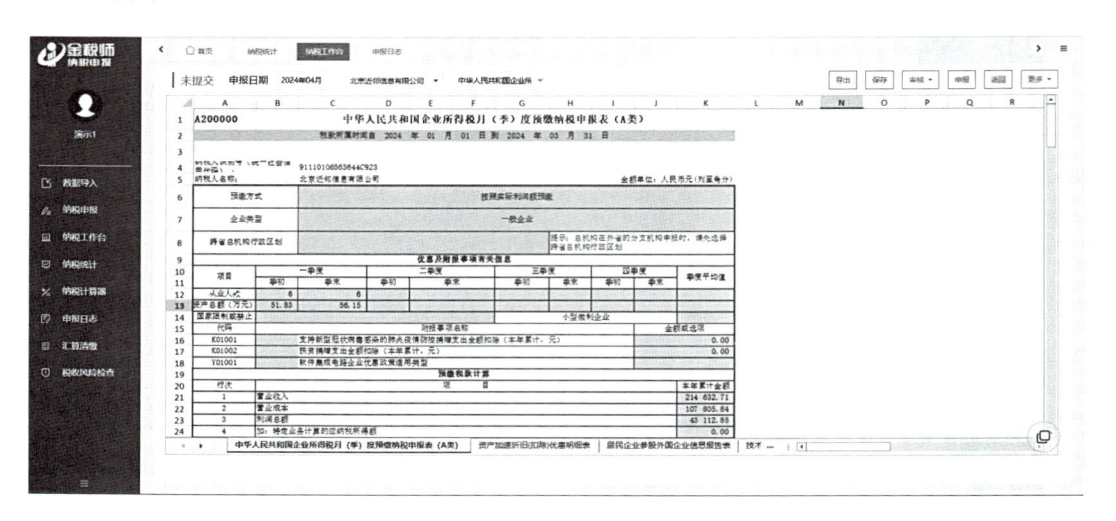

图6-44 检查申报表界面

（二）减免政策检查与计算

《财政部 税务总局关于进一步支持小微企业和个体工商户发展有关税费政策的公告》中对小型微利企业减按25%计算应纳税所得额，按20%的税率缴纳企业所得税的政策，延续执行至2027年12月31日。在纳税申报前，应核对企业的从业人数、资产规模、所得额等指标，判断企业是否能够享受税收优惠。

（三）纳税申报

税表经核查无误，由审核人员单击审核"通过"，单击"申报"按钮，即可完成申报，如图6-45和图6-46所示。

图6-45 申报表审核界面

项目六 纳税申报

图 6-46 完成申报界面

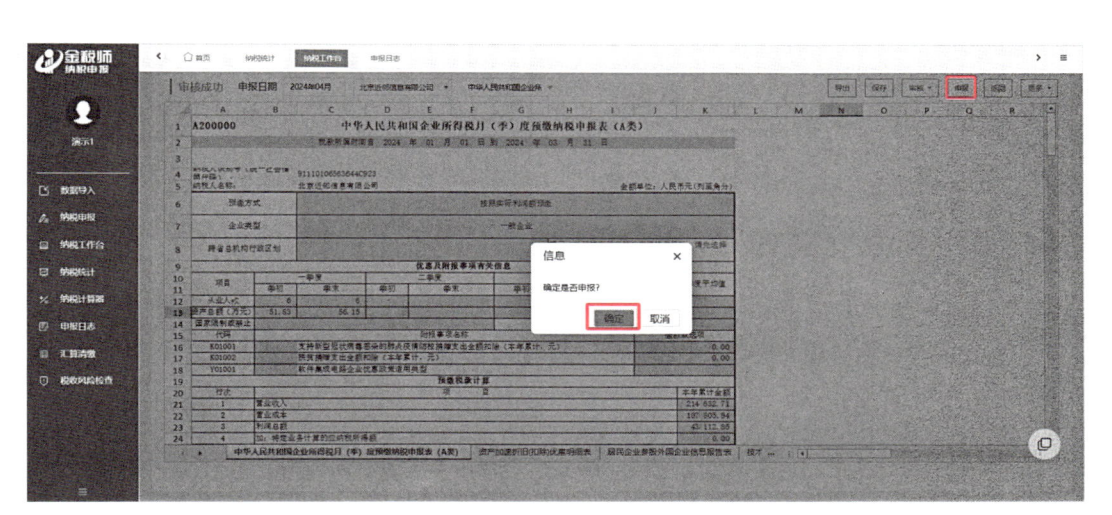

6-4 小规模纳税人企业所得税申报

五、任务评价

小规模纳税人企业所得税纳税申报任务评价表如表 6-5 所示。

表 6-5　　　　　小规模纳税人企业所得税纳税申报任务评价表

工作任务清单	完成情况
企业所得税的计算	
企业所得税减免税款的计算	
小微企业的认定标准及企业所得税相关税收优惠政策	
企业所得税纳税申报要求及纳税申报期限	
在智能化财务操作平台对企业所得税税表进行数据生成，并对企业所得税税表数据进行核准	
在智能化财务操作平台上对相关减免税款进行计算并复核	

177

下篇

提高篇

本书下篇的内容较上篇提高了难度,是给学有余力的同学设计的。同学们通过学习本书下篇,可以进一步提升自身的智能财税一体化处理能力。下篇是站在公司财务部的角度编写的,对现有的财务流程进行了全面的分析,确定了需要自动化的业务环节,包括商旅费用类、购销类、成本类等业务。因此下篇共分为2个项目,3个模块:

第一个模块是深圳助学信息科技有限公司向第三方引入商旅费控平台来处理公司的商旅和费用问题。通过该系统,公司可以完成设定出差标准、提交出差申请、报销差旅费用等一系列操作,控制其报销成本。

第二个模块是北京星晨办公用品有限公司将自己的购销类业务外包给共享中心。共享中心通过"财天下"平台为其提供采购业务核算服务、销售业务核算服务,将业务流和财务流融合在一起,有助于公司更好地监控库存、销售及成本情况,提高公司的业财一体化管理水平。

第三个模块是北京美味多食品有限公司将自己的成本类业务外包给共享中心,共享中心为其提供生产成本核算服务。这种服务可以帮助公司精确计算生产成本,包括原材料成本、直接人工成本和制造费用等。

本书下篇内容适合学有余力的中职、高职学生,还可作为应用型本科院校的财会教学用书,体现了"中高职一体化"教育理念。

思维导图

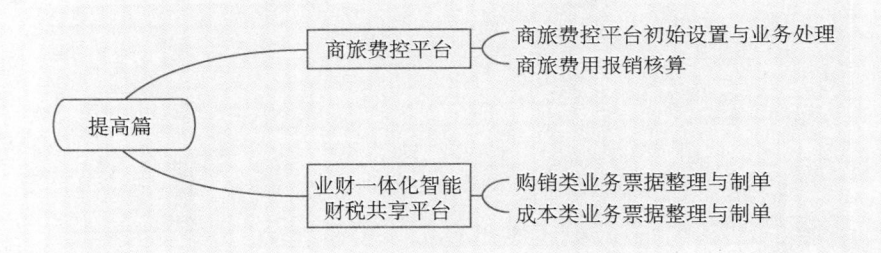

```
                    ┌─ 商旅费控平台 ─── 商旅费控平台初始设置与业务处理
                    │                   商旅费用报销核算
        提高篇 ─────┤
                    │                      购销类业务票据整理与制单
                    └─ 业财一体化智能 ───
                       财税共享平台         成本类业务票据整理与制单
```

项目七
商旅费控平台

项目导入

电子商务公司引入商旅费控平台

深圳助学信息科技有限公司（以下简称助学科技）是一家快速发展的电子商务公司。助学科技面临差旅业务日益增长的问题，公司决定向第三方引入商旅费控平台来处理整个公司的商旅和费用问题。

公司财务部门先对现有的差旅业务流程进行了全面的分析，确定了需要自动化的业务环节。在对比了市场上的多种系统后，公司选择了一款集成度高、用户评价好的商旅费控平台，并与供应商合作，进行定制化开发。

IT部门与财务部门合作，将公司已有的智能财税系统与商旅费控平台联通，确保数据能够准确、无误地从业务系统传输到财务系统。在系统部署完成后，公司将历史财务数据迁移到新的系统中，并进行了一系列的数据验证和测试，确保系统的稳定性和准确性。

通过引入商旅费控平台系统，公司的商旅处理速度显著提升，错误率大幅下降。在商旅费控平台上，企业员工通过PC或手机App能够随时随地进行差旅申请、预订酒店、机票、车票等，并完成发票识别查验，企业管理层在平台上完成审批、审核，财务部通过平台系统完成复核、费用支付、记账及费用分析等，使差旅费结算更加便捷、高效。

请思考：

（1）讨论作为新时代的财会人员，在数字化时代该如何利用新技术为企业费用管理提供解决方案，以推动流程创新、提高合规性和改进工作效率？

（2）讨论作为一名管理者，引入商旅费控平台后，在不影响业务开展和出行体验的前提下，如何实现差旅费的精细化管理，降低企业差旅成本并提高员工出行效率，提高员工对差旅费报销的满意度？

项目技能目标

1. 熟悉差旅费票据类型。
2. 熟悉费用报销流程，能够独立完成费用报销单的填写和提交及审批。
3. 能将平台上的费用票据生成相关记账凭证。

任务 1 商旅费控平台初始设置与业务处理

学习目标

1. 学习并理解公司差旅费管理办法。
2. 了解差旅费用的类型。
3. 掌握商旅费控平台的业务处理规则和业务类型设置。

素养目标

1. 培养遵守公司财务政策和预算的意识。
2. 提高对财务管理重要性的认识,理解控制差旅费对公司成本管理的影响。

一、任务情境

(一)任务场景

1. 公司基本情况

助学科技始建于 2016 年,该公司位于深圳市,主要从事软件和信息技术服务。公司基本信息如下:

公司名称:深圳助学信息科技有限公司

会计准则:2007 企业会计准则

建账会计期:2020 年 11 月

统一社会信用代码(纳税人识别号):91410301355873469M

纳税人类型:一般纳税人

法人代表:刘宇

经营地址及电话:深圳市福田区技术开发区 66 号 0755-86556688

开户银行:工商银行深圳市福田支行(基本存款账户)

开户银行账号:6222002298552100199

电子邮箱:zxkj@yh.com.cn

记账本位币:人民币

人民币单位:元

行业:软件信息

类型:中型企业

2. 机构设置

助学科技设立总经办、财务部、市场部、营销部、人事部 5 个部门,部门职员信息表如表 7-1 所示。

表 7-1　　　　　　　　　　　　部门职员信息表

编号	姓名	所属部门	性别	身份证号	手机号	雇用时间
101	李于天	总经办	男	120101199003118257	18610672274	2019年4月1日
201	周瑞博	市场部	男	120101199001042325	13822632121	2019年4月1日
202	朱治国	营销部	男	120101199003105321	18890243401	2019年4月1日
301	刘凡	人事部	女	120101199003030654	13833689089	2019年4月1日
302	王鑫	人事部	女	120101199011079018	13300971054	2019年4月1日
401	胡凯	财务部	男	120010199001070021	15645262524	2019年4月1日
402	车森	财务部	女	120101199003141350	18755460001	2019年4月1日
403	张明	财务部	男	110102199209283003	18600007777	2019年4月1日

3. 差旅费报销标准的设定

2020年11月，助学科技管理层要求通过系统管理差旅标准与报销，系统对超标预订进行提示，控制报销成本。差旅费管理办法如下：

（1）餐饮补助按出差自然（日历）天数计算，按照每人每天80元包干使用。

（2）交通补助是指工作人员因公出差期间发生的市内交通费用，按出差自然（日历）天数计算，每人每天20元包干使用。

（3）出差人员应根据职级类别按规定乘坐相应交通工具（火车、国内航线飞机），凭据报销城市间交通费，城市间交通费具体标准表如表7-2所示。

表 7-2　　　　　　　　　　　　城市间交通费具体标准表

职级	火车可选座位	飞机可选舱位
1级	硬座/软座/硬卧/软卧/高级软卧/一等软座/二等软座/商务座/高级动卧/特等软座/动卧/一等卧/二等卧/一等座/二等座/特等座/无座	经济舱/超级经济舱/公务舱/头等舱
2级	硬座/软座/硬卧/软卧/一等软座/二等软座/一等座/二等座/无座	经济舱/超级经济舱/公务舱
3级	硬座/软座/硬卧二等软座/一等座	经济舱/超级经济舱

（4）出差人员应根据职级类别按规定选择住宿费标准，住宿费标准表如表7-3所示。

表 7-3　　　　　　　　　　　　住宿费标准表　　　　　　　　　　　　单位：元

职级	城市级别	酒店价格
1级	一线城市	750
1级	二线城市	700
1级	三线及以下	600
2级	一线城市	600
2级	二线城市	550

(续表)

职级	城市级别	酒店价格
2级	三线及以下	450
3级	一线城市	450
3级	二线城市	400
3级	三线及以下	300

4. 填写出差申请单

2020年11月5日,公司财务部员工张明申请去北京出差,按照公司要求,填写出差申请单。申请单内容如下：

出差人：张明

出差事由：财务制度培训会议

出差类型：培训出差

出差日期始：2020年11月5日

出差日期止：2020年11月10日

出发地：深圳至北京

费用归属：财务部

交通工具：飞机

住宿：酒店

5. 订票出行

按照公司标准,张明需要在商旅平台上订票出行,订票信息如下：

(1) 2020年11月5日,深圳—北京,采用公司月结方式支付。

(2) 2020年11月10日,北京—深圳,采用公司月结方式支付。

(3) 2020年11月5日至2020年11月10日,住在北京西站南广场亚朵酒店雅致房(到店时间:22:00—23:59),采用公司月结方式支付。

(二) 任务布置

(1) 请根据相关信息完成差旅费报销标准的设定,包括设定出差交通标准、出差住宿标准、出差补助标准。

(2) 企业发生商旅业务时,在平台上填写出差申请单并审批,以及预订机票、酒店。

二、任务准备

(一) 知识准备

1. 费用的定义

费用是指企业日常生产经营活动中发生的经济利益的流出。费用主要包括计入生产经营成本的费用和计入当期损益的期间费用。费用的确认除了应当符合定义,也应当满足相应的条件。

(1) 与费用相关的经济利益很可能流出企业。

(2) 经济利益流出企业会导致资产的减少或负债的增加。

(3) 经济利益的流出额能够可靠计量。

2. 商旅费用的类别划分

在商旅费用报销中,费用报销的内容主要是员工在日常工作过程中所发生的差旅费及相关交通费等。常见的商旅费用分类表如表 7-4 所示。

表 7-4　　　　　　　　　　　　商旅费用分类表

费用类别	基本含义	取得票据
交通费	出差过程中发生的公共交通及相关手续费	公交车票
出租车费	出差过程中发生的出租车费	出租车票
住宿费	出差过程中发生的住宿费	住宿发票
差旅补助	出差补助	
订票订宿费	出差过程中预订车票、酒店的费用	订票订宿发票

3. 费用标准

考虑到人员等级差异及地区消费水平差异,不同的员工去不同地区出差,差旅费的标准并不相同。一类、二类、三类地区分类设定不同的住宿标准,同时,不同级别的员工的出差补助也不相同,公司员工应在标准限额内进行报销。

4. 费用审批流程

费用审批流程是企业内部控制的重要内容。费用审批流程按照权限实施,审批流程的完备性能够明确出差流程各环节人员责任,减少控制点,提升主流程效率;能够明确激励机制,强化制度建设。

5. 费用预算

费用预算是指企事业为费用支出成本而做的成本预算。一般事先做好计划,然后严格按预算执行,如果有超出,则需要特别的流程进行审批。事后对预算和执行情况进行对比研究分析,为下一预算提供科学依据。

(二) 操作准备

(1) 登录商旅费控平台。
(2) 查阅公司差旅费管理办法。
(3) 明确差旅费报销标准。

(三) 任务要领

(1) 了解公司政策和预算,确保制定的标准在公司财务承受范围之内。
(2) 填写出差申请单,由相关负责人进行审批。
(3) 依据企业的实际需求,提供预订机票、酒店等商旅服务。

三、任务流程

商旅费控平台初始设置与业务处理流程如图 7-1 所示。

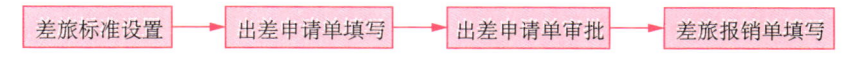

差旅标准设置 → 出差申请单填写 → 出差申请单审批 → 差旅报销单填写

图 7-1　商旅费控平台初始设置与业务处理流程

四、任务操作

（1）点击"工作领域一"—"开始练习"，进入商旅费控平台。商旅费控平台如图7-2所示。

图7-2 商旅费控平台

（2）设定机票标准。点击"设置"—"差旅标准"—"机票标准"—"新建"。设定机票标准如图7-3所示。

图7-3 设定机票标准

根据表7-2，1级职级飞机可选舱位包括经济舱、超级经济舱、公务舱、头等舱。设定1级职级飞机机票标准如图7-4所示。其余职级机票标准设定操作与1级职级相同，此处不再赘述，设定机票标准如图7-5所示。

图7-4 设定1级职级飞机机票标准

图 7-5　设定机票标准

（3）设定酒店标准。点击"设置"—"差旅标准"—"酒店标准"—"新建"。设定酒店标准如图 7-6 所示。

图 7-6　设定酒店标准

根据表 7-3，1 级职级一线城市酒店标准是 750 元一晚。设定 1 级职级一线城市酒店标准如图 7-7 所示。其余职级其他城市级别酒店标准设定与 1 级职级相同，此处不再赘述，设定酒店标准如图 7-8 所示。

图 7-7　设定 1 级职级一线城市酒店标准

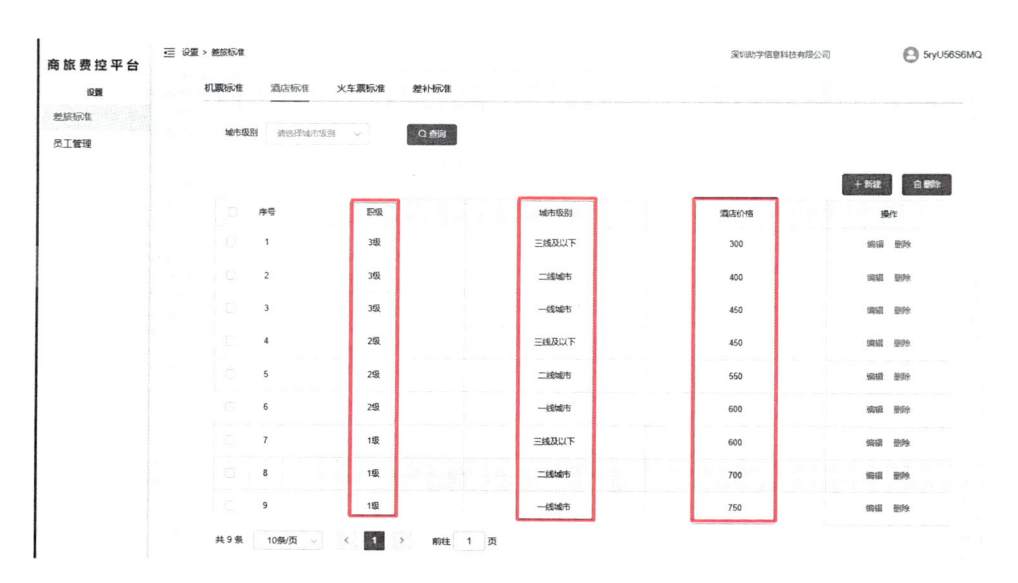

图 7-8　设定酒店标准

（4）设定火车票标准。点击"设置"—"差旅标准"—"火车票标准"—"新建"。设定火车票标准如图 7-9 所示。

图 7-9　设定火车票标准

根据表 7-2，1 级职级火车座位可选 17 种，设定 1 级职级火车票标准如图 7-10 所示。其余职级火车票标准设定与 1 级职级相同，此处不再赘述，设定火车票标准如图 7-11 所示。

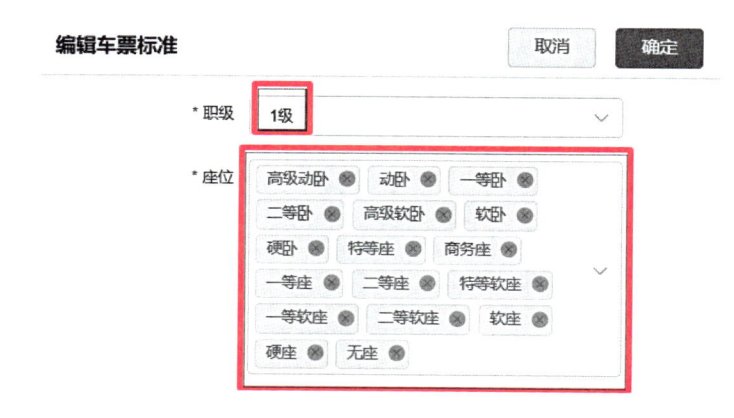

图 7-10　设定 1 级职级火车票标准

图 7-11　设定火车票标准

（5）设定差补标准。点击"设置"—"差旅标准"—"差补标准"—"新建"。设定差补标准如图 7-12 和图 7-13 所示。

图 7-12　设定差补标准(1)

图 7-13　设定差补标准(2)

（6）填写出差申请单。点击"单据"—"出差申请单"—"填写出差申请单"—"保存"—"提交"，填写出差申请单如图 7-14 所示。部门负责人需要对出差申请进行审批，审批出差申请单如图 7-15 所示。

图 7-14　填写出差申请单

图 7-15　审批出差申请单

（7）预订飞机票。点击"机票预订"，填写行程相关信息，先选定去程飞机票，如图 7-16 所示。再选定回程飞机票，如图 7-17 所示。

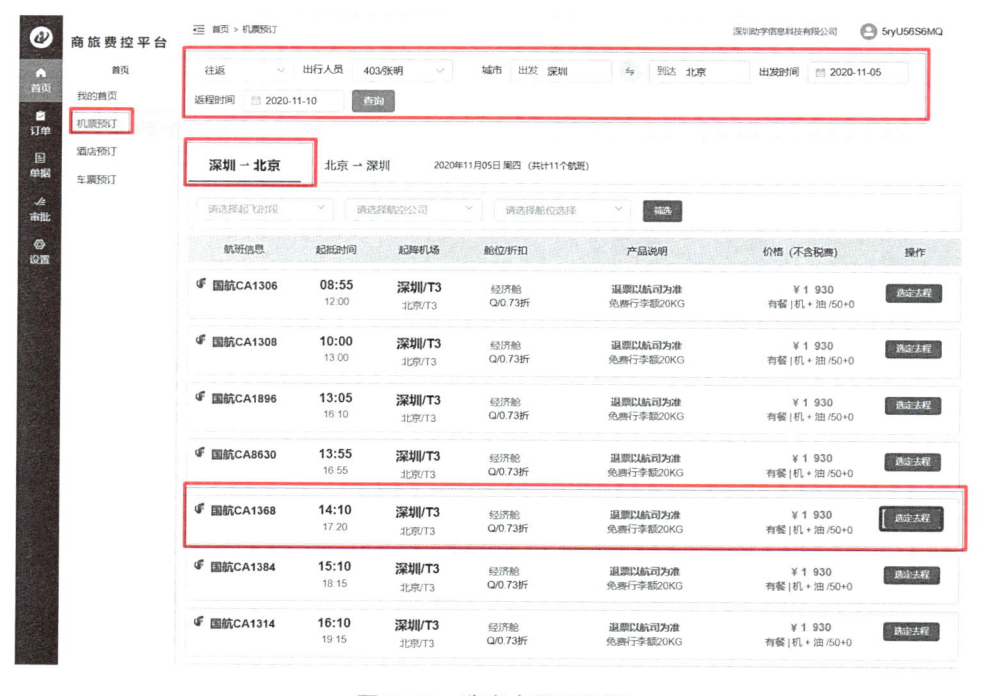

图 7-16　选定去程飞机票

项目七 商旅费控平台

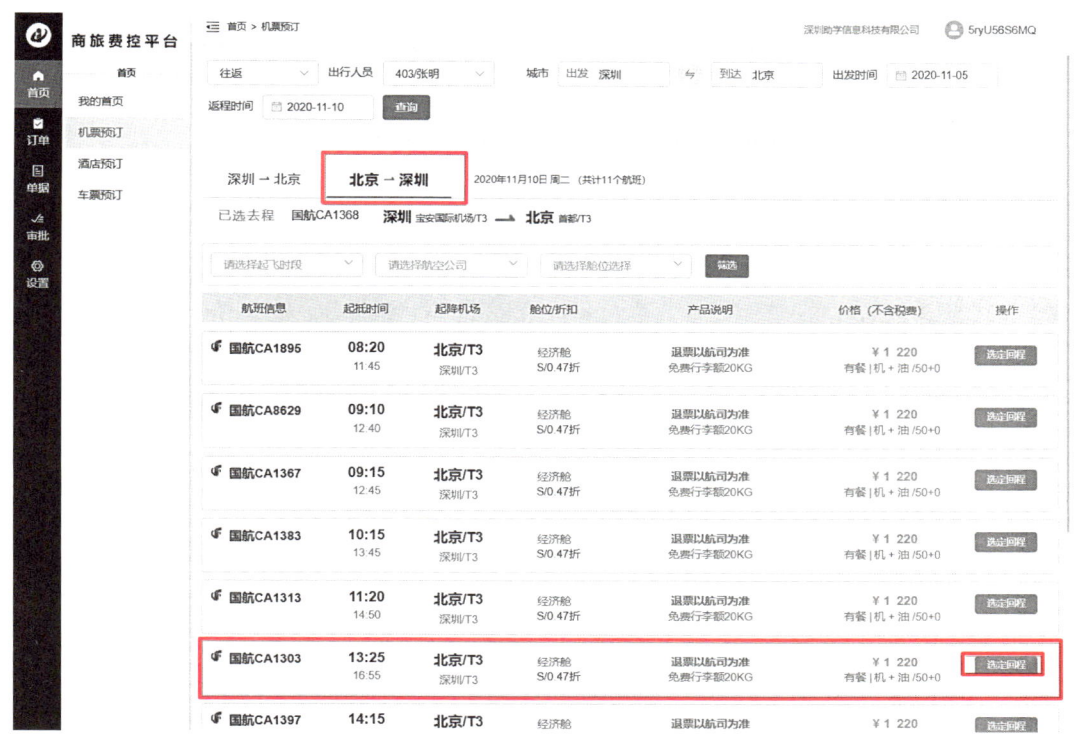

图 7-17 选定回程飞机票

（8）提交飞机票订单并支付。提交飞机票订单如图 7-18 所示，支付飞机票订单如图 7-19 所示，飞机票订单支付成功如图 7-20 所示。

图 7-18 提交飞机票订单

191

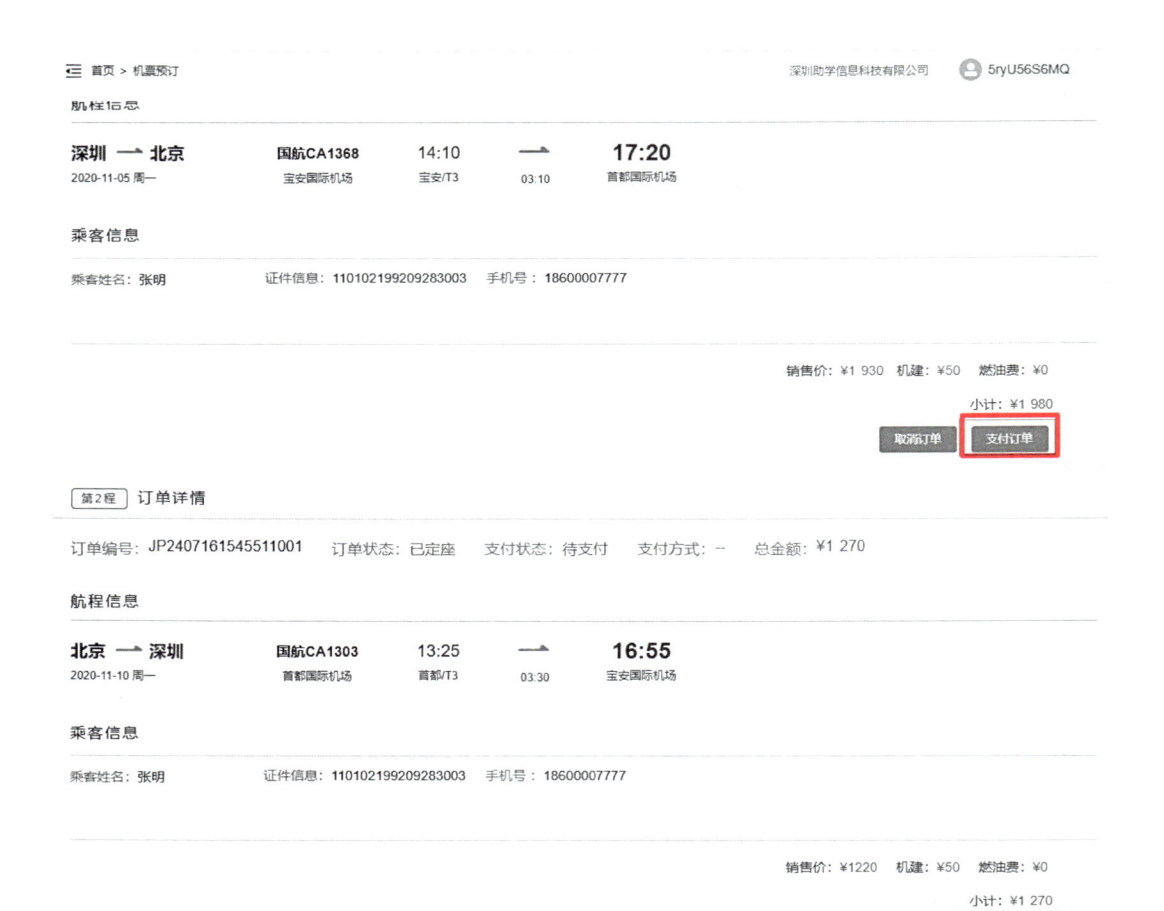

图 7-19　支付飞机票订单

图 7-20　飞机票订单支付成功

（9）预订酒店。点击"酒店预订"，填写入住信息，点击"查询"，选择意向酒店、意向房型。选择意向酒店如图 7-21 所示，选择意向房型如图 7-22 所示，提交酒店订单如图 7-23 所示，支付酒店订单如图 7-24 所示。

图 7-21　选择意向酒店

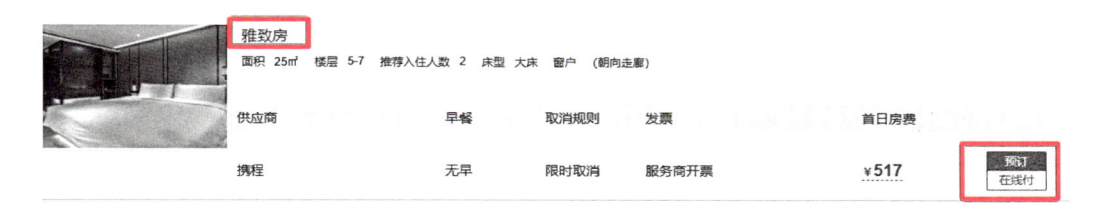

图 7-22　选择意向房型

图 7-23　提交酒店订单

图 7-24　支付酒店订单

五、任务拓展

2020年11月,助学科技管理层要求通过系统管理差旅标准与报销,系统对超标预订进行提示,控制报销成本。2020年11月11～12日,公司市场部员工周瑞博因市场开拓前往上海出差,请在商旅费控平台为周瑞填写出差申请单并审批。

六、任务评价

商旅费控平台初始设置与业务处理任务评价表如表 7-5 所示。

表 7-5　　　　　　　商旅费控平台初始设置与业务处理任务评价表

工作任务清单	完成情况
设定出差交通标准	
设定出差住宿标准	
设定出差补助标准	
填写出差申请单并审批	

任务 2 商旅费用报销核算

🎯 学习目标

1. 依据预算控制规则，在商旅费控平台上进行预算执行控制与预算执行情况分析。
2. 从商旅费控平台取得数据和票据，并进行归集、整理。
3. 掌握差旅费报销的会计处理方法，包括价税分离、相关会计分录及预借款的处理。

🎯 素养目标

1. 培养遵守公司财务政策的意识。
2. 提高对财务管理重要性的认识，理解控制差旅费对公司成本管理的影响。

一、任务情境

（一）任务场景

2020年11月11日，张明出差回来根据实际情况填写报销单，由相应人员审核并放款。去程机票行程单如图7-25所示，回程机票行程单如图7-26所示，住宿费增值税普通发票如图7-27所示。

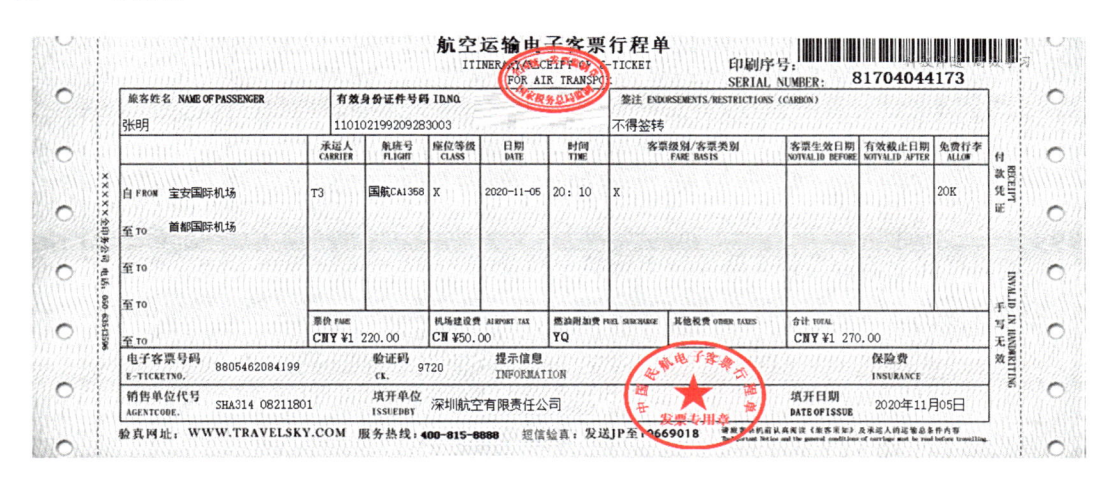

图7-25 去程机票行程单

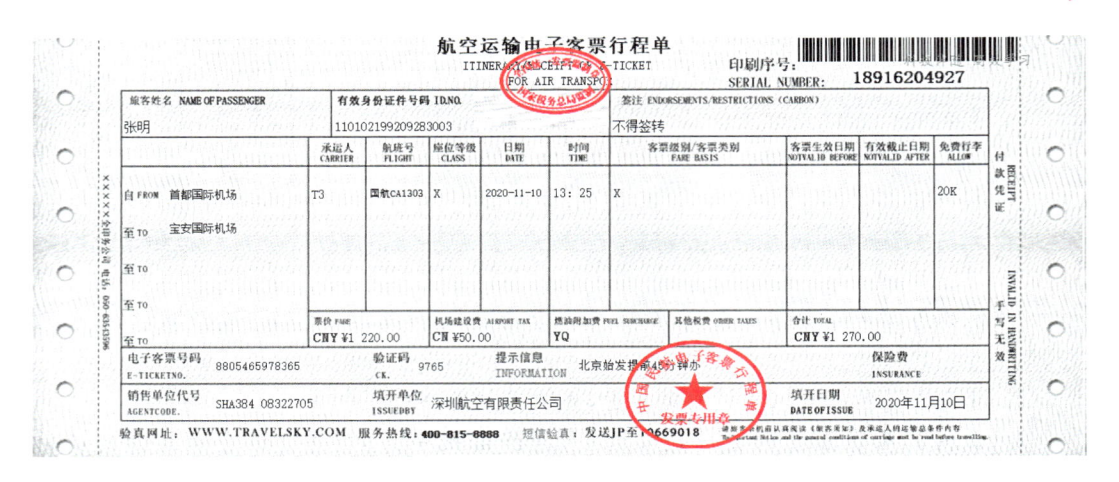

图 7-26　回程机票行程单

图 7-27　住宿费增值税普通发票

（二）任务布置

（1）请根据相关信息替张明填写差旅费报销单。
（2）请相关负责人对报销单进行审批，并由财务部人员放款，完成差旅费报销。

二、任务准备

（一）知识准备

1. 商旅费用的日常管理

商旅费用是指因办理公务出差期间产生的交通费、住宿费和公杂费等各项费用。商旅费用是行政事业单位和企业的一项重要的经常性支出项目，一般包括交通费、住宿费、餐费、差旅补助等。

商旅管理是指企业在专业商旅管理服务团队的协助下对差旅活动进行整体规划和全面

监控、优化差旅管理流程与政策,整合采购资源,从而在不影响业务开展和出行体验的前提下,降低企业差旅成本并提高员工出行效率的活动。财务共享中心通过商旅平台,能够实现差旅费用的精细化管理,加强差旅费用管控,提高员工对商旅费用报销的满意度。

2. 商旅业务的基本流程

在商旅业务中,企业员工通过商旅费控平台进行差旅申请并取得相关领导审批,商旅费控平台根据预置规则和预算进行供应商选择并自动派单。员工出差完毕,扫描差旅费报销单上传系统,财务共享中心根据差旅凭证和事先内置的审批流程进行财务复核、审批,系统内部自动结账,相关会计凭证自动生成,共享中心根据凭证进行结算支付。商旅费控平台能够进行全流程标准管理和个性化管理,提供多维度预订。通过系统生成执行分析报表,可与企业预算系统对接,实现预算数据互联互通,进行商旅费用管控。

3. 商旅费用取得的票据及会计、税务处理

1) 商旅业务相关票据及复核

商旅业务取得的票据主要包括火车票、汽车票、飞机票、酒店住宿发票、市内交通发票、餐票等。在会计处理中,财务共享中心的工作人员应注意重点复核以下内容:

第一,审核票据的真实性、有效性,如查原始单据上是否有盖章,是否合法有效;另外注意检查金额是否一致,票面上该填写的内容是否齐全。

第二,审核出行线路、出行时间、出行人数是否与本单位审批结果一致;票据的数量、时间与路程的连续性等。

第三,复核系统给出的出差补助的标准是否正确。

2) 商旅费用的会计处理规定

根据不同的报销部门,销售部门计入销售费用;研发人员计入研发支出;其他计入管理费用。火车票按照"票面金额÷1.09×0.09"做价税分离计入增值税进项税额,飞机票行程单按照"(票价+燃油附加费)÷1.09×0.09"做价税分离计入增值税进项税额。相关会计分录如下:

借:管理费用——差旅费
　　销售费用——差旅费
　　研发支出——差旅费
　　应交税费——应交增值税(进项税额)
　贷:银行存款/库存现金

如果有预借款则多退少补,差额计入银行存款或库存现金。

借:管理费用——差旅费
　　销售费用——差旅费
　　研发支出——差旅费
　　应交税费——应交增值税(进项税额)
　贷:其他应收款
　　　银行存款/库存现金(差额)

3) 商旅费用的税务处理规定

《财政部 税务总局 海关总署关于深化增值税改革有关政策的公告》(财政部 税务总局 海关总署公告2019年第39号)规定,纳税人购进国内旅客运输服务,其进项税额允许从销项税额中抵扣。根据规定,旅客运输服务自2019年4月1日起可以抵扣进项税额。

购进境内旅客运输服务的抵扣政策如表 7-6 所示。

表 7-6　　　　　　　　购进境内旅客运输服务的抵扣政策

取得的抵扣凭证	抵扣政策
增值税电子普通发票	发票上注明的税额（凭票抵扣）
注明旅客身份信息的航空运输电子客票行程单	（票价＋燃油附加费）÷(1＋9%)×9%
注明旅客身份信息的铁路车票	票面金额÷(1＋9%)×9%
注明旅客身份信息的公路、水路等其他客票	票面金额÷(1＋3%)×3%

（二）操作准备

（1）熟悉操作系统。

（2）查阅公司差旅费管理办法。

（3）明确差旅费报销标准。

（三）任务要领

（1）了解公司政策和预算，确保制定的标准在公司财务承受范围之内。

（2）明确报销流程和所需材料，简化报销步骤，提高报销效率。

三、任务流程

商旅费用报销核算流程如图 7-28 所示。

差旅报销单填写 → 差旅报销单审批 → 财务部门放款并生成记账凭证

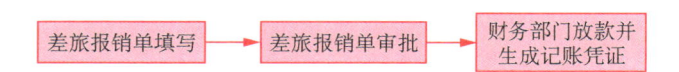

图 7-28　商旅费用报销核算流程

四、任务操作

（1）出差结束，填写差旅报销单。点击"单据"—"差旅报销单"—"新增"，通过关联出差申请单填写差旅报销单。点击"关联申请单新增"—"选取出差申请单"—"确定"。填写差旅报销单如图 7-29 所示。

图 7-29　填写差旅报销单

（2）填写机票行程单报销费用。在费用明细栏，点击"添加费用"，选择去程机票行程单。票据类型选择"行程票"，根据票价1 120元和机场燃油费50元做价税分离，计算得出票据金额为1 123.89元，票据税额为146.11元。去程机票行程单报销明细如图7-30所示。回程机票行程单报销明细不再赘述。

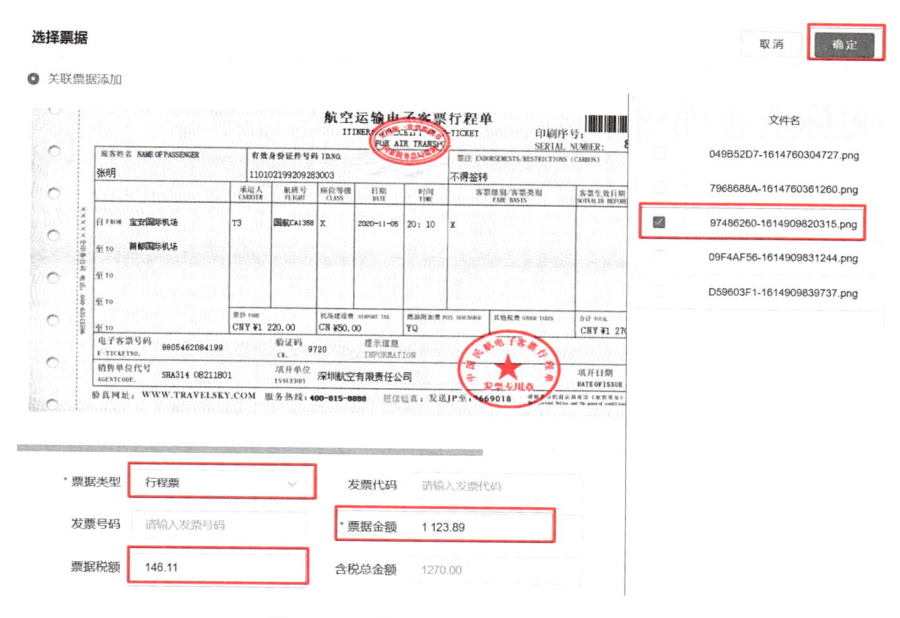

图7-30　去程机票行程单报销明细

（3）填写住宿费发票报销费用。在费用明细栏，点击"添加费用"，选择住宿费发票原始凭证。票据类型选择"增值税普通发票"，由于是增值税普通发票，税额不可以抵扣，票据金额为价税合计金额2 250元。住宿费发票报销明细如图7-31所示。

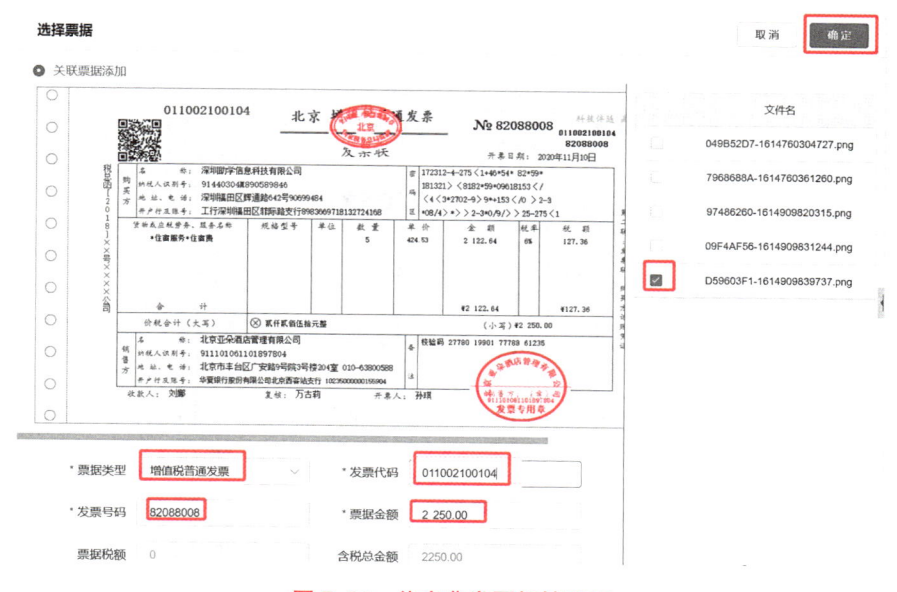

图7-31　住宿费发票报销明细

智能财税

（4）填写差旅费用报销单，点击"保存"—"提交"—"审批"—"放款"。差旅费用报销单如图 7-32 所示。

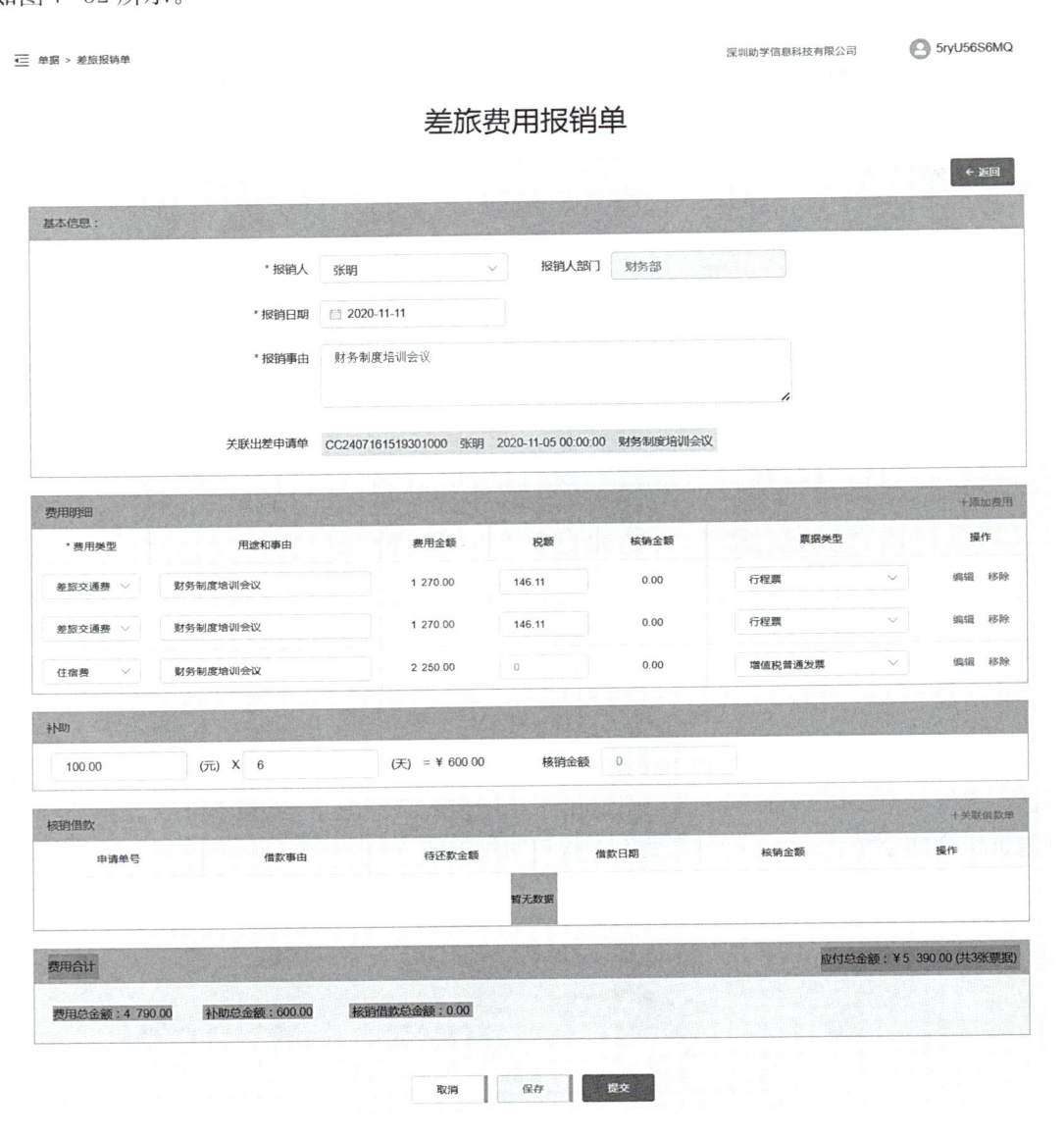

图 7-32　差旅费用报销单

五、任务拓展

2020 年 11 月，助学科技管理层要求通过系统管理差旅标准与报销，系统对超标预订进行提示，控制报销成本。2020 年 11 月 11～12 日，公司市场营销部门员工周瑞博因市场开拓前往上海出差，出差回来后根据去程机票行程单（图 7-33），回程机票行程单（图 7-34）和住宿费增值税普通发票（图 7-35）填写差旅费用报销单，提交财务部经理进行审核。同时周瑞博线下整理发票、贴票，并将整理好的发票投递给财务部门，由相应人员审核并放款。

图 7-33　去程机票行程单

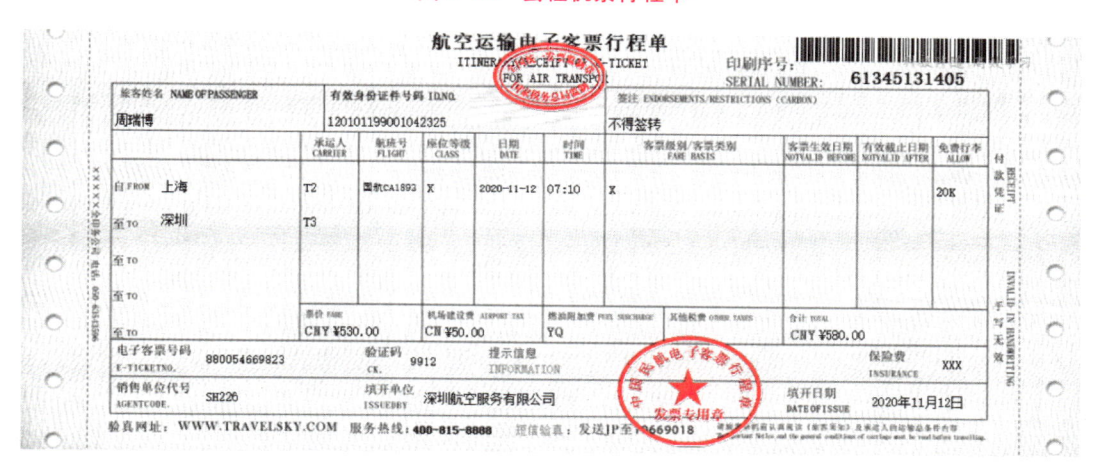

图 7-34　回程机票行程单

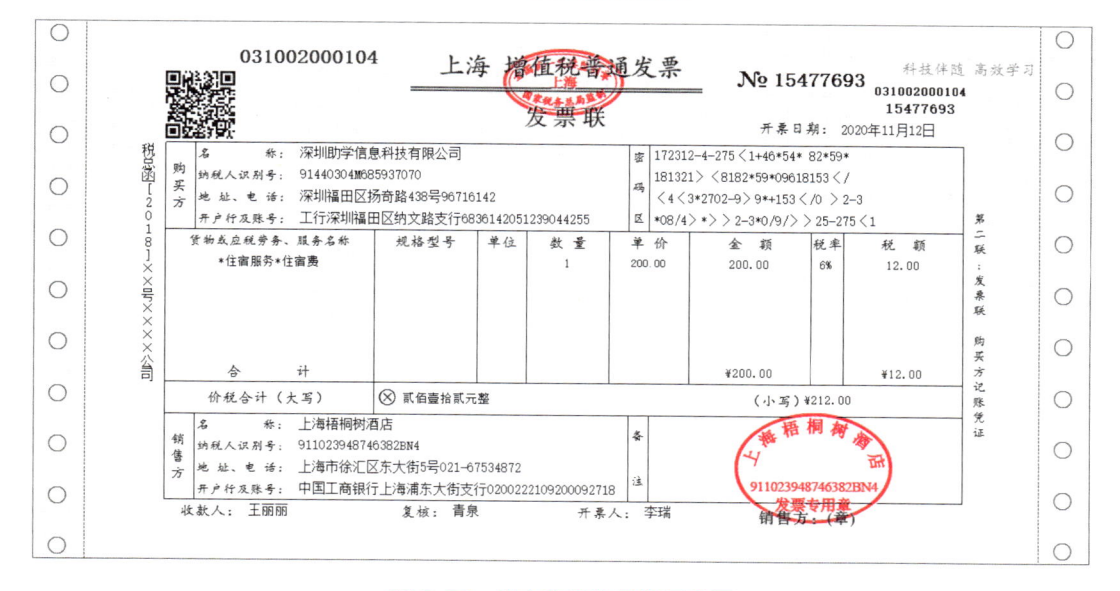

图 7-35　住宿费增值税普通发票

六、任务评价

商旅费用报销核算任务评价表如表 7-7 所示。

表 7-7　　　　　　　　　商旅费用报销核算任务评价表

工作任务清单	完成情况
填写差旅费报销单	
审批差旅费报销单	
放款并生成记账凭证	

项目八
业财一体化智能财税共享平台

项目导入

北京星晨办公用品有限公司(以下简称星晨公司)是一家销售签字笔、计算器、打印纸等办公用品的公司。北京美味多食品有限公司(以下简称美味多公司)是一家主要经营草莓果酱、蓝莓果酱等商品的生产与销售的公司。随着销售渠道的扩展和交易量的增加,传统的人工记账方式已经无法满足公司对效率和准确性的要求。为了解决这一问题,星晨公司和美味多公司决定引入业财一体化智能财税共享平台来处理会计事务。

两家公司财务部门先对现有的财务流程进行了全面的分析,确定了需要自动化的业务环节,包括购销业务、成本类业务等票据整理与制单。在对比了市场上的多种智能财税系统后,星晨公司和美味多公司选择了一款集成度高、用户评价好的智能财税系统,并与供应商合作进行定制化开发。

IT部门与财务部门合作,将智能财税系统与它们的ERP、CRM等业务系统集成,确保数据能够准确、无误地从业务系统传输到财务系统。在系统部署完成后,两家公司将历史财务数据迁移到新的智能财税系统中,并进行了一系列的数据验证和测试,确保系统的稳定性和准确性。

通过引入智能财税系统,星晨公司和美味多公司的财务处理速度显著提升,错误率大幅下降。财务报表的编制时间缩短,为管理层提供了更加及时、准确的财务信息。同时,财务人员得以从烦琐的数据处理工作中解放出来,更多地关注财务分析和决策支持工作。

请思考:

(1)讨论作为新时代的财会人员,在数字化时代该如何利用新技术为企业购销业务、成本类业务管理提供解决方案,以推动流程创新、提高合规性和改进工作效率?

(2)财会人员引入财务机器人进行财务自动化处理,该如何进行转换工作内容?

项目技能目标

1. 熟悉购销类业务及成本类业务的票据类型。
2. 熟悉购销类业务的财务处理流程。
3. 熟悉成本类业务票据的制单工作。

任务 1 购销类业务票据整理与制单

> **学习目标**
> 1. 了解采购和销售的基本概念、流程、业务类别,以及收入的确认和计量。
> 2. 熟悉采购和销售合同,并进行票据整理和制单。
> 3. 掌握使用"财天下"平台进行业务处理、审批和生成记账凭证。
>
> **素养目标**
> 1. 遵守职业道德,坚守诚信和保密原则。
> 2. 提高团队合作精神,与团队成员协作,共同完成复杂的财务任务。

一、任务情境

(一)任务场景

1. 公司基本情况

星晨公司始建于 2016 年,位于北京市,主要经营签字笔、计算器、打印纸等商品的销售。公司基本情况如下:

公司名称:北京星晨办公用品有限公司

会计准则:2007 企业会计准则

建账会计期:2020 年 5 月

统一社会信用代码(纳税人识别号):91110106469069096A

纳税人类型:一般纳税人

法人代表:董晴

经营地址及电话:北京市朝阳区亚运村大屯路 1 号 010-57982828

邮编:100101

开户银行:中国银行北京亚运村支行(基本存款账户)

开户银行账号:6216612800013578655

电子邮箱:xcbg@yh.com.cn

记账本位币:人民币

人民币单位:元

行业:商品流通

类型:中型企业

税控盘密码:88888888

2. 公司内部机构设置

星晨公司设立行政部、财务部、采购部、销售部、库管部 5 个部门,同时设有一个商品库,由库管部负责管理。部门及职员信息表如表 8-1 所示。

表 8-1 　　　　　　　　　　　　　部门及职员信息表

姓名	所属部门	性别	身份证号	手机号	雇佣时间	受雇类型
陈恩	行政部	男	310101198008147431	18210670993	2018年1月1日	雇员
李嘉欣	销售部	女	310101198008296742	13022635455	2018年1月1日	雇员
王诺鑫	销售部	男	310101198208133953	18790249098	2018年1月1日	雇员
陈伯俊	采购部	男	310101197308142798	13533685584	2018年1月1日	雇员
李浩鹏	采购部	男	310101197808158190	13100972296	2018年1月1日	雇员
王妍丁	财务部	女	310101197611037728	15845261314	2018年1月1日	雇员
李子晨	库管部	男	310101198510097396	18955462267	2018年1月1日	雇员
王雨微	财务部	女	310101197701207960	18633648879	2018年1月1日	雇员
金晶	库管部	女	110101199606219961	18911003471	2018年1月1日	雇员

3. 公司仓库设置

公司的仓库信息表如表 8-2 所示。

表 8-2 　　　　　　　　　　　仓库信息表

编码	名称	地址	仓库管理员
CK0001	南仓库	北京市朝阳区亚运村大屯路1号301室	李子晨

4. 存货设置

公司的存货信息表如表 8-3 所示，5 月存货期初余额表如表 8-4 所示。

表 8-3 　　　　　　　　　　　存货信息表　　　　　　　　　　　金额单位:元

编码	存货名称	规格型号	计量单位	是否销售	税收分类大类	税收分类小类	销售报价	采购参考价	所属仓库	增值税税率
000001	齐力草稿纸	A4	包	是	货物	纸制品	30	22	南仓库	13%
000002	齐力打印纸	A3	包	是	货物	纸制品	55	45	南仓库	13%
000003	齐力计算器	双电源	个	是	货物	绘图测量仪器	30	20	南仓库	13%
000004	大米签字笔	0.5 mm	盒	是	货物	文具	15	10	南仓库	13%
000005	大米圆珠笔	0.38 mm	盒	是	货物	文具	12	7	南仓库	13%

表 8-4 　　　　　　　　　　　5 月存货期初余额表　　　　　　　　　　　金额单位:元

商品编码	商品名称	规格型号	计量单位	数量	单价	金额	科目编码	科目名称	仓库	核算辅助
00001	齐力草稿纸	A4	包	2 000	22	44 000	1405	库存商品	南仓库	存货、数量
00002	齐力打印纸	A3	包	2 000	45	90 000	1405	库存商品	南仓库	存货、数量

(续表)

商品编码	商品名称	规格型号	计量单位	数量	单价	金额	科目编码	科目名称	仓库	核算辅助
00003	齐力计算器	双电源	个	1 000	20	20 000	1405	库存商品	南仓库	存货、数量
00004	大米签字笔	0.5 mm	盒	2 000	10	20 000	1405	库存商品	南仓库	存货、数量
00005	大米圆珠笔	0.38 mm	盒	2 000	7	14 000	1405	库存商品	南仓库	存货、数量

5. 公司结算方式

公司的结算方式信息表如表 8-5 所示。

表 8-5　　结算方式信息表

结算方式编码	结算方式名称	结算方式类型	收	付	标记
10	现金收支	现金	是	是	
20	银行收支	银行	是	是	银行
30	微信收支	微信	是	是	
40	支付宝收支	支付宝	是	是	
50	冲减预收	应收	是		客户
60	客户欠款	应收	是		客户
70	冲减预付	应付		是	供应商
80	欠供应商款	应付		是	供应商

6. 往来单位设置

公司的供应商信息表如表 8-6 所示,客户信息表如表 8-7 所示。

表 8-6　　供应商信息表

单位编码	供应商名称	社会信用代码	公司地址	联系电话	开户银行	银行账号
000001	天津齐力办公用品有限责任公司	911120115985263478P	天津市河东区顺航路 57 号	022-60395876	中国工商银行顺航支行	1102025875425963152
000002	沈阳大米办公用品有限责任公司	912101063977543523	沈阳市铁西区高花街道 503 号	024-49856663	中国工商银行高花支行	1102025896354587632

表 8-7　　客户信息表

单位编码	客户名称	社会信用代码	公司地址	联系电话	开户银行	银行账号
000003	北京博实商贸有限责任公司	91110105668553414G	北京市大兴区兴业大街 89 号	010-64582229	中国工商银行兴业支行	1102025456983264798
000004	天津承恩商贸有限责任公司	911202213058471187	天津市宁河区海龙路 11 号	022-45786665	交通银行海龙支行	4055485657892346600015

(续表)

单位编码	客户名称	社会信用代码	公司地址	联系电话	开户银行	银行账号
000005	京盛华置业有限公司	911101188355432819	北京市昌平区顺泽大街56号1号楼318室	010-87352285	中国工商银行昌平区支行	0200222109200099729

7. 个性化设置

公司的个性化设置表如表8-8所示。

表8-8　　　　　　　　　　　个性化设置表

所有单据保存后自动审核	否
可用库存允许为负	否
暂估方式	单到回冲
销售出库成本计算方式	月末一次加权平均法
应收确认的依据	销售发票

8. 任务点

（1）建立账套。请会计主管岗人员根据客户信息建立账套，启用供应链，设置基础信息；完善公司主体信息、部门，导入人员和往来单位信息。

（2）完善个性化设置。请会计主管岗人员根据信息，如个性化设置表、仓库信息表、存货信息表、5月存货期初余额表等，完善个性化设置、仓库管理设置、计量单位设置、存货设置、库存期初余额设置等。

（3）采购业务处理。2020年5月2日，公司采购人员李浩鹏与沈阳大米办公用品有限责任公司签订购销合同如图8-1所示，采购0.5 mm大米签字笔1 000盒，每盒不含税价格为10元，0.38 mm大米圆珠笔800盒，每盒不含税价格为7元。签订合同当天，要求当日送到公司仓库，验收合格且收到发票后付款。采购增值税专用发票如图8-2所示，采购入库单如图8-3所示，银行支付回单如图8-4所示。

请财务岗人员根据相关资料进行采购业务处理。

请会计主管岗人员审批采购业务单据无误后，推送至"财天下"平台生成记账凭证。

（4）销售业务处理。5月8日，销售部李嘉欣与北京博实商贸有限责任公司签订购销合同如图8-5所示，销售0.5 mm大米签字笔200盒，每盒不含税价格为15元，0.38 mm大米圆珠笔300盒，每盒不含税价格为12元，合同约定当天发货并开具增值税专用发票（收货人信息即公司开票信息）。销售增值税专用发票如图8-6所示，产品出库单如图8-7所示。

请财务岗人员根据相关资料进行销售业务处理。

请会计主管岗人员审批销售业务单据无误后，推送至"财天下"平台生成记账凭证。

购销合同

合同编号 37659865

购货单位（甲方）： 北京星晨办公用品有限公司

供货单位（乙方）： 沈阳大米办公用品有限责任公司

根据《中华人民共和国合同法》及国家相关法律、法规之规定，甲乙双方本着平等互利的原则，就甲方购买乙方货物一事达成以下协议。

一、货物的名称、数量及价格：

货物名称	规格型号	单位	数量	单价	金额	税率	价税合计
大米签字笔	0.5mm	盒	1 000	10.00	10 000.00	13%	11 300.00
大米圆珠笔	0.38mm	盒	800	7.00	5 600.00	13%	6 328.00
合计（大写）	壹万柒仟陆佰贰拾捌元整						¥17 628.00

二、交货方式和费用承担：交货方式： 销货方送货 ，交货时间： 2020年05月02日 前，交货地点：北京市朝阳区亚运村大屯路1号 ，运费由 销货方 承担。

三、付款时间与付款方式： 签订合同当天，要求当日送到公司仓库，验收合格后且收到发票后付款，并开具增值税专用发票 。

四、质量异议期：订货方对供货方的货物质量有异议时，应在收到货物后 15日 内提出，逾期视为货物质量合格。

五、未尽事宜经双方协商可作补充协议，与本合同具有同等效力。

六、本合同自双方签字、盖章之日起生效；本合同壹式贰份，甲乙双方各执壹份。

甲方（签章）：		乙方（签章）：	
授权代表：	董晖	授权代表：	王童
地址：	北京市朝阳区亚运村大屯路1号	地址：	沈阳市铁西区高花街道503号
电话：	010-57982828	电话：	024-49856663
日期：	2020 年 05 月 02 日	日期：	2020 年 05 月 02 日

图 8-1 购销合同

2100151140

辽宁 增值税专用发票

发票联

№ 43552800 2100151140 43552800

机器编号：982888812388

开票日期： 2020年05月02日

税总函[2016]××号××××公司

购买方	名称：北京星晨办公用品有限公司 纳税人识别号：91110106469069096A 地址、电话：北京市朝阳区亚运村大屯路1号010-57982828 开户行及账号：中国银行北京亚运村支行6216612800013578655	密码区	172312-4-275＜1+46*54* 82*59* 181321＞＜8182*59*09618153＜/ ＜4＜3*2702-9＞9*+153＜/0 ＞2-3 *08/4＞*＞＞2-3*0/9/＞＞25-275＜1

货物或应税劳务、服务名称	规格型号	单位	数量	单价	金额	税率	税额
*文具*大米签字笔	0.5mm	盒	1 000	10.00	10 000.00	13%	1 300.00
*文具*大米圆珠笔	0.38mm	盒	800	7.00	5 600.00	13%	728.00
合计					¥15 600.00		¥2 028.00
价税合计（大写）	⊗壹万柒仟陆佰贰拾捌元整				（小写）¥17 628.00		

销售方	名称：沈阳大米办公用品有限责任公司 纳税人识别号：912101063977543523 地址、电话：沈阳市铁西区高花街道503号024-49856663 开户行及账号：中国工商银行高花支行1102025896354587632	备注	校验码 52118 0281[illegible]

收款人： 赵丽 复核： 郝萍 开票人： 赵丽 销售方：（章）

第三联：发票联 购买方记账凭证

图 8-2 采购增值税专用发票

入库单

No. 58861105

供货单位：沈阳大米办公用品有限责任公司　　2020 年 05 月 02 日

编号	品名	规格	单位	数量	单价	金额	备注
004	大米签字笔	0.5mm	盒	1 000	10.00	10 000.00	
005	大米圆珠笔	0.38mm	盒	800	7.00	5 600.00	
	合　计					15 600.00	

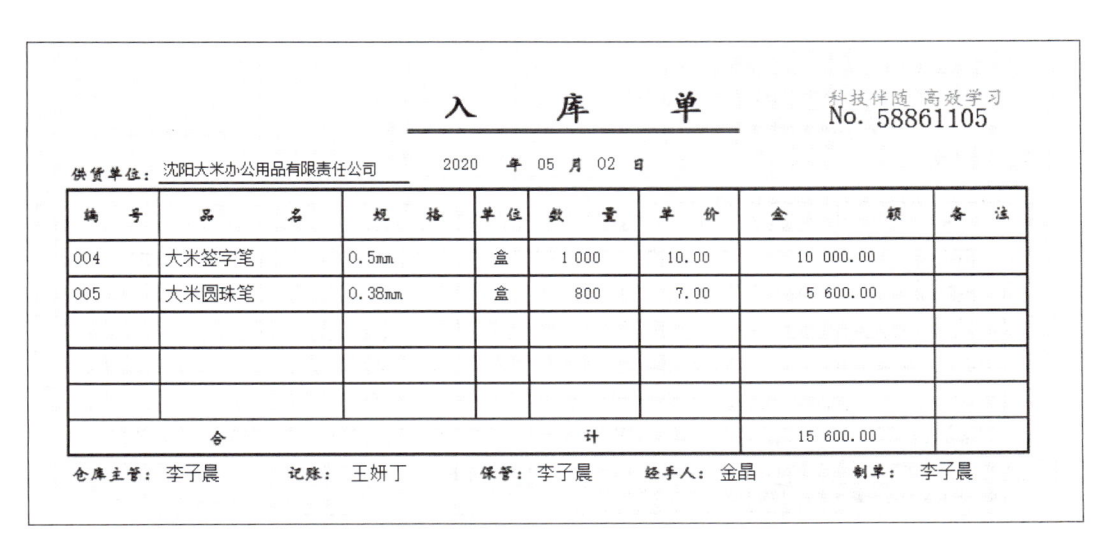

仓库主管：李子晨　　记账：王妍丁　　保管：李子晨　　经手人：金晶　　制单：李子晨

图 8-3　采购入库单

中国银行 网上银行电子回单

电子回单号码：40167936232

付款人	户名	北京星晨办公用品有限公司	收款人	户名	沈阳大米办公用品有限责任公司
	账号	6216612800013578655		账号	1102025896354587632
	开户银行	中国银行北京亚运村支行		开户银行	中国工商银行高花支行
金额		人民币(大写)：壹万柒仟陆佰贰拾捌元整			¥17 628.00 元
摘要		支付货款	业务种类		
用途					
交易流水号		98291228581122	时间戳		2020-05-02
(电子回单专用章)		备注：			
		验证码：83236244			
记账网点	255		记账柜员	196	记账日期　2020年05月02日

打印日期：2020年05月02日

图 8-4　银行支付回单

购销合同

合同编号 39728914

购货单位（甲方）： 北京博实商贸有限责任公司

供货单位（乙方）： 北京星晨办公用品有限公司

根据《中华人民共和国合同法》及国家相关法律、法规之规定，甲乙双方本着平等互利的原则，就甲方购买乙方货物一事达成以下协议。

一、货物的名称、数量及价格：

货物名称	规格型号	单位	数量	单价	金额	税率	价税合计
大米签字笔	0.5mm	盒	200	15.00	3 000.00	13%	3 390.00
大米圆珠笔	0.38mm	盒	300	12.00	3 600.00	13%	4 068.00
合计（大写）	柒仟肆佰伍拾捌元整						¥7 458.00

二、交货方式和费用承担：交货方式：销货方送货，交货时间：2020年05月08日前，交货地点：北京市大兴区兴业大街89号，运费由购货方承担。

三、付款时间与付款方式：收到货物7日内付款。

四、质量异议期：订货方对供货方的货物质量有异议时，应在收到货物后15日内提出，逾期视为货物质量合格。

五、未尽事宜经双方协商可作补充协议，与本合同具有同等效力。

六、本合同自双方签字、盖章之日起生效；本合同壹式贰份，甲乙双方各执壹份。

甲方（签章）：
授权代表：刘宏
地址：北京市大兴区兴业大街89号
电话：010-64[illegible]2229
日期：2020 年 05 月 08 日

乙方（签章）：
授权代表：李嘉欣
地址：北京市朝阳区亚运村大屯路1号
电话：010-579[illegible]828
日期：2020 年 05 月 08 日

图 8-5　购销合同

1100151140　　北京增值税专用发票　　№ 00812848　1100151140　00812848

发票联

机器编号：982888812388　　开票日期：2020年05月08日

税总函[2016]××号××××公司

购买方：
名称：北京博实商贸有限责任公司
纳税人识别号：91110105668553414G
地址、电话：北京市大兴区兴业大街89号010-64582229
开户行及账号：中国工商银行兴业支行1102025456983264798

密码区：
172312-4-275<1+46*54* 82*59*
181321><8182*59*09618153</
<4<3*2702-9>9*+153</0 >2-3
08/4>>>2-3*0/9/>>25-275<1

货物或应税劳务、服务名称	规格型号	单位	数量	单价	金额	税率	税额
*文具*大米签字笔	0.5mm	盒	200	15.00	3 000.00	13%	390.00
*文具*大米圆珠笔	0.38mm	盒	300	12.00	3 600.00	13%	468.00
合计					¥6 600.00		¥858.00
价税合计（大写）	⊗柒仟肆佰伍拾捌元整				（小写）¥7 458.00		

销售方：
名称：北京星晨办公用品有限公司
纳税人识别号：91110106469069096A
地址、电话：北京市朝阳区亚运村大屯路1号010-57982828
开户行及账号：中国银行北京亚运村支行6216612800013578655

备注：校验码 52118 02817 08248 22306

收款人：赵茜　　复核：王珂　　开票人：赵茜　　销售方：（章）

第一联：记账联　销售方记账凭证

图 8-6　销售增值税专用发票

项目八　业财一体化智能财税共享平台

出　库　单　　No. 48196800

购货单位：北京博实商贸有限责任公司　　2020 年 05 月 08 日

编号	品名	规格	单位	数量	单价	金额	备注
004	大米签字笔	0.5mm	盒	200			
005	大米圆珠笔	0.38mm	盒	300			
合计							

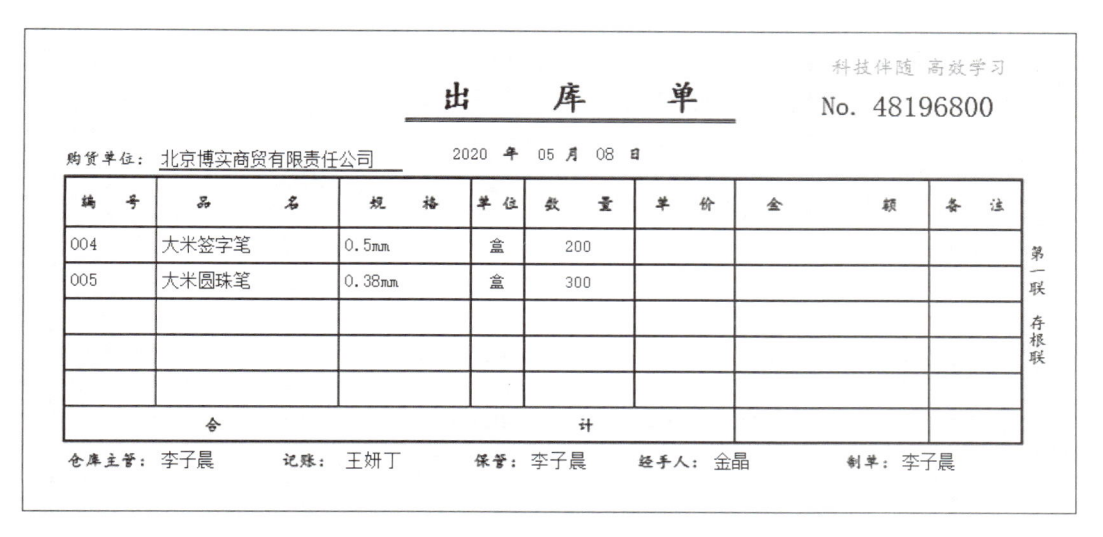

仓库主管：李子晨　　记账：王妍丁　　保管：李子晨　　经手人：金晶　　制单：李子晨

第一联　存根联

图 8-7　产品出库单

(5) 收到货款处理。2020 年 5 月 12 日，收到北京博实商贸有限责任公司货款收款回单如图 8-8 所示。

请财务岗人员新建收款单并提交审批。

请会计主管岗人员审批收款单并提交至"财天下"平台生成记账凭证。

中国工商银行　网上银行电子回单

电子回单号码：39350538041

付款人	户名	北京博实商贸有限责任公司	收款人	户名	北京星晨办公用品有限公司
	账号	11020254569832
64798		账号	6216612800013578655
	开户银行	中国工商银行兴业支行		开户银行	中国银行北京亚运村支行
金额		人民币(大写)：柒仟肆佰伍拾捌元整			￥7 458.00 元
摘要		收到货款	业务种类		
用途					
交易流水号		24526841388997	时间戳		2020-05-08
(中国工商银行 电子回单专用章)		备注：			
		验证码：19571967			
记账网点	519	记账柜员	469	记账日期	2020年05月08日
				打印日期：	2020年05月08日

图 8-8　货款收款回单

(二) 任务布置

(1) 增加人员信息。
(2) 增加仓库信息。

211

(3) 增加库存期初数据。
(4) 根据采购业务生成会计凭证。
(5) 根据销售业务生成会计凭证。
(6) 结转销售产品成本。

二、任务准备

(一) 知识准备

1. 采购概述

1) 采购的定义

采购是指企业在一定的条件下从供应市场获取产品或服务作为企业资源,以保证企业生产及经营活动正常开展的一项企业经营活动。

2) 采购的流程

采购的流程包括提出采购计划、审核计划、选择供应商、确定交货条件、签订合同交货等。

(1) 企业需要根据生产需求、销售预测等因素,制定出一个详细的采购计划。这个计划应该包括所需物资的类型、数量、质量标准、预期成本和采购时间表等内容。采购部门应该与生产部门、销售部门、财务部门等其他相关部门紧密合作,确保采购计划的准确性和可行性。

(2) 采购计划制定完成后,需要提交给相关的管理层进行审核。审核的目的是确保采购计划符合企业的整体战略目标,并使成本效益最大化。在审核过程中,可能需要对采购计划进行调整或优化,以确保其合理性和实施的可行性。

(3) 审核通过后,企业将进入选择供应商的阶段。这一阶段需要对潜在供应商进行评估和筛选,考虑供应商的信誉、交货能力、价格、质量保证和售后服务等多个因素。通常,企业会通过招标、询价或直接谈判等方式,来确定最合适的供应商。

(4) 与供应商达成初步意向后,需要确定具体的交货条件,包括交货时间、地点、方式、数量、质量标准、验收标准等。这些条件应该在合同中明确规定,以保障企业的权益,确保供应链的顺畅运作。

(5) 双方对交货条件等细节达成一致后,将签订正式的采购合同。合同中应详细列明双方的权利和义务,以及违约责任等内容。签订合同后,供应商将根据约定的条件进行生产和交货,企业则需要按照合同规定进行验收和付款。

在整个采购流程中,企业需要密切关注市场动态和供应链状况,以便及时调整采购策略。同时,企业还应建立健全的供应商管理体系和风险控制机制,以降低采购风险,提高采购效率和效果。通过科学、合理的采购管理,企业可以有效地控制成本,提升竞争力,从而实现可持续发展。

3) 采购业务的类别

采购业务可以按照不同的标准进行分类。采购类别表如表8-9所示。

表8-9 采购类别表

按采购对象分类	有形物品采购:包括机械设备等固定资产采购、原材料采购、零部件采购等
	无形服务采购:包括技术采购、服务采购等

(续表)

按采购主体分类	个人采购：是指个人为了满足日常生活或特定需求而进行的物品购买活动
	团体采购：是指多个采购实体联合起来，共同进行采购活动的过程
	企业采购：是指企业为了生产和运营的需要，从市场上获取所需的商品、服务或工程的过程
	政府采购：是指各级政府为了自身需要，通过法定程序和方式，使用财政性资金购买货物、工程和服务的活动
按采购技术分类	传统采购：主要有比价采购、询价采购、招标采购等
	现代采购：主要有战略采购、电子采购等

2. 销售概述

1) 销售的定义

销售是指通过交换或交易的方式，将产品或服务提供给消费者，以满足其需求和欲望，并实现企业盈利的过程。

销售收入又称销售额或营业额，是指企业在一定时期内通过销售产品或提供服务所获得的总收入。

2) 销售收入的类别

销售收入可以按照不同的标准进行分类。销售收入类别表如表8-10所示。

表8-10　　　　　　　　　　销售收入类别表

按企业日常活动的性质不同分类	销售商品收入：是指企业通过销售产品所获得的收入。它是大多数制造业企业和零售业企业的主要收入来源
	提供劳务收入：是指企业通过提供服务活动所获得的收入。这些服务可能包括咨询、设计、维修、教育、医疗等。与销售商品不同，劳务收入是基于时间、服务完成度或合同约定的其他条件来计费的
	让渡资产使用权收入：是指企业通过出租或以其他方式让渡其资产使用权所获得的收入。这些资产可能包括房产、设备、专利权、商标权等。这类收入的特点是企业并不出售资产本身，而是通过资产的使用权来获取收益
按企业经营业务的主次不同分类	主营业务收入：是指企业在其日常经营活动中产生的核心收入，通常与企业的主营业务直接相关。它是企业收入的主要来源，反映了企业的核心竞争力和市场地位
	其他业务收入：是指企业在主营业务之外的活动产生的收入，这些活动通常不是企业的核心经营活动，但对于提高企业的盈利能力和资产利用效率也具有重要作用

3) 收入的确认

收入确认的原则：企业应当在履行了合同中的履约义务，即在客户取得相关商品控制权时确认收入。

企业与客户之间的合同同时满足下列5项条件的，企业应当在客户取得相关商品控制权时确认收入。

(1) 合同各方已批准该合同并承诺将履行各自义务。

(2) 该合同具有商业实质，即履行该合同将改变企业未来现金流量的风险、时间分布或金额。

(3) 该合同明确了合同各方与所转让商品相关的权利和义务。

(4) 企业因向客户转让商品而有权取得的对价很可能收回。

(5) 该合同有明确的与所转让商品相关的支付条款。

（二）操作准备

(1) 登录"财天下"平台。

(2) 点击"下载"，下载"北京星晨办公用品有限公司合同.zip""北京星晨办公用品有限公司-出入库单.zip""北京星晨办公用品有限公司-银行电子回单.zip""北京星晨办公用品有限公司-发票.zip"到本地。

(3) 根据任务情景和相关资料进行系统地填写。

（三）任务要领

(1) 熟悉公司的基本情况并查阅下载的相关资料。

(2) 明确任务操作的流程，包括建立账套、启用供应链、设置基础信息、完善个性化设置、处理采购和销售业务、生成会计凭证。

三、任务流程

采购业务核算流程如图 8-9 所示，销售业务核算流程如图 8-10 所示。

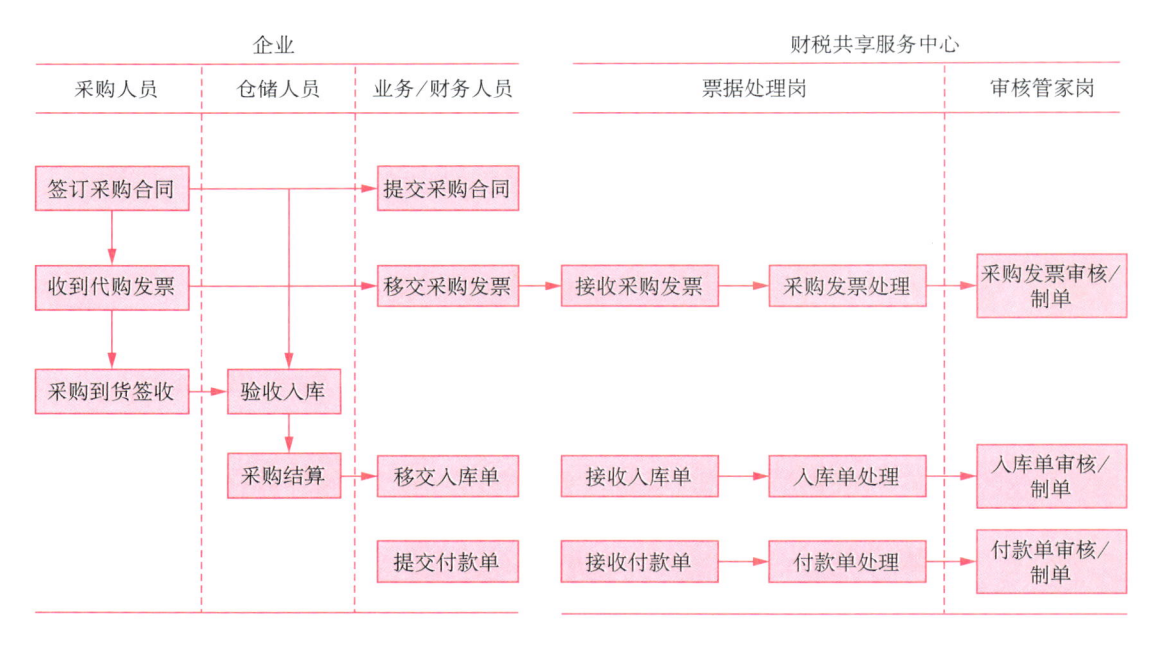

图 8-9 采购业务核算流程

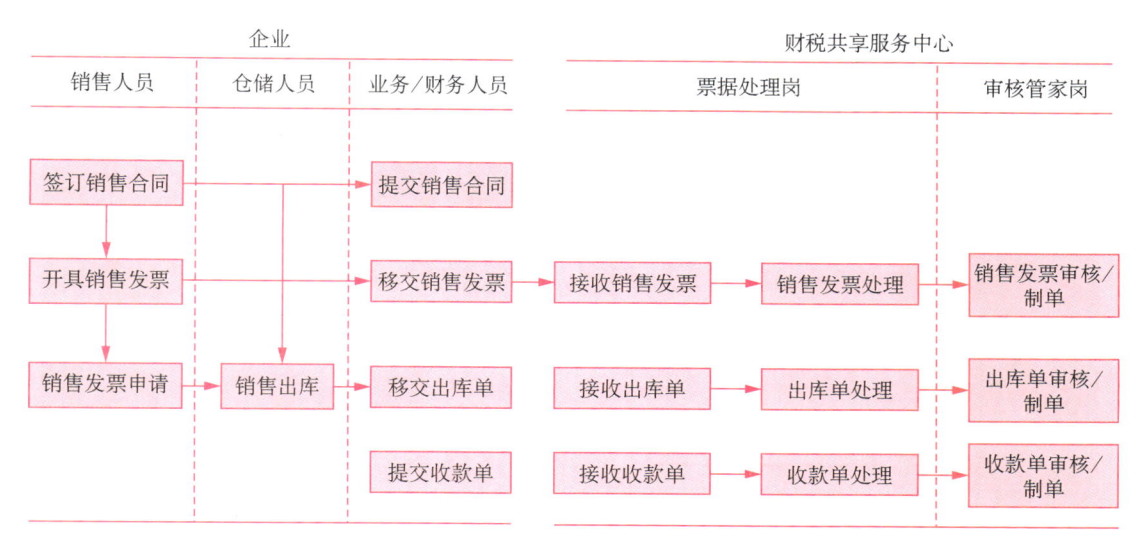

项目八　业财一体化智能财税共享平台

图 8-10　销售业务核算流程

四、任务操作

（一）建立账套，启用供应链，设置基础信息

（1）辅助核算设置。点击"基础设置"—"辅助核算"，辅助核算设置如图 8-11 所示。

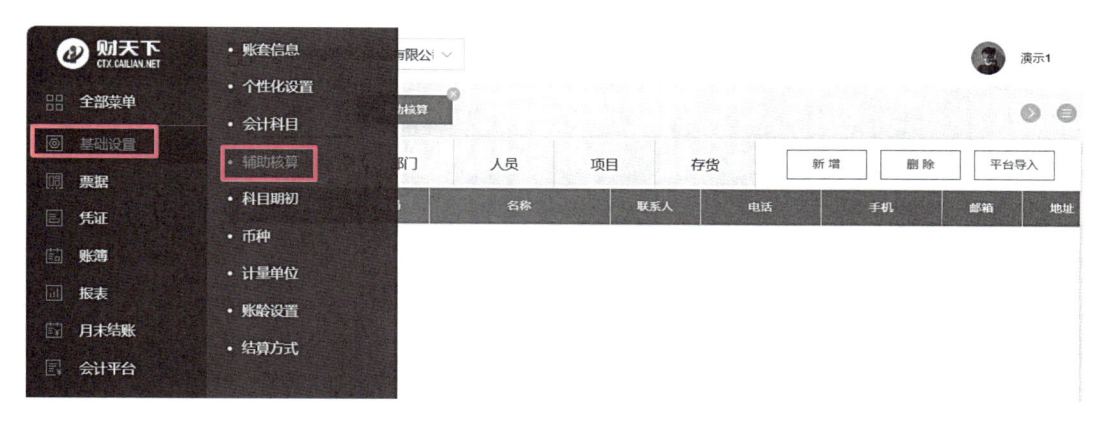

图 8-11　辅助核算设置

8-1　基础设置

（2）导入往来单位信息。点击"往来单位"—"平台导入"，选择"北京星晨往来单位导入模版"—"开始上传"。导入往来单位信息如图 8-12 所示。

（3）添加部门信息。根据题意和系统设置，需要添加"库管部"这个部门。点击"部门"—"新增"，填写名称，点击"确定"按钮。添加部门信息如图 8-13 所示。

（4）导入人员信息。点击"人员"—"平台导入"，选择"北京星晨办公用品有限公司—员工信息表"—"开始上传"。导入人员信息如图 8-14 所示。

215

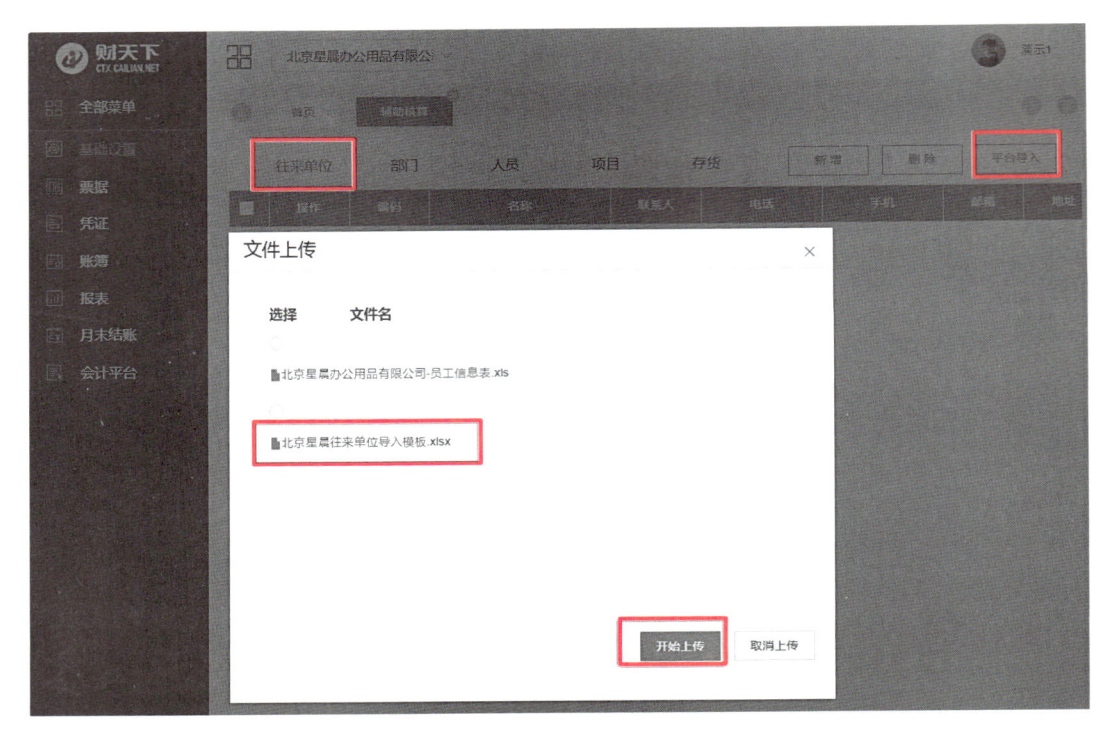

图 8-12　导入往来单位信息

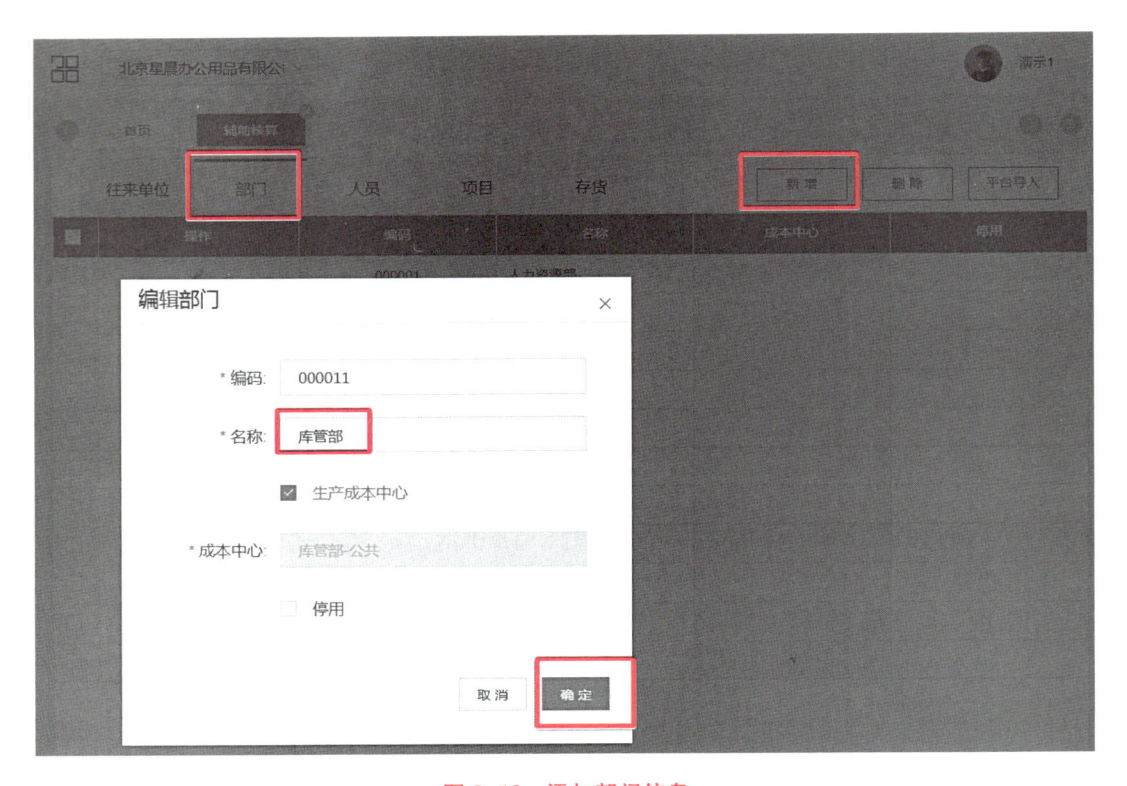

图 8-13　添加部门信息

图 8-14　导入人员信息

（二）完善个性化设置、进行仓库管理、计量单位管理、存货管理、库存期初余额管理

（1）完善个性化设置。点击"基础设置"—"个性化设置"，根据题意完善个性化设置。个性化设置如图 8-15 所示。

图 8-15　个性化设置

（2）进行仓库管理。点击"基础设置"—"仓库管理"—"新增"，新增仓库如图 8-16 所示。

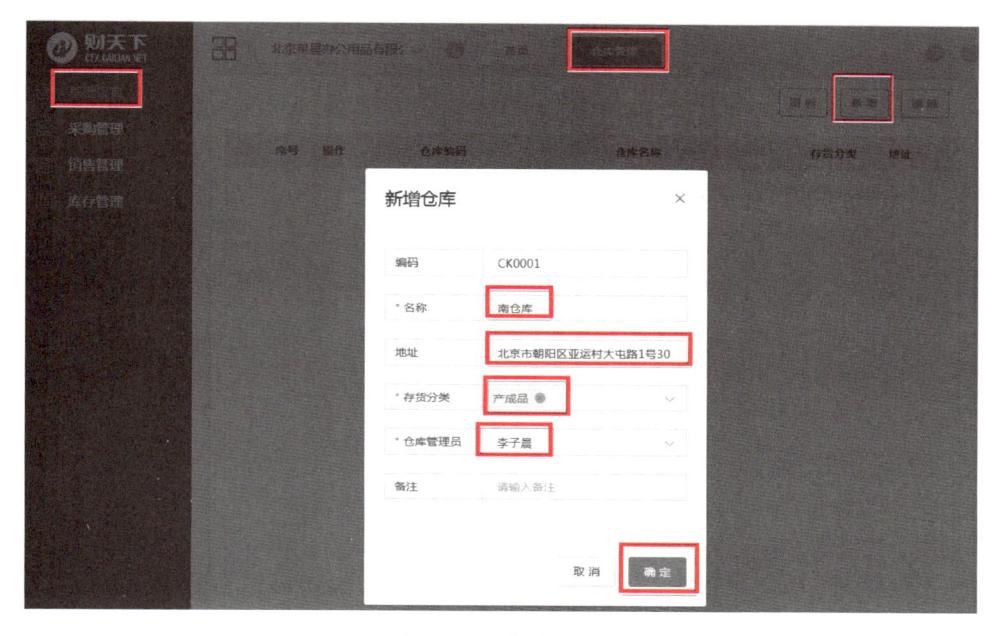

图 8-16　新增仓库

（3）进行计量管理。点击"基础设置"—"计量单位"—"新增"，根据题意需要新增计量单位"包"。新增计量单位如图8-17所示。

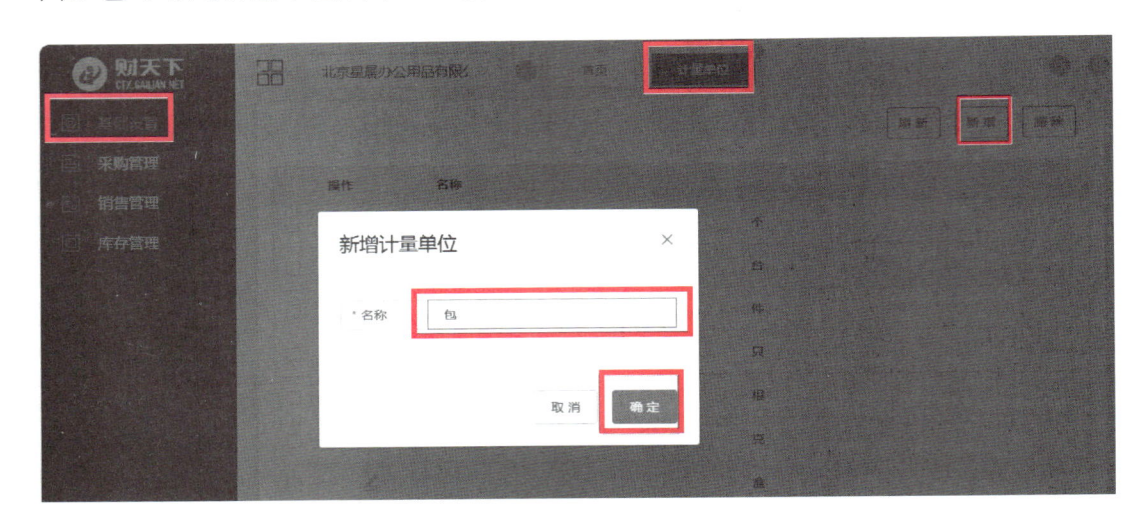

图8-17　新增计量单位

（4）进行存货管理。点击"基础设置"—"存货"—"新增"，根据存货信息表，新增第一项存货"齐力草稿纸"。新增齐力草稿纸存货如图8-18所示。新增其他类存货操作与新增齐力草稿纸存货相同，此处不再赘述。

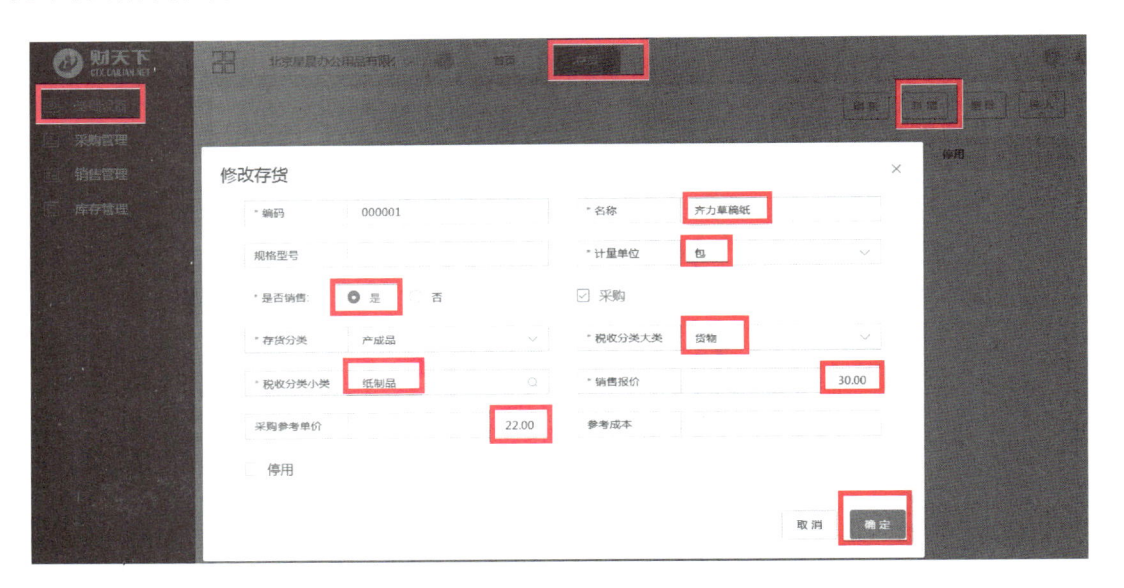

图8-18　新增齐力草稿纸存货

（5）完善存货期初余额信息。点击"库存管理"—"库存期初"—"新建"，根据5月存货期初余额表，填写第一项存货"齐力草稿纸"的库存期初情况。完善齐力草稿纸库存期初情况如图8-19所示。完善其他类存货库存期初情况操作与完善齐力草稿纸库存期初情况相同，此处不再赘述。

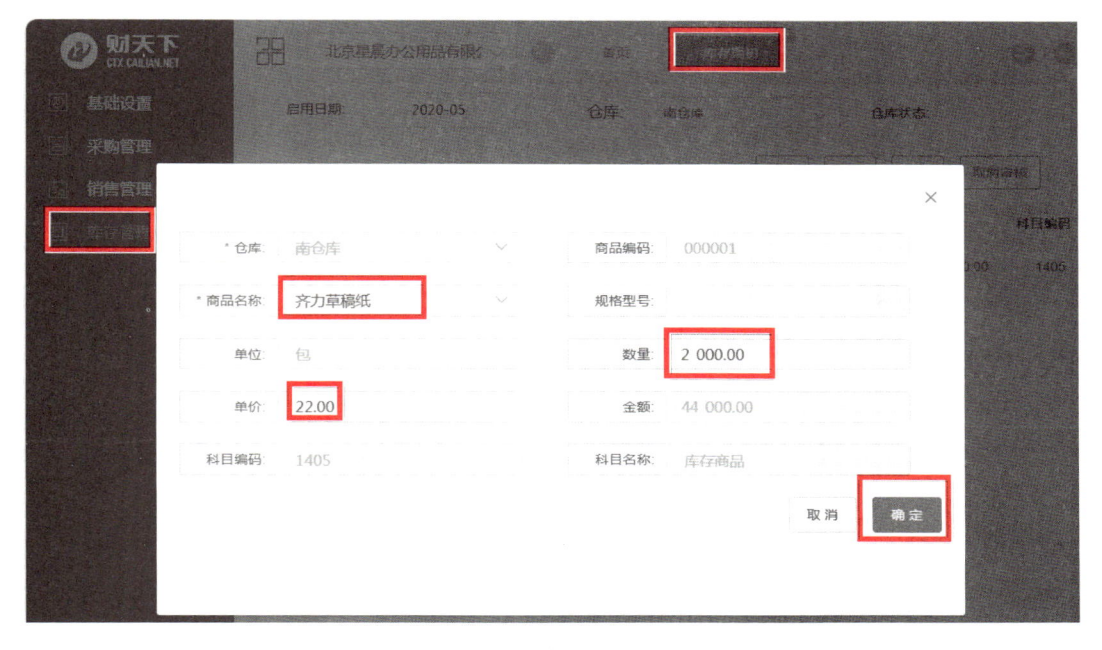

项目八　业财一体化智能财税共享平台

图 8-19　完善齐力草稿纸库存期初情况

（三）采购业务处理

（1）点击"采购管理"—"合同订单列表"，根据签订的合同内容生成订单。新增采购订单路径如图 8-20 所示。

图 8-20　新增采购订单路径

（2）编辑采购订单。根据销售合同，相关负责人填写采购订单。采购订单内容如图 8-21 所示。

（3）填写采购订单货物明细。点击"下一步"—"手工添加"或"上传附件"。根据合同内容，完善采购商品的名称、单价和数量等信息。填写采购订单货物明细如图 8-22 所示。最后点击"完成"按钮，审批合同负责人对采购订单进行审批。

（4）生成采购发票。订单被审批通过后，订单流程结束。点击"生成采购发票"，生成采购发票内容如图 8-23 所示，最后点击"审核"按钮，生成采购发票成功。

（5）验收入库。点击"采购管理"—"发起验收"，发起验收路径如图 8-24 所示。

（6）生成验收入库单。点击"验收"，填写验收相关信息并点击"提交"，验收单被审批通过后，点击"生成验收入库单"，验收单相关信息如图 8-25 所示。

219

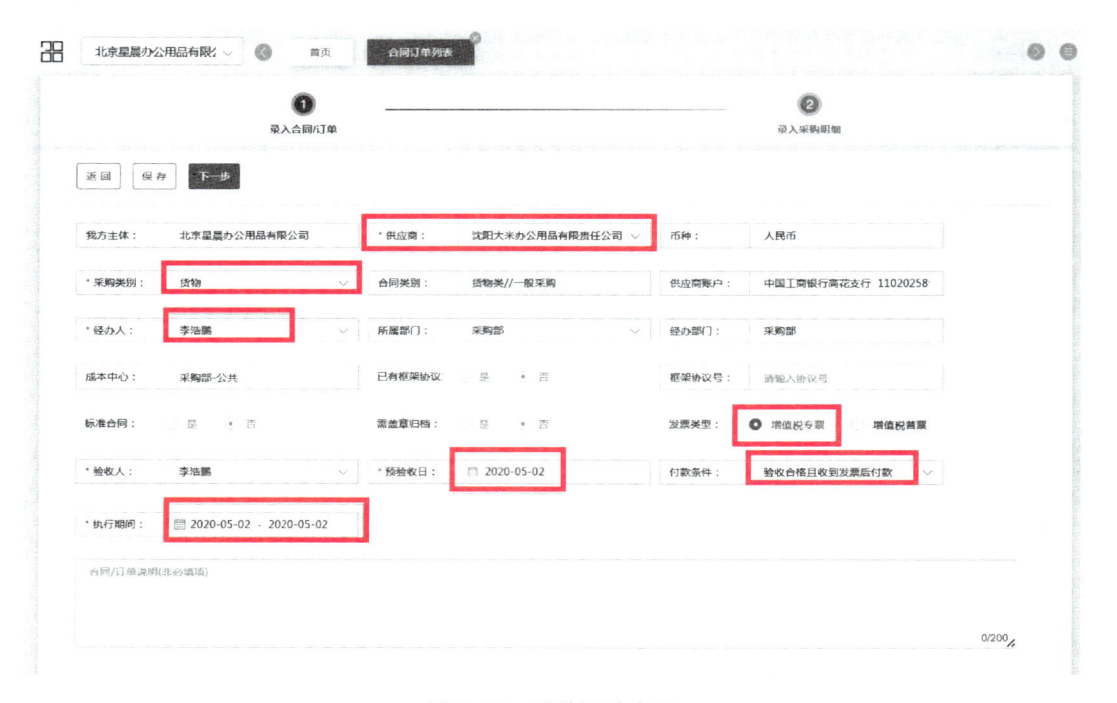

图 8-21　采购订单内容

图 8-22　填写采购订单货物明细

图 8-23　生成采购发票内容

图 8-24　发起验收路径

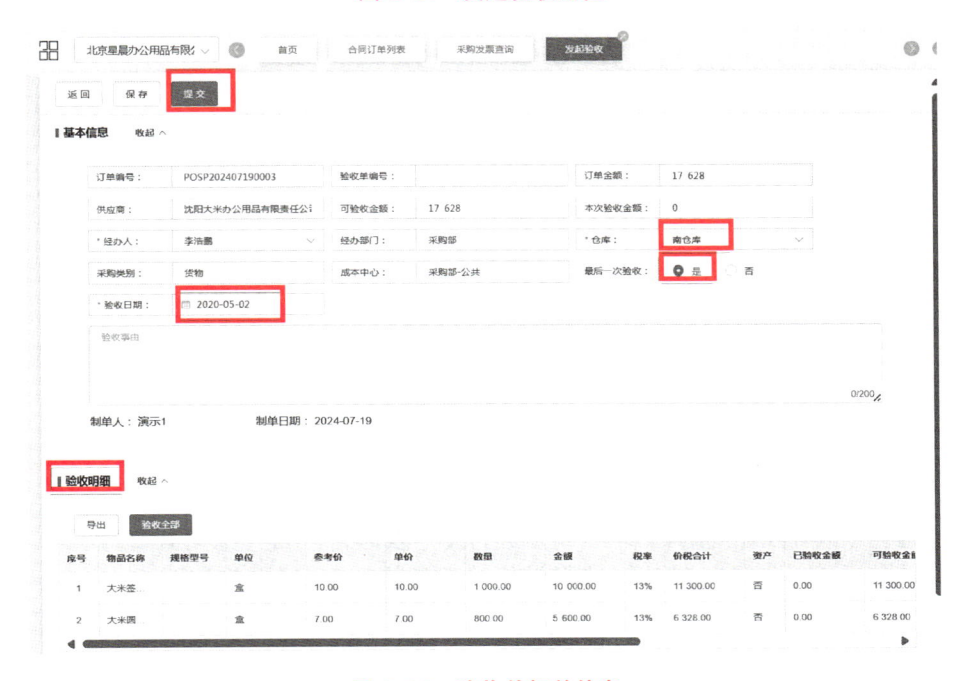

图 8-25　验收单相关信息

（7）发起采购结算。点击"采购管理"—"发起采购结算"，发起采购结算路径如图 8-26 所示。

图 8-26　发起采购结算路径

（8）完成采购结算。根据业务内容选择供应商和订单编号，点击"查询"按钮，将采购发票与入库单对应，点击"提交"按钮。发起采购结算如图 8-27 所示。

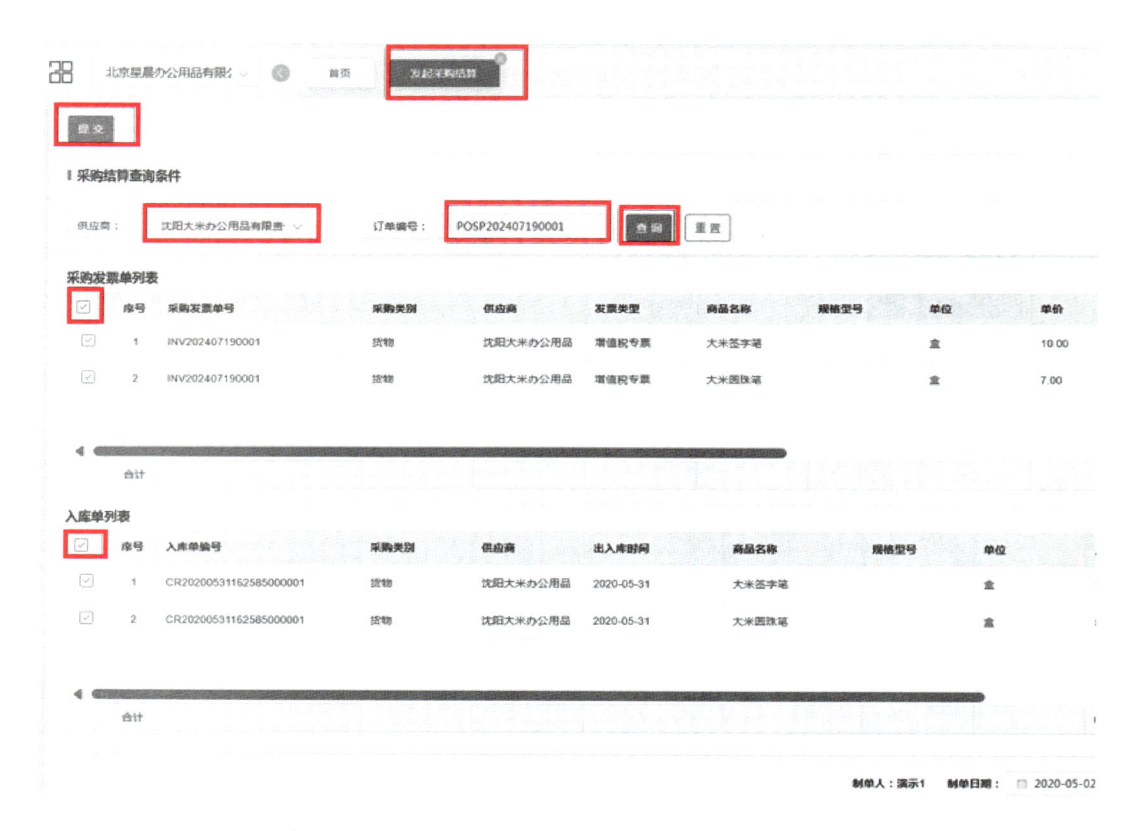

图 8-27　发起采购结算

（9）完成付款。点击"采购管理"—"发起付款"，发起付款路径如图 8-28 所示。查找到相应的订单编号，点击"验收付款"，填写付款单的具体内容，付款单如图 8-29 所示。点击"保存"—"提交"，审核付款单人员审核无误后，点击"审核"—"确认付款"，制单日期选择 2020 年 5 月 2 日或 2020 年 5 月 31 日。

图 8-28　发起付款路径

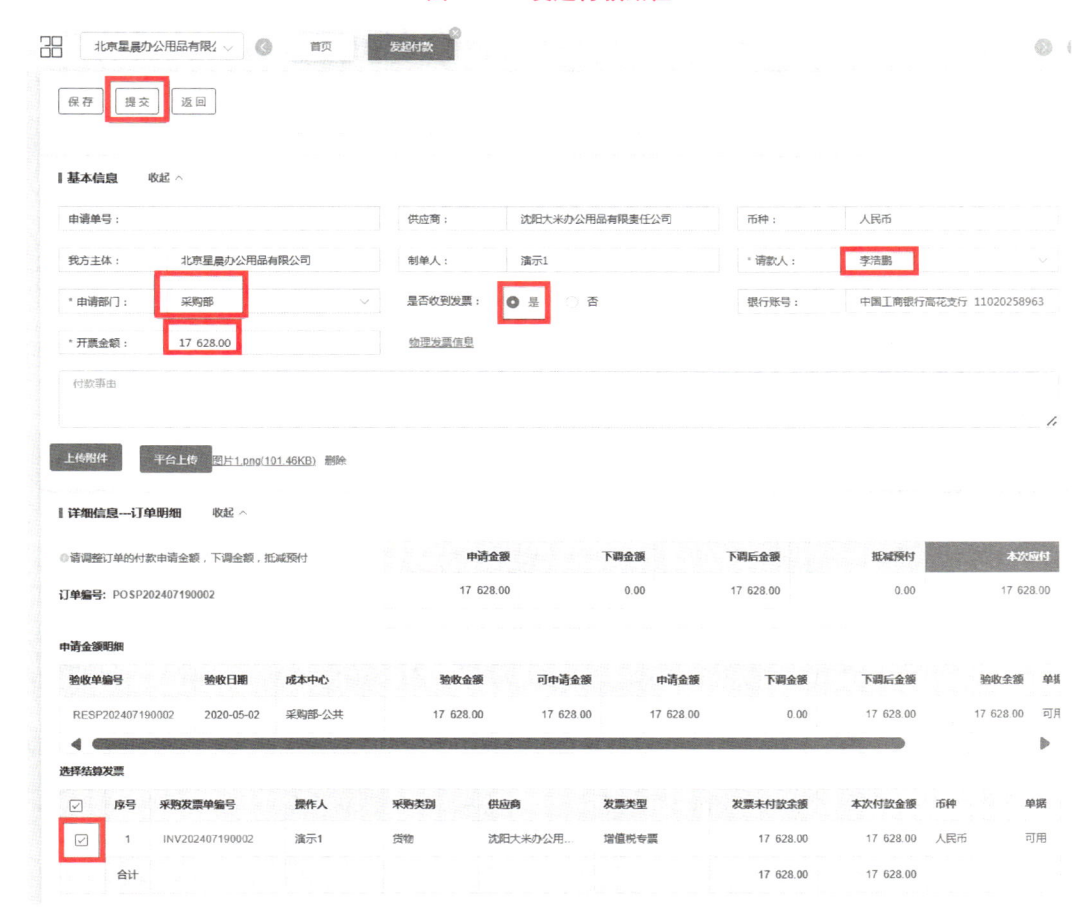

图 8-29　付款单

（10）推送单据至"财天下"平台。点击"采购管理"—"采购发票查询",选择相应的采购发票推送至"财天下"平台。点击"采购管理"—"付款单查询",选择相应的付款单推送至"财天下"平台。点击"库存管理"—"采购入库单",选择相应的入库单推送至"财天下"平台。自动生成记账凭证如图 8-30 所示。

（四）销售业务处理

（1）点击"销售管理"—"销售订单",根据签订的销售合同内容生成订单。新增销售订单路径如图 8-31 所示。

8-3　销售业务处理

223

图 8-30　自动生成记账凭证

图 8-31　新增销售订单路径

（2）编辑销售订单。根据销售合同，由相关负责人填写销售订单。销售订单内容如图 8-32 所示。

图 8-32　销售订单内容

（3）填写销售订单货物明细。点击"新建商品"，根据销售合同内容，添加销售商品的名称、单价、数量、税率等信息。填写销售订单货物明细如图8-33所示。最后点击"提交"，由审批销售合同负责人对销售订单进行审批。

图8-33 销售订单货物明细

（4）填写发票申请单。点击"销售管理"—"发票申请单"—"新增"，按照题意填写发票申请单的内容，填写发票申请单如图8-34所示，点击"保存"—"提交"。审批人需要对发票申请单进行审批。审批通过后，推送至开票系统进行开票。

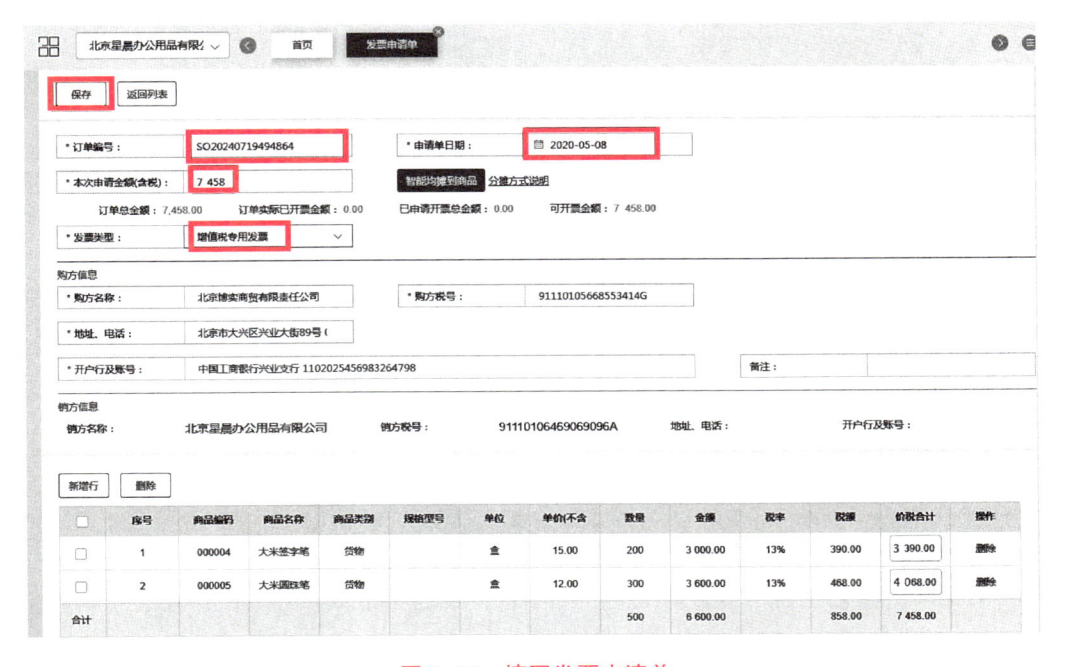

图8-34 填写发票申请单

（5）填写出库申请单。点击"销售管理"—"发货申请单"—"新增"，填写出库申请单如图 8-35 所示，点击"保存"—"提交审批"。相应的负责人需要对出库申请单进行审批。

图 8-35　填写出库申请单

（6）确认收入。点击"销售管理"—"应收单"，选择该应收单编号，点击"推送至财天下"，系统自动生成确认收入的记账凭证。确认收入路径如图 8-36 所示。

图 8-36　确认收入路径

（五）生成会计凭证

点击"销售管理"—"收款单"—"新建"，根据题意，填写收款单如图 8-37 所示。点击"保存"—"提交"，由会计主管对收款单进行审批后，推送至"财天下"平台，自动生成收款记账凭证。

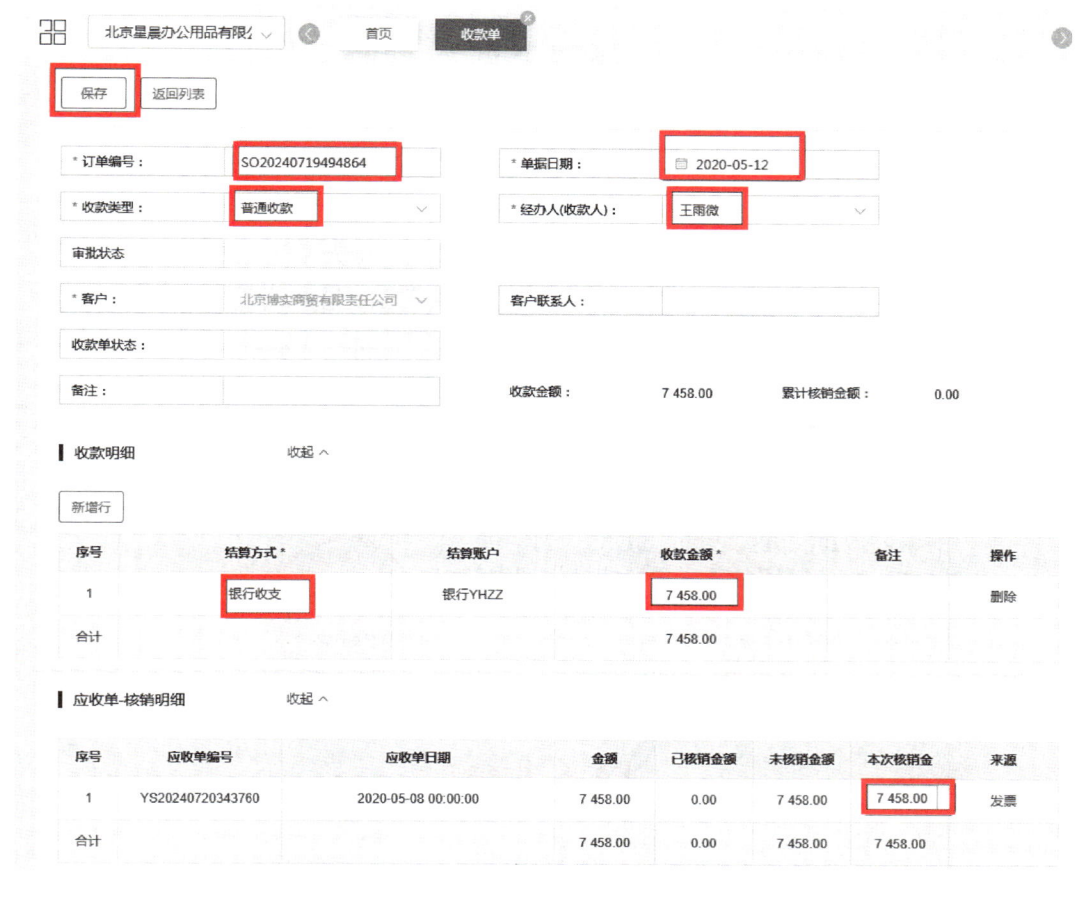

图 8-37　填写收款单

五、任务拓展

（一）采购业务处理

2020 年 5 月 5 日，公司采购部陈伯俊与天津齐力办公用品有限责任公司（以下简称天津齐力）签订购销合同如图 8-38 所示，从天津齐力采购 A4 齐力草稿纸 800 包，每包不含税价格为 22 元，A3 打印纸 500 包，每包不含税价格为 45 元，齐力计算器 300 个，每个不含税价格为 20 元，要求 2020 年 5 月 7 日送到公司仓库，验收合格后且收到发票后付款。

（1）请财务岗人员根据相关资料进行采购业务处理。

（2）请会计主管岗人员审批采购业务单据无误后，推送至"财天下"平台生成记账凭证。

（二）销售业务处理

2020 年 5 月 10 日，公司销售部李嘉欣与北京博实商贸有限责任公司签订购销合同如图 8-39 所示，销售 A4 齐力草稿纸 500 包，每包不含税价格为 30 元，A3 打印纸 200 包，每包不含税价格为 55 元，0.5 mm 大米签字笔 400 盒，每盒不含税价格为 15 元，合同约定当天发货 50% 并开具增值税专用发票，2020 年 5 月 15 日发出剩余 50% 货物，货物收到 7 日内付款（收货人信息即公司开票信息）。产品出库单如图 8-40 所示，销售增值税专用发票如图 8-41 所示。

227

购销合同

合同编号 42945736

购货单位（甲方）：北京星晨办公用品有限公司
供货单位（乙方）：天津齐力办公用品有限责任公司

根据《中华人民共和国合同法》及国家相关法律、法规之规定，甲乙双方本着平等互利的原则，就甲方购买乙方货物一事达成以下协议：

一、货物的名称、数量及价格：

货物名称	规格型号	单位	数量	单价	金额	税率	价税合计
齐力草稿纸	A4	包	800	22.00	17 600.00	13%	19 888.00
齐力打印纸	A3	包	500	45.00	22 500.00	13%	25 425.00
齐力计算器	双电源	个	300	20.00	6 000.00	13%	6 780.00
合计（大写）	伍万贰仟零玖拾叁元整						¥52 093.00

二、交货方式和费用承担：交货方式：销货方送货，交货时间：2020年05月07日前。
交货地点：北京市朝阳区亚运村大屯路1号，运费由 销货方 承担。
三、付款时间与付款方式：5月7日送到公司仓库，验收合格后并收到增值税专用发票支付货款。
四、质量异议期：订货方对供货方的货物质量有异议时，应在收到货物后 15日 内提出，逾期视为货物质量合格。
五、未尽事宜经双方协商后，作补充协议，与本合同具有同等效力。
六、本合同自双方签字盖章之日起生效，本合同壹式贰份，甲乙双方各执壹份。

甲方（签章）：（北京星晨办公用品有限公司 章）
授权代表：陈佳俐
地　　址：北京市朝阳区亚运村大屯路1号
电　　话：010-57932828
日　　期：2020 年 05 月 05 日

乙方（签章）：（天津齐力办公用品有限责任公司 章）
授权代表：童瑶
地　　址：天津市河东区顺航路57号
电　　话：022-60355876
日　　期：2020 年 05 月 05 日

图 8-38　购销合同

购销合同

合同编号 99987379

购货单位（甲方）：北京博实商贸有限责任公司
供货单位（乙方）：北京星晨办公用品有限公司

根据《中华人民共和国合同法》及国家相关法律、法规之规定，甲乙双方本着平等互利的原则，就甲方购买乙方货物一事达成以下协议：

一、货物的名称、数量及价格：

货物名称	规格型号	单位	数量	单价	金额	税率	价税合计
齐力草稿纸	A4	包	500	30.00	15 000.00	13%	16 950.00
齐力打印纸	A3	包	200	55.00	11 000.00	13%	12 430.00
大米签字笔	0.5mm	盒	400	15.00	6 000.00	13%	6 780.00
合计（大写）	叁万陆仟壹佰陆拾元整						¥36 160.00

二、交货方式和费用承担：交货方式：销货方送货，交货时间：2020年05月10日前。
交货地点：北京市大兴区兴业大街89号，运费由 购货方 承担。
三、付款时间与付款方式：货物收到7日内付款。
四、质量异议期：订货方对供货方的货物质量有异议时，应在收到货物后 15日 内提出，逾期视为货物质量合格。
五、未尽事宜经双方协商后，作补充协议，与本合同具有同等效力。
六、本合同自双方签字盖章之日起生效，本合同壹式贰份，甲乙双方各执壹份。

甲方（签章）：（北京博实商贸有限责任公司 章）
授权代表：刘龙
地　　址：北京市大兴区兴业大街89号
电　　话：010-64552229
日　　期：2020 年 05 月 10 日

乙方（签章）：（北京星晨办公用品有限公司 章）
授权代表：李嘉
地　　址：北京市朝阳区亚运村大屯路1号
电　　话：010-57932828
日　　期：2020 年 05 月 10 日

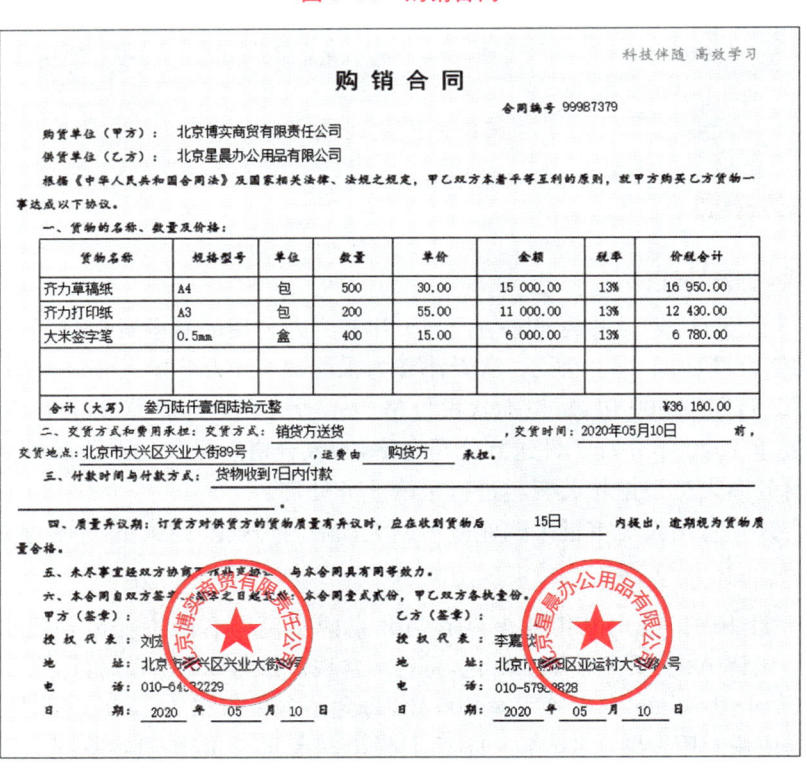

图 8-39　购销合同

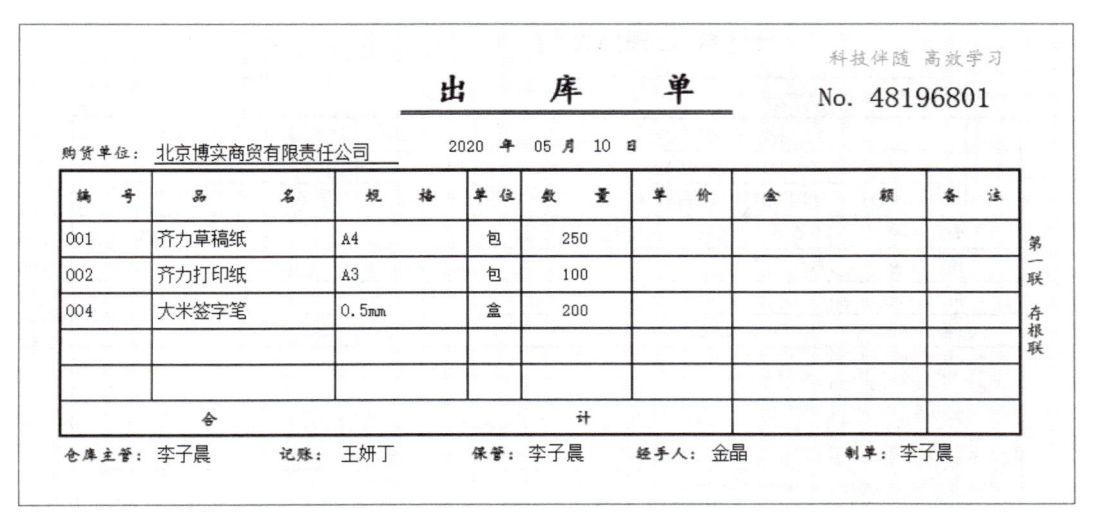

图 8-40　产品出库单

图 8-41　销售增值税专用发票

(1) 请财务岗人员根据相关资料进行销售业务处理。

(2) 请会计主管岗人员审批销售业务单据后,提交至"财天下"平台生成记账凭证。

(三) 收到货款处理

2020 年 5 月 20 日,收到北京盛华置业有限公司货款,电子回单如图 8-42 所示。

(1) 请财务岗人员新建收款单并提交审批。

(2) 请会计主管岗人员审批收款单并提交至"财天下"平台生成记账凭证。

图 8-42 电子回单

(四) 结转销售产品成本

2020年5月31日,结转销售产品成本。

请会计主管岗人员进行供应链月末结账并生成记账凭证,最后查看月末结账生成的记账凭证。

六、任务评价

购销类业务票据整理与制单任务评价表如表 8-11 所示。

表 8-11　　　　　购销类业务票据整理与制单任务评价表

工作任务清单	完成情况
设定人员信息、仓库、库存期初数据	
根据采购相关资料进行业务操作,生成对应的会计凭证	
根据销售相关资料进行业务操作,生成对应的会计凭证	

任务 2　成本类业务票据整理与制单

学习目标

1. 了解产品成本的相关概述,包括生产费用的分配和产品成本核算方法。

2. 熟悉在"财天下"平台中建立账套、导入信息、启用成本模块、录入数据等。
3. 掌握使用"财天下"平台进行成本核算、月结,计算半成品和产成品成本。

素养目标

1. 提高流程管理能力,理解并掌握公司内部的业务流程和成本核算流程。
2. 提高风险管理意识,建立风险控制机制,降低财务和成本核算的风险。

一、任务情境

(一)任务场景

1. 公司基本情况

美味多公司始建于 2016 年,该公司位于北京市,主要经营草莓果酱、蓝莓果酱等商品的生产与销售。

公司名称:北京美味多食品有限公司

会计准则:2007 企业会计准则

建账会计期:2020 年 8 月

统一社会信用代码(纳税人识别号):91120104500263524A

纳税人类型:一般纳税人

法人代表:汪丹

经营地址及电话:北京市昌平区小汤山科技园 8 号 010-80116158

邮编:102200

开户银行:工商银行昌平区支行(基本存款账户)

开户银行账号:6222022102004101818

电子邮箱:mwdsp@163.com

记账本位币:人民币

人民币单位:元

行业:制造业

类型:中型企业

2. 公司内部机构设置

公司的部门及职员信息表如表 8-12 所示。

表 8-12　　　　　　　　　　部门及职员信息表

编码	名称	生产成本中心
000001	总经办	
000002	财务部	
000003	销售部	
000004	采购部	

(续表)

编码	名称	生产成本中心
000005	库管部	
000006	加工车间	√
000007	灌装车间	√

3. 公司仓库设置

公司的仓库信息表如表8-13所示。

表8-13　　　　　　　　　　仓库信息表

编码	名称	地址	仓库管理员
CK0001	原料库	北京市昌平区小汤山科技园8号801室	杜广平
CK0002	半成品库	北京市昌平区小汤山科技园8号802室	杜广博
CK0003	成品库	北京市昌平区小汤山科技园8号803室	胡向龙

4. 存货设置

公司的存货信息表如表8-14所示。

表8-14　　　　　　　　　　存货信息表　　　　　　　　　　金额单位：元

编码	存货名称	计量单位	是否销售	是否采购	税收分类大类	税收分类小类	销售报价	采购参考价	所属仓库	增值税税率
000001	草莓	千克	否	是	货物	水果	25	25	原材料	9%
000002	蓝莓	千克	否	是	货物	水果	80	80	原材料	9%
000003	白砂糖	千克	否	是	货物	糖	8	8	原材料	13%
000004	明胶	千克	否	是	货物	动物胶	100	100	原材料	13%
000005	柠檬酸	千克	否	是	货物	发酵类制品	50	50	原材料	13%
000006	玻璃密封瓶	个	否	是	货物	非金属矿物制品	1	1	原材料	13%
000007	草莓果熟料	千克	否	否	货物	果类加工品	100	100	半成品	13%
000008	蓝莓果酱熟料	千克	否	否	货物	果类加工品	135	135	半成品	13%
000009	草莓果酱	瓶	是	否	货物	果类加工品	20	20	产成品	13%
000010	蓝莓果酱	瓶	是	否	货物	果类加工品	25	25	产成品	13%

5. 公司结算方式

公司的结算方式信息表如表8-15所示。

表8-15　　　　　　　　　　结算方式信息表

结算方式编码	结算方式名称	结算方式类型	收	付	标记
10	现金收支	现金	是	是	

(续表)

结算方式编码	结算方式名称	结算方式类型	收	付	标记
20	银行收支	银行	是	是	银行
30	微信收支	微信	是	是	
40	支付宝收支	支付宝	是	是	
50	冲减预收	应收	是		客户
60	客户欠款	应收	是		客户
70	冲减预付	应付		是	供应商
80	欠供应商款	应付		是	供应商

6. 个性化设置

公司的个性化设置表如表 8-16 所示。

表 8-16　　　　　　　　　　　个性化设置表

功能	操作
所有单据保存后自动审核	否
可用库存允许为负	否
暂估方式	单到回冲
销售出库成本计算方式	月末一次加权平均法
应收确认的依据	销售发票
成本分配模型	成本分配模型
直接材料分摊对象	完工产品和在产品
直接人工分摊对象	完工产品和在产品
制造费用分摊对象	完工产品和在产品

7. 生产工艺过程

　　加工车间：工人们处理好的原材料混合放入自动果酱生产线，完成清洗、破碎、打浆、浓缩、杀菌等流程。

　　灌装车间：工人们将果酱熟料灌装、冷却、检验、贴标，合格品入库。

8. 存货期初

公司的存货期初情况表如表 8-17 所示。

表 8-17　　　　　　　　　　　存货期初情况表　　　　　　　　　　金额单位：元

存货名称	仓库	计量单位	数量	单价	金额
草莓	原料库	千克	3 000	25.00	75 000.00
蓝莓	原料库	千克	3 000	80.00	240 000.00
白砂糖	原料库	千克	1 500	8.00	12 000.00

(续表)

存货名称	仓库	计量单位	数量	单价	金额
明胶	原料库	千克	800	100.00	80 000.00
柠檬酸	原料库	千克	800	50.00	40 000.00
玻璃密封瓶	原料库	个	6 000	1.00	6 000.00
草莓果酱熟料	半产品库	千克	17	61.96	1 053.32
蓝莓果酱熟料	半产品库	千克	17	91.66	1 558.22
草莓果酱	产成品库	瓶	1 000	20.00	20 000.00
蓝莓果酱	产成品库	瓶	1 500	25.00	37 500.00

9. 固定资产情况

公司的固定资产情况如表8-18所示。

表8-18　　　　　　　　　　　固定资产情况表

资产名称	开始使用日期	使用部门	使用年限(月)	原值(万元)	残值率	已提折旧(元)
联想台式机	2019.04	财务部	36	0.50	4%	1 600
联想台式机	2019.04	财务部	36	0.50	4%	1 600
联想台式机	2019.04	销售部	36	0.50	4%	1 600
联想台式机	2019.04	销售部	36	0.50	4%	1 600
联想台式机	2019.04	采购部	36	0.50	4%	1 600
联想台式机	2019.04	采购部	36	0.50	4%	1 600
联想台式机	2019.04	库管部	36	0.50	4%	1 600
联想台式机	2019.04	库管部	36	0.50	4%	1 600

10. 薪酬工资及五险一金

公司为员工缴纳五险一金,员工总体数量为21人。

(1) 职工工资标准。公司的职工工资标准如表8-19所示。

表8-19　　　　　　　　　　　职工工资标准　　　　　　　　　　　　金额单位:元

职务	基本工资	奖金	岗位津贴
总经理	6 500	800	600
主管	4 000	800	600
主办	3 000	800	600
职员	2 800	800	600

(2) 公司五险一金标准。公司五险一金标准以"基本工资+岗位工资"为计算基础,公司的五险一金标准如表8-20所示。

表 8-20　　　　　　　　　　　　　五险一金标准　　　　　　　　　　　　　金额单位：元

类别	项目	缴费基数（基本工资＋奖金＋岗位津贴）	单位缴纳比例	个人缴纳比例
五险一金	养老保险	3 613	16.00％	8.00％
	医疗保险	5 557	10.00％	2.00％
	失业保险	3 613	0.80％	0.20％
	工伤保险	4 713	0.20％	
	生育保险	5 557	0.80％	
	公积金	2 500	12.00％	12.00％

11. 生产成本核算

（1）生产车间。公司成本核算采用品种法，分成 2 个步骤，分别在加工车间和灌装车间。

（2）成本核算步骤。加工车间将果酱的原材料经过果酱自动化生产线经过清洗、破碎、打浆、浓缩、杀菌、灌装、封口工艺。按约当产量法分配生产成本，半成品留在该车间，成品为果酱熟料。因生产工艺要求，此环节没有在产品。灌装车间领用果酱熟料，高温灭菌，喷码包装，成品入库。此环节原材料一次性投入。

12. 产成品、半成品定额清单

公司的产成品、半成品定额清单如表 8-21 所示。

表 8-21　　　　　　　　　　　　产成品、半成品定额清单

产品名称	草莓果酱熟料	蓝莓果酱熟料	草莓果酱	蓝莓果酱
草莓单位消耗定额（千克）	0.70			
蓝莓单位消耗定额（千克）		0.60		
白砂糖单位消耗定额（千克）	0.37	0.27		
明胶单位消耗定额（千克）	0.15	0.15		
柠檬酸单位消耗定额（千克）	0.15	0.15		
单位产品生产工时（工时）	2.00	2.00	0.10	0.10
制造费用定额（元）	9.00	9.00	0.50	0.50
草莓果酱熟料单位消耗定额（千克）			0.17	
蓝莓果酱熟料单位消耗定额（千克）				0.17
玻璃密封瓶单位消耗定额（个）			1.00	1.00

13. 任务点

1）建立账套及进行基础设置

了解美味多公司的成本核算信息，建立账套，重新导入部门信息（先删除后导入），导入人员信息、存货信息等基础设置。

2) 启用成本模块并确定成本模型

成本模块启用日期为2020年8月。

（1）成本模型。计算模型为品种法。

（2）分摊模型。料工费分摊规则：材料在产成品和在产品中分摊；直接人工工资在产成品和在产品中分摊；制造费用在产成品和在产品中分摊。

3) 录入仓库等基础信息

录入仓库信息、结算方式、库存期初余额等。

4) 录入分配定额及定义成本中心

（1）录入分配定额。

（2）将加工车间和灌装车间定义为生产成本中心。

定额信息表如表8-22所示。

表8-22　　　　　　　　　　　定额信息表

成本中心	商品编号	商品名称	规格型号	单位	存货分类	直接材料定额与单位（千克）	直接人工定额与单位（工时）	制造费用定额与单位（元）
加工车间	00007	草莓果酱熟料		千克	半成品	1.37	2.0	9.0
	00008	蓝莓果酱熟料		千克	半成品	1.17	2.0	9.0
灌装车间	00009	草莓果酱		瓶	产成品	0.17	0.1	0.5
	000010	蓝莓果酱		瓶	产成品	0.17	0.1	0.5

5) 录入期初在产品

录入8月在产品，在产品信息表如表8-23所示。

表8-23　　　　　　　　　　　在产品信息表　　　　　　　　　　　金额单位：元

成本中心	商品编码	商品名称	规格型号	存货分类	直接材料成本	直接人工成本	制造费用成本	总成本
加工车间	000007	草莓果酱熟料		半成品	1 053.32	0	0	1 053.32
	000008	蓝莓果酱熟料		半成品	1 053.32	0	0	1 053.32
灌装车间	000009	草莓果酱		产成品	0	0	0	0
	0000010	蓝莓果酱		产成品	0	0	0	0

6) 加工车间领料处理

2020年8月1日，加工车间宋雨领用原材料，录入材料出库单并审核。草莓果酱熟料领料单汇总表如表8-24所示，蓝莓果酱熟料领料单汇总表如表8-25所示。

表8-24　　　　　　　　　　草莓果酱熟料领料单汇总表　　　　　　　　　　金额单位：元

品名	计量单位	数量	单价	金额	出入库类型	领用部门	领用人员
草莓	千克	1 190	25	29 750	生产领用	加工车间	宋雨
白砂糖	千克	629	8	5 032	生产领用	加工车间	宋雨

（续表）

品名	计量单位	数量	单价	金额	出入库类型	领用部门	领用人员
明胶	千克	255	100	25 500	生产领用	加工车间	宋雨
柠檬酸	千克	255	50	12 750	生产领用	加工车间	宋雨
合计				83 032			

表8-25　　　　　　　　　　　　蓝莓果酱熟料领料单汇总表　　　　　　　　　　金额单位：元

品名	计量单位	数量	单价	金额	出入库类型	领用部门	领用人员
蓝莓	千克	1 020	80	81 600	生产领用	加工车间	宋雨
白砂糖	千克	459	8	3 672	生产领用	加工车间	宋雨
明胶	千克	255	100	25 500	生产领用	加工车间	宋雨
柠檬酸	千克	255	50	12 750	生产领用	加工车间	宋雨
合计				123 522			

7）录入工费清单的总工资和总制造费用

工费清单如表8-26所示。

表8-26　　　　　　　　　　　　　　　工费清单　　　　　　　　　　　　　金额单位：元

成本中心	工资	制造费用
加工车间	68 000	30 600
灌装车间	3 400	1 700

8）录入半成品入库清单

2020年8月15日录入半成品。半成品入库清单如表8-27所示。

表8-27　　　　　　　　　　　　　　半成品入库清单　　　　　　　　　　　金额单位：元

成本中心	仓库	存货	数量（千克）	单价
加工车间	半产品库	草莓果酱熟料	1 700	71.96
加工车间	半产品库	蓝莓果酱熟料	1 700	91.66

9）灌装车间领料处理

2020年8月15日，灌装车间杜少娟领用半成品材料和原材料，录入材料出库单并审核。草莓果酱领料单汇总表如表8-28所示，蓝莓果酱领料单汇总表如表8-29所示。

表8-28　　　　　　　　　　　　草莓果酱领料单汇总表　　　　　　　　　　金额单位：元

品名	计量单位	数量	单价	金额	出入库类型	领用部门	领用人员
草莓果酱熟料	千克	1 700	71.96	122 332	生产领用	灌装车间	杜少娟
玻璃密封瓶	个	10 000	1.00	10 000	生产领用	灌装车间	杜少娟
合计				132 332			

表 8-29　　　　　　　　　　　蓝莓果酱领料单汇总表　　　　　　　　　　金额单位：元

品名	计量单位	数量	单价	金额	出入库类型	领用部门	领用人员
蓝莓果酱熟料	千克	1 700	91.66	155 822	生产领用	灌装车间	杜少娟
玻璃密封瓶	个	10 000	1.00	10 000	生产领用	灌装车间	杜少娟
合计				165 822			

10）录入产成品入库清单

2020 年 8 月 30 日录入产成品。产成品入库清单如表 8-30 所示。

表 8-30　　　　　　　　　　　产成品入库清单　　　　　　　　　　单位：瓶

成本中心	仓库	存货	数量
灌装车间	产品库	草莓果酱	10 000
灌装车间	产品库	蓝莓果酱	10 000

11）期末在产品管理

期末录入在产品，在产品汇总表如表 8-31 所示。

表 8-31　　　　　　　　　　　在产品汇总表　　　　　　　　　　单位：瓶

成本中心	约当系数	存货	数量
灌装车间	0.5	草莓果酱	100
灌装车间	0.5	蓝莓果酱	100

12）成本月结

进行成本月结，计算半成品成本和产成品成本并推送至"财天下"平台。

13）查看凭证

成本月结完成后，查看生产完工入库的记账凭证。

(二) 任务布置

（1）据任务场景完成建立账套，重新导入部门信息（先删除，后导入），导入人员信息、存货信息等基础设置。

（2）启用成本模块并确定成本模型。

（3）录入仓库管理、结算方式、库存期初余额等。

（4）录入分配定额，将加工车间和灌装车间定义为生产成本中心。

（5）录入 8 月月初在产品。

（6）进行入库和出库操作。

（7）录入工费清单的总工资和总制造费用。

（8）录入半成品入库清单。

（9）进行成本月结，计算半成品成本和产成品成本并推送至"财天下"平台。

二、任务准备

(一) 知识准备

1. 生产费用的分配

每月月末,当月"生产成本"明细账中按照成本项目归集了本月生产成本以后,这些成本就是本月发生的生产成本,并不是本月完工产品的成本。计算本月完工产品成本,还需要将本月发生的生产成本,加上月初在产品成本,然后再将其在本月完工产品和月末在产品之间进行分配,以求得本月完工产品成本。

完工产品、在产品成本之间的关系如下:

本月完工产品成本＝本月发生生产成本＋月初在产品成本－月末在产品成本

常见的费用分配方法有约当产量比例法、不计算在产品成本法、在产品按固定成本计价法、在产品按所耗直接材料成本计价法、在产品按定额成本计价法、定额比例法等。

2. 产品成本核算方法

产品成本计算方法主要有品种法、分批法、分步法等。产品成本计算方法如表8-32所示。

表8-32　　　　　　　　　产品成本计算方法

产品成本计算方法	成本计算对象	生产类型		
		生产组织特点	生产工艺特点	成本管理
品种法	产品品种	大量大批生产	单步骤生产	
			多步骤生产	不要求分步计算成本
分批法	产品批别	单件小批生产	单步骤生产	
			多步骤生产	不要求分步计算成本
分步法	生产步骤	大量大批生产	多步骤生产	要求分步计算成本

品种法以产品的品种作为成本核算对象,归集和分配生产成本。品种法适用于单步骤、大量生产的企业,这种企业的产品生产过程通常不能从技术上划分为步骤。

分批法以产品的批别作为成本核算对象,主要适用于单件、小批量生产的企业。在分批法下,产品成本的计算与生产周期基本是一致的,与财务报告期不一致,因此在计算月末在产品成本时,一般不存在完工产品与在产品之间的成本分配问题。

分步法以产品生产过程中的各个加工步骤为成本核算对象,适用于大量大批、多步骤生产的企业。按照分步法进行成本核算,主要采用两种方式:平行结转分步法和逐步结转分步法。

(二) 操作准备

(1) 登录"财天下"平台。
(2) 根据任务情景和相关资料进行系统操作。

(三) 任务要领

(1) 熟悉公司的基本情况与成本核算方法。
(2) 明确任务操作的流程,包括建立账套、启用成本模块、录入仓库管理、结算方式、库存期初余额、录入分配定额，定义生产成本中心、处理出库和入库操作、进行成本月结，计算半成品成本和产成品成本。

三、任务流程

生产成本核算业务流程如图 8-43 所示。

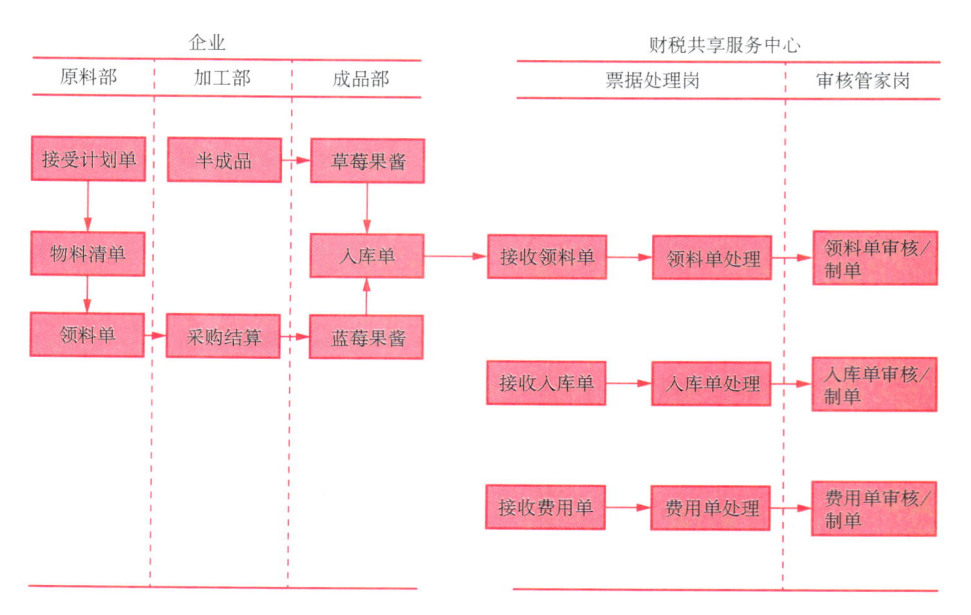

图 8-43　生产成本核算业务流程

四、任务操作

（一）建立账套及进行基础设置

（1）删除部门。点击"基础设置"—"辅助核算"—"部门"，根据题意，需要删除原先设置的部门。全选所有部门，点击"删除"按钮。删除部门如图 8-44 所示。

图 8-44　删除部门

（2）导入部门。点击"基础设置"—"辅助核算"—"部门"—"平台导入"，选择"美味多部门导入模版"—"开始上传"。导入部门如图8-45所示。导入人员信息、存货信息操作步骤与导入部门相同，此处不再赘述。

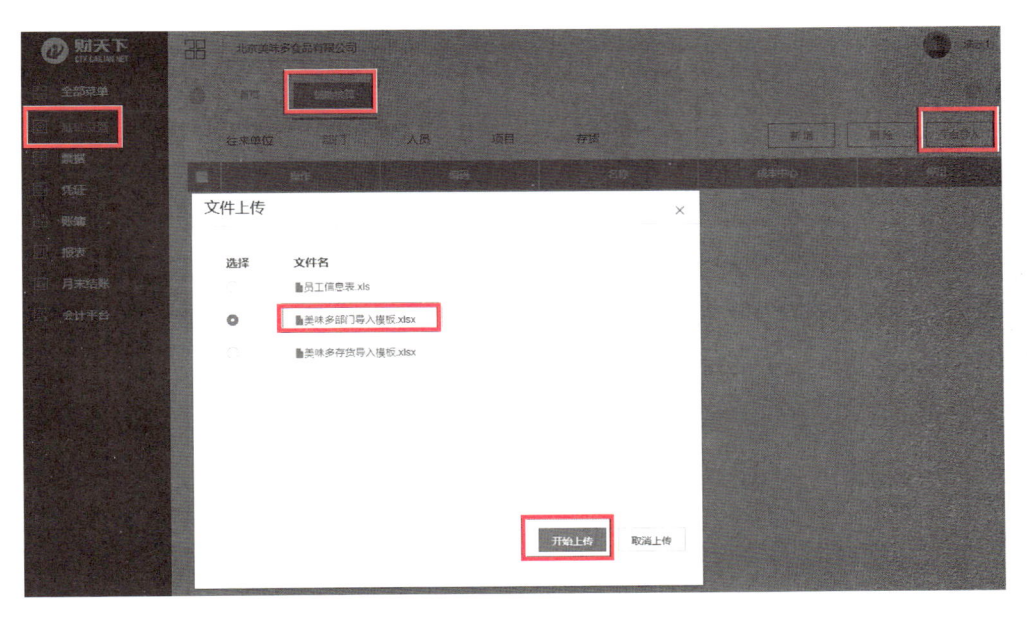

图8-45　导入部门

（二）启用成本模块并确定成本模型

（1）启动成本模块。点击"基础设置"—"公司主体信息"，选中"启动成本"，成本启动时间为2020年8月，点击"保存"按钮。启动成本模块如图8-46所示。

图8-46　启动成本模块

(2)确定成本模型。点击"基础设置"—"个性化设置"—"成本",查看成本分配模型是否为品种法,直接材料是否在产成品、在产品中分摊,直接人工工资是否在产成品、在产品中分摊,制造费用是否在产成品、在产品中分摊。确定成本模型如图8-47所示。

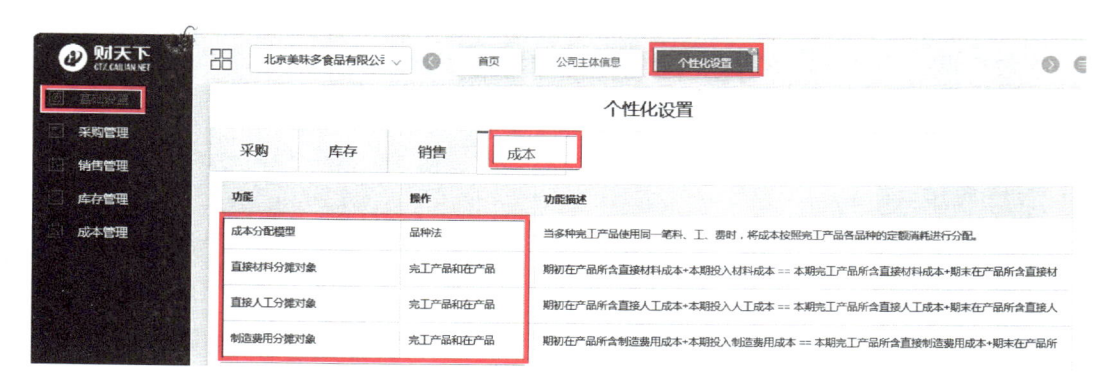

图8-47 确定成本模型

(三)录入仓库管理、结算方式、库存期初余额等

(1)录入仓库管理。点击"基础设置"—"仓库管理"—"新增",根据题意,填写新增仓库信息。录入原材料仓库信息如图8-48所示。其余仓库录入操作步骤与原材料仓库相同,此处不再赘述。

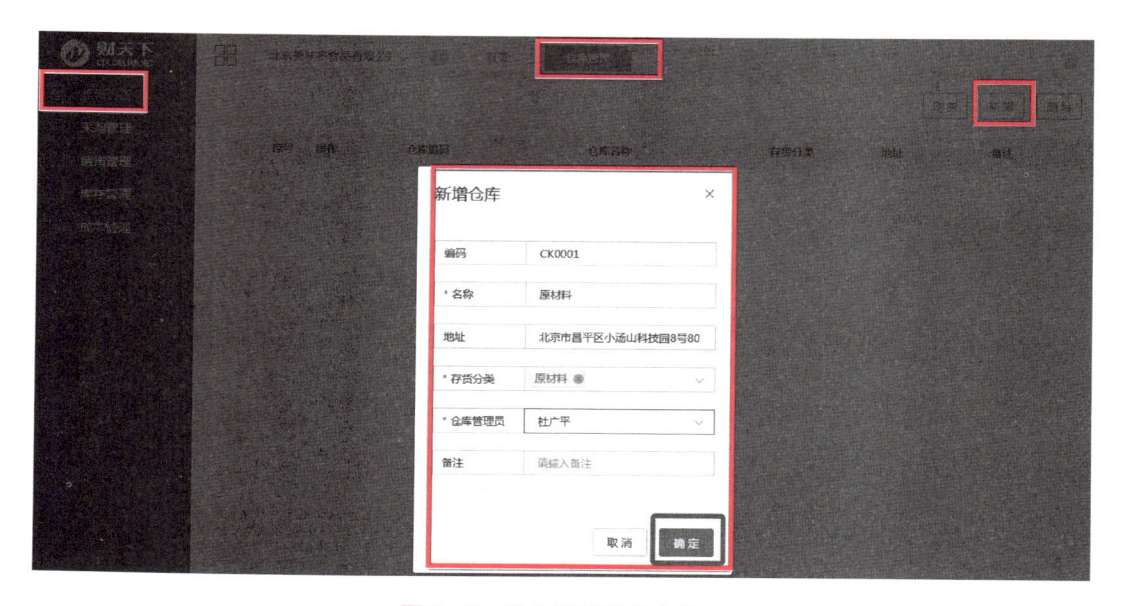

图8-48 录入原材料仓库信息

(2)录入结算方式。点击"基础设置"—"结算方式",查看系统设置的结算方式是否需要修改或增加。录入结算方式如图8-49所示。

(3)录入库存期初余额。点击"库存管理"—"库存期初"—"新增",录入草莓库存期初余额如图8-50所示。其余库存期初余额录入操作步骤与草莓库存期初余额相同,此处不再赘述。

图 8-49　录入结算方式

图 8-50　录入草莓库存期初余额

(四) 录入分配定额及定义成本中心

(1) 定义成本中心。点击"基础设置"—"部门",查看加工车间和灌装车间是否已经定义为生产成本中心。打"√"代表已经定义为生产成本中心。定义成本中心如图 8-51 所示。

(2) 录入分配定额。点击"成本管理"—"分配定额",先给加工车间录入分配定额。点击"+"选项,根据题意,录入分配定额。加工车间录入分配定额如图 8-52 所示。灌装车间录入分配定额操作步骤与加工车间相同,此处不再赘述。

(五) 录入期初在产品

点击"成本管理"—"月初在产品",先给加工车间草莓果酱熟料录入期初成本情况。点击"操作"图标,根据题意,录入数据。录入草莓果酱熟料期初在产品如图 8-53 所示。其余商品录入期初数据操作步骤与录入草莓果酱熟料期初成本相同,此处不再赘述。

图 8-51 定义成本中心

图 8-52 加工车间录入分配定额

图 8-53 录入草莓果酱熟料期初在产品

（六）加工车间领料处理

点击"库存管理"—"材料出库单"—"新增"，先填写生产草莓果酱熟料的原材料出库单。填写完毕之后，点击"保存"。根据题意，草莓果酱熟料的原材料出库单如图 8-54 所示。蓝莓果酱熟料的原材料出库单填写步骤与其相同，此处不再赘述。

（七）录入工费清单的总工资和总制造费用

点击"成本管理"—"工费清单"，先给加工车间录入总工资和总制造费用。点击"操作"，根据题意填写数据。录入加工车间总工资和总制造费用如图 8-55 所示。录入灌装车间工费清单操作步骤与其相同，此处不再赘述。

图 8-54 草莓果酱熟料的原材料出库单

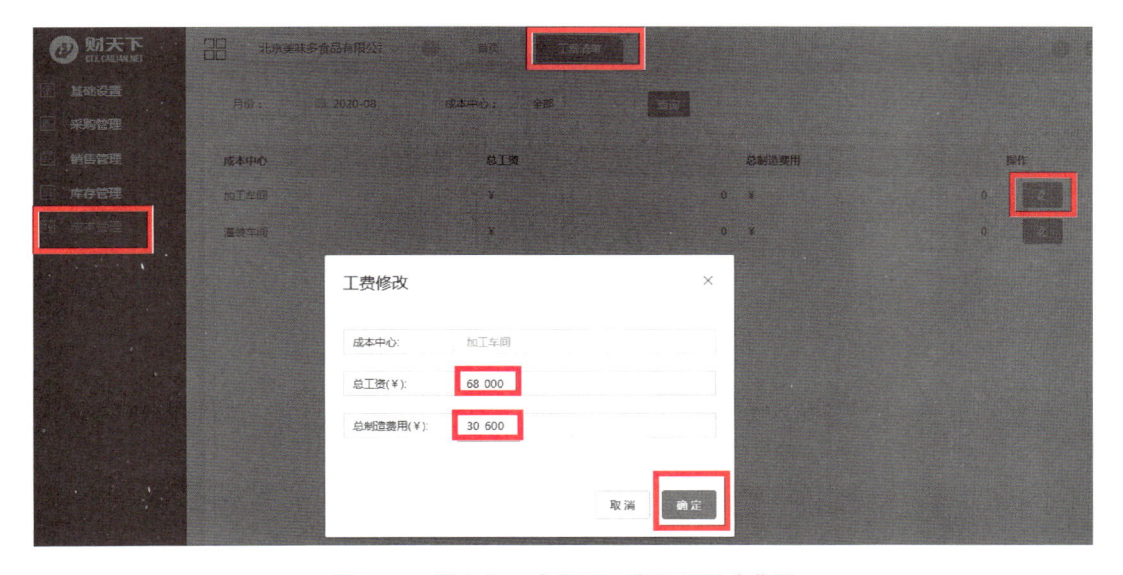

图 8-55 录入加工车间总工资和总制造费用

（八）录入半成品入库清单

点击"库存管理"—"产成品入库单"—"新增"，根据题意，录入半成品入库清单，点击"保存"按钮。录入半成品入库清单如图 8-56 所示。

图 8-56　录入半成品入库清单

（九）灌装车间领料处理

（1）填写草莓果酱的半成品材料出库单。点击"库存管理"—"材料出库单"—"新增"，先填写生产草莓果酱的半成品材料出库单。填写完毕之后，点击"保存"按钮。草莓果酱的半成品材料出库单如图 8-57 所示。

图 8-57　草莓果酱的半成品材料出库单

（2）填写草莓果酱的原材料出库单。点击"库存管理"—"材料出库单"—"新增"，填写生产草莓果酱的原材料出库单。填写完毕之后，点击"保存"按钮。草莓果酱的原材料出库单如图 8-58 所示。蓝莓果酱的半成品材料和原材料出库单填写步骤与其相同，此处不再赘述。

图 8-58　草莓果酱的原材料出库单

（十）录入产成品入库清单

点击"库存管理"—"产成品入库单"—"新增"，根据题意，填写产成品入库单，点击"保存"按钮。产成品入库单如图 8-59 所示。

图 8-59　产成品入库单

（十一）期末在产品管理

填写草莓果酱期末在产品信息。点击"成本管理"—"月末在产品"—"新增"，根据题意，填写草莓果酱期末在产品信息如图 8-60 所示。蓝莓果酱期末在产品信息填写步骤与其相同，此处不再赘述。

图 8-60　草莓果酱期末在产品信息

（十二）成本月结

点击"成本管理"—"成本月结"—"关账"—"获取原材料领用数据"—"对半成品开始计算"—"获取半成品领用数据"—"对产成品开始计算"，成本计算完成。成本月结如图 8-61 所示。

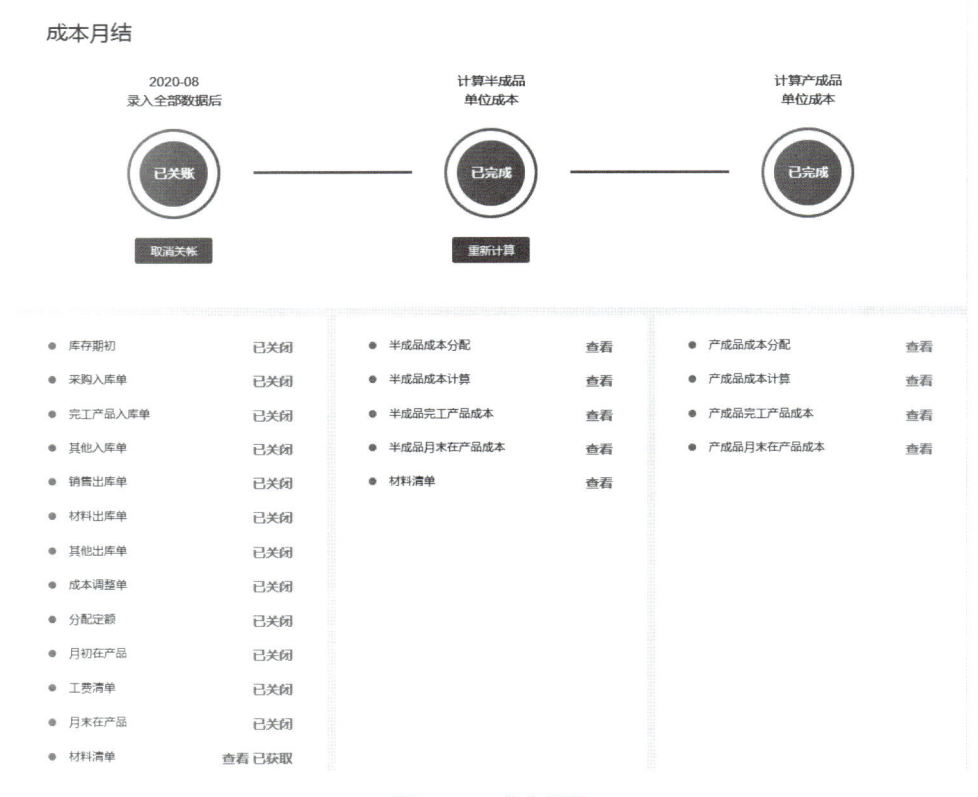

图 8-61　成本月结

五、任务拓展

回顾本任务的相关业务处理。

六、任务评价

成本类业务票据整理与制单任务评价表如表 8-33 所示。

表 8-33　　　　　　　成本类业务票据整理与制单任务评价表

工作任务清单	完成情况
完成建立账套，重新导入部门信息（先删除后导入），导入人员信息、存货信息等基础设置	
启用成本模块并确定成本模型	
录入仓库管理、结算方式、库存期初余额、月初在产品等	
进行入库和出库操作	